"十三五"国家重点出版物出版规划项目

城市治理实践与创新系列丛书

浙江省新型重点专业智库"政府监管与公共政策研究院"资助

城市精细化管理理论与实践

杨雪锋　著

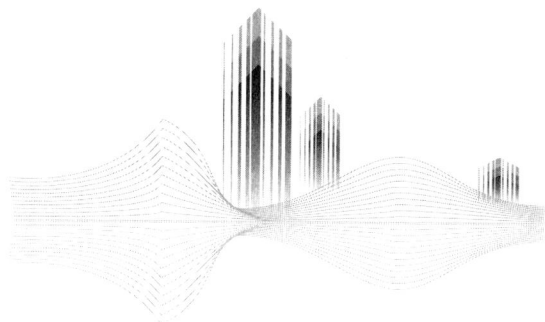

中国建筑工业出版社

中国城市出版社

图书在版编目（CIP）数据

城市精细化管理理论与实践 / 杨雪锋著. —北京：
中国城市出版社，2019.12
（城市治理实践与创新系列丛书）
ISBN 978-7-5074-3237-4

Ⅰ.①城… Ⅱ.①杨… Ⅲ.①城市管理—研究—中
国 Ⅳ.① F299.23

中国版本图书馆 CIP 数据核字（2019）第 251895 号

责任编辑：宋　凯　张智芊
责任校对：王　瑞

城市治理实践与创新系列丛书

城市精细化管理理论与实践

杨雪锋　著

*
中国建筑工业出版社、中国城市出版社出版、发行（北京海淀三里河路9号）
各地新华书店、建筑书店经销
北京建筑工业印刷厂制版
北京圣夫亚美印刷有限公司印刷
*
开本：787毫米×960毫米　1/16　印张：18¾　字数：300千字
2020年12月第一版　2020年12月第一次印刷
定价：**50.00**元
ISBN 978 - 7 - 5074 - 3237 - 4
（904219）

十九大报告明确指出：全面深化改革总目标是完善和发展中国特色社会主义制度、推进国家治理体系和治理能力现代化。报告提出，要打造共建共治共享的社会治理格局。

为了践行十九大精神，我社于2017年12月出版了汪碧刚博士的专著《城市的温度与厚度——青岛市市北区城市治理现代化的实践与创新》，并在青岛举办了首发式。该书甫一问世，引发社会各界高度关注，"城市的温度与厚度"一词成为热搜，互联网上共有1510万个相关结果，这足以证明社会各界对城市治理的关切热度。

城市治理是政府治理、市场治理和社会治理的交叉点，在国家治理体系中有着特殊的重要性，从一定意义上说，推进城市治理的创新就是推进国家治理的现代化。基于此，我社成立了城市治理专家委员会，并汇集专家智慧策划了"城市治理实践与创新系列丛书"，旨在总结探索国内外相关经验和做法，提高城市治理社会化、法治化、智能化、专业化水平，从而为行业管理、领导决策、政策研究提供参考。本套丛书也获得中宣部的高度重视，2018年被列入"十三五"国家重点出版物出版规划项目。

三年来，我社组织了数十位专家学者、党政干部和实务界人士，召开了多次研讨会，聚焦当前城市治理中的重点、难点、焦点问题，进行深入的研究和探讨，力求使丛书既有理论高度，又贴近实际应用。丛书关注城市和社区治理，就如何实现城市治理现代化、精细化、法治化、科技化，提升服务群众的能力等问题提出了很多建设性的观点和建议。丛书作者也一直致力于城市治理的研究，他们有的拥有多年政府部门相关管理经验，有的从事政策研究或教学科研工作，有的活跃在城市治理的一线化解矛盾纠纷，既有理论水平又有实践指导能力。

除首本《城市的温度与厚度——青岛市市北区城市治理现代化的实践与创新》外，丛书还包括如下7个分册：《城市综合管理》（翟宝辉、张有坤著）、《城市精细化管理理论与实践》（杨雪锋著）、《城市社区治理理论与实践》（原珂著）、《大数据与城市治理——以青岛市市北区为例》（汪碧刚、于德湖著）、《智慧社区与城市治理》（汪碧刚著）、《城镇老旧小区改造——扩大内需新动能》（王健、孙光波著）、《城市治理纠纷的预防与处理》（王才亮著）。

丛书开篇于十九大召开之际，付梓于"十三五"收官之年，我们热忱期待社会各界持续给予关注与支持。十九届四中全会指出，要完善党委领导、政府负责、民主协商、社会协同、公众参与、法治保障、科技支撑的社会治理体系，建设人人有责、人人尽责、人人享有的社会治理共同体。刚刚结束的十九届五中全会明确提出实施城市更新行动，提高城市治理水平。丛书一直紧密围绕这一主题，学思践悟，符合国家和行业发展的需求。我们有理由相信，随着共建共治共享的城市治理格局的形成，城市治理体系和治理能力现代化一定能够早日实现。

"城市治理实践与创新系列丛书"的顺利出版得益于专家学者的共同努力。在此特别感谢在丛书研讨、论证、审稿过程中给予大力支持和提出宝贵意见的各级领导、专家和学者们！我们也以丛书出版为契机，希望更多城市管理者、研究者以及有识之士积极参与城市治理，汇集资源，凝聚力量，共同打造"政、产、学、研、金、服、用"全链条全生命周期的城市治理发展格局！

中国建筑工业出版社

中国城市出版社

2020年11月25日

序

"城市管理搞得好，社会才能稳定、经济才能发展"。习近平总书记在多个场合做出重要指示，城市管理要像绣花一样精细。各地城市管理相关部门认真贯彻落实总书记的讲话精神，积极开展精细化管理的实践探索；学术界也积极呼应实践需求，深入探讨城市管理精细化理论，为城市精细化管理创新发展提供智力支持和理论支撑。

我国城市化经过40年的快速发展，已经进入新阶段。不断提高的人民群众对美好生活需要成为新时代城市发展的主要任务，生活品质优越的城市成为人民实现美好生活愿望的有力依托。"一流城市要有一流治理。提高城市管理水平，要在科学化、精细化、智能化上下功夫"。如何不断提高城市生活品质，离不开高水平的城市治理，具体要求就是城市管理的精细化。由此带来的理论命题就是要回答城市精细化管理因何而生、缘何而新、何以实现、何以有效等问题。

精细化管理城市，是国家的要求，也是人民的期盼。多年来，由于城市管理体制不健全、中央主管部门不明确、城市管理粗放、城管执法行为失范、人民满意度不高，因此，为顺应人民群众的新期待，2015年中央城市工作会议召开并发布中央37号文，对城市管理工作做了全面部署，明确了住房和城乡建设部为城市管理和执法的主管部门，住房和城乡建设部成立了城市管理监督局，具体推进城市管理各项工作。该局成立后迅速贯彻落实中央37号文的指示，围绕城管执法体制改革和城市管理工作目标，在队伍正规化、执法规范化方面做了前所未有的尝试，在全国倡导推行"721"工作法，开展了"强、转、树"活动，统一城管执法标志标识、制式服装、执法车辆标志，制定并实施《城市管理执法办法》《城市管理执法行为规范》，推行城管执法全过程记录等，既有精细化管理的规范性要求，也有精细化管理的具体做法，扎扎实实地践行了习总书记对城市管理"绣花一样精细"的要求。

城市治理是国家治理体系和治理能力现代化的重要内容。十九届四中全会提出推进国家治理体系和治理能力现代化，加强系统治理、依法治理、综合治理、源头治理，把我国制度优势更好转化为国家治理效能，这些重要论述为城市管理提供了方法论，为城市治理研究指明了方向。城市精细化管理需要在理论上进行探索，丰富城市治理理论，发展国家治理理论。浙江财经大学城市治理创新研究中心主任杨雪锋教授长期耕耘在城市管理学科领域，并深度参与城市管理的地方政府咨询服务工作，取得一系列丰富成果，这本《城市精细化管理理论与实践》便是其经年累月学术研究的集中呈现。该书从城市精细化管理的现实背景、学理基础、理念导向等方面做了深入的阐述，全面揭示出精细化管理的实践及学理逻辑。

该书突出问题导向，重点剖析了城市管理的难点、痛点、堵点，揭示其体制性根源、系统性缺陷，特别是对精细化管理的理论基础、治理理念的解析，提出六度空间治理，既有理论深度，也有实践宽度；对人本治理思想的分析透彻，既有政策高度，也有学术厚度，揭示出中央关于以人民为中心的城市治理思想在学理逻辑与实践逻辑上的统一性；对治理思路和方法论的解读也颇具新意，源头治理、系统治理、整体治理等观点不仅吸收了治理理论的新观点，也贴近城市管理实际，接地气。

实践导向也是该书的一大特点。作者对城市精细化管理的体制机制、标准体系、智慧监管、评价体系、实施策略等方面进行全方位论述，既有顶层设计的宏观思考，也有操作层面的微观设计。关于城市管理重心下移的分析，回答了为何下移、如何下移、如何保障等问题。最后还对上海和杭州的经验做法做了案例研究和案例评析，前瞻性和现实性相结合，既有学术性，也有实践性，可读性强，信息量大，体现出著者深厚的学术底蕴和丰富的实践观察。

人民对美好生活的追求不断在变化，城市精细化管理的实践也在不断发展，与此相应的学术研究也需要不断发展，期待学术界更多成果不断涌现。

住房和城乡建设部城市管理监督局原局长
中 国 建 设 监 理 协 会 会 长　　王旱生

目录 CONTENTS

第一章
———————

导论

第一节 城市精细化管理的社会背景

一、城市精细化管理是城市发展理论和城市科学理论发展的新成果

（一）城市精细化管理是中国共产党治国理政思想在城市发展的具体体现

城市精细化管理理论是新时代中国特色社会主义理论的丰富，是城市发展与管理理论的深化和拓展，是国家治理现代化的重要组成部分。

2015年中央城市工作会议指出，"我国城市发展已经进入新的发展时期。改革开放以来，我国经历了世界历史上规模最大、速度最快的城镇化进程，城市发展波澜壮阔，取得了举世瞩目的成就。城市发展带动了整个经济社会发展，城市建设成为现代化建设的重要引擎"。贯彻创新、协调、绿色、开放、共享的发展理念，坚持以人为本、科学发展、改革创新、依法治市，转变城市发展方式，完善城市治理体系，提高城市治理能力，着力解决城市病等突出问题，不断提升城市环境质量、人民生活质量、城市竞争力，建设和谐宜居、富有活力、各具特色的现代化城市，提高新型城镇化水平，走出一条有中国特色的城市发展道路。

（二）城市精细化管理是城市治理人民主体性思想的集中体现

党的十八大以来，党中央在治国理政的大局中，坚持以人民为中心，先后提出新发展理念、"五位一体"建设和"四个全面"，深刻把握城市工作规律，对做好新形势下的城市工作做出了一系列重要论述，制定内容丰富、体系完整、逻辑严密的城市发展总方略，成为新时代各级政府做好城市工作的基本遵循。

坚持一切以人民为中心的人民主体性思想是城市精细化管理的根本遵循。"始终把人民放在心中最高的位置""人民对美好生活的向往就是我们的奋斗目标""民心是最大的政治"，坚持人民主体地位，尊重人民首创精神，把让老百

姓过上好日子作为全部工作的出发点和落脚点，时刻关注人民群众的喜怒哀乐，始终为人民代言、为人民立言。

做好城市管理工作，要顺应城市工作新形势、改革发展新要求、人民群众新期待，坚持以人民为中心的发展理念，坚持人民城市人民管，管好城市为人民。理念上，要切实转变工作思路，摒弃"官本位"思想，变管理为服务，真正把自己当成市民的服务者，倾听呼声，为市民提供优质服务。

（三）城市精细化管理是城市科学管理理论发展的新阶段

随着我国城市化进入中后期阶段，不管是深度城市化也好，还是人本城市化也好，都要求城市施政者转变思想，从重建轻管转向建管并重，即"三分建七分管"。新时代城市治理要坚持辩证思维、系统思维、底线思维。"社会治理是一门科学""要讲究辩证法，处理好活力和秩序的关系""治理和管理一字之差，体现的是系统治理、依法治理、源头治理、综合施策。要着力提高干部素质，把培养一批专家型的城市管理干部作为重要任务，用科学态度、先进理念、专业知识去建设和管理城市"。城市工作要树立系统思维，从构成城市诸多要素、结构、功能等方面入手，对事关城市发展的重大问题进行深入研究和周密部署，系统推进各方面工作。

在治理手段和工作方式上，坚持法治、德治、慧治、精治相结合。"加强社会治理制度建设，完善党委领导、政府负责、社会协同、公众参与、法治保障的社会治理体制，提高社会治理社会化、法治化、智能化、专业化水平。""创新社会治理关键要提高城市治理整体能力，要强化依法治理，善于运用法治思维和法治方式解决城市治理顽症难题，努力形成城市综合管理法治化新格局。"要强化智能化管理，提高城市管理标准，更多运用互联网、大数据等信息技术手段，推进城市治理制度创新、模式创新，提高城市科学化、精细化、智能化管理水平。要加快补好短板，聚焦影响城市安全、制约发展、群众反映强烈的突出问题，加强综合整治，形成常态长效管理机制，努力让城市更有序、更安全、更干净。要坚持协调协同，尽最大可能推动政府、社会、市民同心同向行动，使政府有形之手、市场无形之手、市民勤劳之手同向发力。鼓励企业和市民通过各种方式参与城市建设、管理，真正实现城市共治共管、共建共享。

（四）城市精细化管理是城市高质量发展思想的重要组成部分

城市高质量发展主要体现在城市体系的主体协同发展、城市综合功能和内在品质的完善、城乡融合发展。尤其是城市综合功能的完善和城市品质的提高，需要在精细化管理上下功夫。提高城市品质，建设和谐宜居城市，增强人民群众获得感。提高城市品质不仅需要高水平的规划和高质量的建设，还需要精细化的管理。习近平总书记指出："对北京这样的超大型城市来说，背街小巷最能体现精细化管理水平。"精细化要求城市管理不能简单地"一肩挑""一刀切"，要探索创新治理机制，寻求多方联动。要创新管理手段。绣好城市管理这朵花，除了常规方式，还必须依靠先进科技，实施精准"行针走线"，尽可能地提升效率。要加强依法治理。城市管理像绣花一样精细，还要强化依法治理，要善于运用法治思维和法治方式解决顽症难题。绣花不是随心所欲地任意发挥，开始绣花之前，必须有图样作为行针走线的规范，而城市管理的"图样"就是法律法规。目前，我国城市管理领域的法律法规和标准建设还不完善，必须要进一步推动城管领域立法和标准建设，逐步实现城市管理标准的全覆盖、精细化、高水平。

二、城市精细化管理是新时代赋予新型城镇化的新内涵

新型城镇化是以城乡统筹、城乡一体、产业互动、节约集约、生态宜居、和谐发展为基本特征的城镇化，是大中小城市、小城镇、新型农村社区协调发展、互促共进的城镇化。新型城镇化就是改变土地城市化倾向，转向人的城市化。进入新时代，新型城镇化更加注重以人为本，提高发展质量。城市化质量的提高关键在于城市管理的精细化。其主要内容体现在以下几点：

（一）倡导新理念

以人民为中心。为人民谋幸福是中国共产党最大的初心，"人民对美好生活的向往，就是我们的奋斗目标"。城市工作就是十二个字：衣食住行、生老病死、安居乐业。这十二个字无一不关乎广大人民的切身利益，城市管理的主要工作就是围绕这十二个字做好服务、管理和执法。人民主体性思想表现为发展

为了人民、发展依靠人民、发展成果由人民共享，归根到底是要让人民群众有更多幸福感、获得感、安全感。唯有通过精心服务、精细管理、精准执法，以人民为中心的思想才会落到实处。

（二）揭示新矛盾

新时代我国的社会主要矛盾已经转化为人民日益增长的美好生活需要和不平衡不充分的发展之间的矛盾，这一对矛盾在城市管理领域就表现为广大市民对更优质公共服务、更便捷公共设施、更宜居的生活环境的需要与城市管理的不精细、生活品质的不精致之间的矛盾。另外，在城乡统筹方面，城市管理和服务的不均衡也是主要矛盾的重要方面。新矛盾集中体现在城市管理的精细化范围、程度、持续性，既指出了城市管理的不足和痛点，目标要求和努力方向，更是推动城市管理转向城市治理的动力。

（三）剖析新问题

基础设施不足、公共服务短缺、生态环境恶化。由于城市化速度过快、城市摊大饼式扩张，老旧小区历史欠账太多，加之长期以来重建轻管思想作祟，城市管理严重滞后。城市夏季看海、交通出行困难、市容秩序杂乱、垃圾围城、邻避冲突、黑臭水体、雾霾弥漫等现象在不少城市频繁上演。光鲜亮丽的新城建筑与"老破小"危旧房屋并存，宽阔笔直的大马路、辽阔壮观的大广场，却掩饰不住下水道污水满溢臭气熏天的尴尬。城市化经历了由规模扩张向内涵提升的转变，前期过快发展产生并累积了不少问题，后期需要通过精细化管理一一化解。

（四）提出新要求

城市高质量发展、高品质生活、高水平治理。三者有机统一，高质量发展是基础，高品质生活是目标，高水平治理是途径。具体要求是城市发展具有更高质量、更有效率、更加公平、更可持续；城市管理是城市发展的软实力，为城市发展提供软硬环境，通过高水平治理实现管理的精细化，特别是在生态环境、市容环境、生活环境方面提高精细化管理水平，使公共服务更优质、人居环境更美丽、工作生活更舒心。

（五）阐述新内容

城市品质、城市群、城乡关系等方面都要按照精细化思路全面提升品质。城市自身的空间布局、功能定位、形态塑造、产城关系需要科学规划、精心设计，城市群内部大中小城市在基础设施互联互通、公共服务均等普惠、产业链分工协作、生态环境协同共治等方面也需要精细化治理。城乡关系更需要统筹协调，在基础设施、公共服务、产业融合等方面做好城市向乡村延伸，同时把生态元素引入城市，实现人城和谐、城乡共荣、三生融合。

（六）建立新机制

政府+市场+社会。围绕不断满足人民对美好生活的需求这一共同目标，发挥政府方向引领、资源整合优势，市场供需匹配、机制灵活的优势，社会协商民主、凝聚共识的优势，坚持协调协同，尽最大可能推动政府、社会、市民同心同向行动，使政府有形之手、市场无形之手、市民勤劳之手三手紧握，同向发力。

三、城市精细化管理要顺应城市发展规律

（一）城市精细化管理是城市管理体制改革发展的必然结果

我国城市管理体制改革大致经过四个阶段[①]：第一阶段是改革开放前的萌芽起步阶段。城市规模小，城市功能相对比较单一，城市管理以市容环境卫生为主。第二阶段是改革开放前期的城市管理探索发展阶段，城市化提速，城市建设任务加重，工作重点逐步转向城市建设管理。第三阶段是城市管理综合规范阶段。1996年《行政处罚法》出台，城市管理开展相对集中处罚权试点，2001年城市管理领域被纳入综合行政执法试点，各地相继成立城市管理行政执法局或综合执法局。第四阶段是城市管理改革创新阶段。标志性事件有两个：一是2015年中央城市工作会议的召开、中央37号文[②]同期发布，二是2017年党的

---

① 汤文仙.精细化管理视角下的城市治理理论构建与探索[J]. 新视野，2018(6)：74-80.

② 《中共中央 国务院关于深入推进城市执法体制改革改进城市管理工作的指导意见》（中发〔2015〕37号）。

十九大召开以及党和国家机构改革。前者是对城市管理体制改革的总体部署，后者提出的社会主要矛盾变化以及新的奋斗目标对城市管理有直接影响。这一新时期，现有的城市管理体制和方式已经无法适应新的变化和新的要求，治理现代化成为城市管理变革的新方向，工作重心转向精细化管理，各地纷纷探索城市精细化管理的新模式，精细化治理能够实现对城市管理的有效整合和提高城市管理效率已经成为全国城市管理者的共识。

（二）城市精细化管理是城市发展现实背景的必然要求①

伴随中国经济发展进入新时代，城市发展不再一味追求高速度，转而迈入高质量发展新阶段，我国城市化率接近60%，城市化进程由此进入后半程（深度城市化）。城市治理本身就是一个具有现代化内涵的概念，意味着城市治理面临新的背景，这个背景是什么？至少有以下几点必须要面对和思考：

第一个背景：城市本身作为一种复杂的系统存在，治理对象复杂，而且治理内容越来越具体化。城市治理不仅仅是简单的微观管理问题，例如，在时间维度上城市治理涉及规划、建设、管理整个流程；在知识维度上涉及市政公用、市容环卫、园林绿化等多个行业；在逻辑维度上涉及城市问题的识别、发现、监测、分析、决策等多个方面，这个过程也是复杂的；除上述几点之外，城市治理还包含空间结构的复杂性等等。这些复杂性与我们的生活息息相关，具体而真实地存在。城市治理面临的任务是复杂的，因此，创新和现代化是必然的取向，这是城市治理现代化的大背景。

第二个背景：我们的城市发展特别快，由于发展太快，有些城市发展的问题具有时间上的高度压缩性，30年走过西方国家300年的城镇化历程，或者说更长的工业化历程，压缩性的问题是我国城市治理现代化不可避免的挑战。

第三个背景：我们老百姓的期待，广大人民生活水平提高，对生活品质有了更高的需求，更精细化、更品质化的需求使得我们城市治理必须要有一种现代化取向。这些都是在研究城市治理现代化时所做的一个必要的铺垫和梳理。

人民对美好生活的向往就是我们的奋斗目标。中央城市工作会议精神告诉

---

① 杨雪锋.理解城市治理现代化[J]. 经济社会体制比较，2016(6)：16-19.

我们，"城市的核心是人，关键是十二个字：衣食住行、生老病死、安居乐业。城市工作做得好不好，老百姓满意不满意，生活方便不方便，城市管理和服务状况是重要评判标准。"要全面贯彻依法治国方针，促进城市治理体系和治理能力现代化。要提高市民文明素质，鼓励企业和市民通过各种方式参与城市建设、管理，真正实现城市共治共管、共建共享。"市民是城市建设、城市发展的主体。要尊重市民对城市发展决策的知情权、参与权、监督权，鼓励企业和市民通过各种方式参与城市建设、管理。""只有让全体市民共同参与，把市民和政府的关系从'你和我'变成'我们'，从'要我做'变为'一起做'，才能真正实现城市共治共管、共建共享。"抓城市工作，一定要抓住城市管理和服务这个重点，不断完善城市管理和服务，彻底改变粗放型管理方式，让人民群众在城市生活得更方便、更舒心、更美好。

近年来，垃圾分类、厕所革命、城市更新、城市水环境治理这些新的现实背景对城市管理提出了新要求，城市管理的内涵已经由"管"转变为"治"，需要我们做出全新认知。

第二节　城市精细化管理的现实需求

一、城市精细化管理的现实意义

城市精细化管理是城市发展新阶段的必然要求：首先，城市精细化管理符合城市发展规律，城市发展必将由粗放转向精细化；其次，城市精细化管理符合城市治理价值选择，绿色生态将是未来城市的重要内涵，城市发展需要摒弃以往的资源消耗型发展模式，向资源节约型发展模式转变；最后，城市精细化管理符合民生需求，随着生活水平的日渐提高，人民对城市的生态环境、交通、市政服务有了更高的追求。

城市精细化管理具有重要的现实意义，是贯彻城市发展战略的具体形式，保障城市总体规划落地的重要手段，提高整体执行能力的重要体现，提升城市品质形象的主要途径。城市管理要以人民为中心，点赞率高不高，基本功在于城市管理精细不精细。细节管理事关城市全局发展，影响城市管理的效率、效益和效能，细节管理更能彰显民生关怀和人本精神。具体可以表现在以下四个方面：

（一）细节决定全局成败

根据矛盾论哲学思想，事物的性质取决于主要矛盾和矛盾的主要方面。引申开来，说明了关键的细节决定全局的变化。引用马蹄掌的故事，论述细节对全局的重要性。缺了一枚铁钉，掉了一只马掌；掉了一只马掌，失去一匹战马；失去一匹战马，损了一位骑兵；损了一位骑兵，丢了一次战斗；丢了一次战斗，输掉一场战役；输掉一场战役，毁了一个王朝。将这个故事的教训应用到城市管理中，也同样适用，细节管理没有做到位，将会引发一系列的连锁反应，极小的问题最后引发关乎城市生存与发展的大问题。特别是城市管理中涉及安全的相关行业领域，如市政公用设施、环境设施等，运行维护必须做到细节为王。德国飞行员帕布斯·海恩提出的"海恩法则"则揭示出细节的累积会引起事物的质变。该法则是对多起航空事故深入分析研究后得出的。海恩认为，任何严重事故都是有征兆的，每个事故征兆背后，还有300次左右的事故苗头，以及上千个事故隐患，要消除一次严重事故，就必须敏锐而及时地发现这些事故征兆和隐患并果断采取措施加以控制或消除。

（二）效率依靠细节来实现

"魔鬼在细节中"（Devils are in the details），这句话是20世纪世界最著名建筑师密斯·凡·德·罗总结他成功经验时的高度概括。他认为，不管你的建筑设计方案如何恢宏大气，如果对细节的把握不到位，就不能称之为一件好作品。城市管理中对细节的准确、生动把握才能使管理效率最大化、治理成果最优化。

（三）个体精细化与整体效能提升

精细化是标准化与协同化的统一，同时需要依靠组织化、体系化的个体协同来完成，协调的整体效能大于部分累加之和。管理学"X效率"理论认为人天生就是以自我为中心，漠视组织的需要，大部分人对组织的目标不关心。同样的，西蒙理论中关于组织和人的观点也强调两者的对立统一关系，将个体协调成为整体，才能达成效能的最大化。

（四）细微之处见真情

城市管理要体现人性化，真正做到亲民惠民便民。"使人疲惫不堪的不是远方的高山，而是鞋里的一粒沙子。"让人民满意的不是宏大的工程，而是城市管理的点点滴滴，只有将最贴近人民生活，与人民利益息息相关的问题解决好，提升人民的生活品质，使人民体会到城市的温暖，才能最终实现城市管理的目标。

2018年10月20日，在中国人民大学举办的第一届首都发展高端论坛"首都治理国际论坛"上，首都经济贸易大学副校长杨开忠教授从新空间经济学角度提出"地方品质驱动型发展"模式。地方品质即地方不可贸易品数量、多样性和质量，其包含四个基本要素，即丰富多样、高品质的消费环境，令人愉悦的社会交往，优美的实体环境以及高效便捷的交通、数字和制度等基础设施。北京实施地方品质驱动，是为了更好地满足人民日益增长的美好生活的需要，具体通过两点来实现：其一，优先丰富和发展不可贸易品数量、多样性和质量。北京的规划提出要建设富裕文明、安定和谐、充满活力的美丽家园；其二，不断提升人民收入水平和支付能力。与此同时，还要注意处理好其与功能、规模、布局和制度的关系。通过提升地方品质的做法，真正做到使人民满意，将城市精细化管理的内涵落到实处。

二、传统城市管理与城市治理现代化的现实差距

2018年我国城市化率已达59.58%，意味着全国超过一半的人口居住在城市，城镇化进程开始由浅城市化或半城市化进入深度城市化阶段。然而由于种种原因，多数城市管理还停留在传统水平，与新形势、新要求、新期待差距较远。从城市治理现代化角度看，这些差距主要体现在理念、体制、结构、手段

等方面。

首先，城市管理理念落后、思想保守，无视城市发展的历史大势和国际趋势。在治理价值理念上，不少城市管理者还固守老旧的思想，或者高高在上，忽视民众呼声和民生诉求，或者大包大揽，不愿意让市民参与城市管理，一心"为民做主"；在决策理念上，体现为重面子、轻里子，重地上、轻地下，重硬环境建设、轻软实力打造，造成城市建设的功能性缺失；在决策指挥上，总以为自己高明，不主动放下身段虚心请教，缺乏科学决策和民主决策；在处理社会矛盾和利益纠纷上，一些地方干部惯用粗暴手段，把维稳与维权割裂开来，不善于与涉事者沟通，无意中制造政府与群众的对立。政府和市民之间单向的、自上而下的管理者和被管理者关系亟待改变。

其次，城市管理体制僵化，机制不活，无法适应城市发展和市场经济的需要。现有城市管理重心在上，上下脱节，条块分割，综合管理相互推诿，城管执法陷入困境。当前政府在城市管理中的主导性过强，抑制了社会各主体积极性的发挥，存在大量政事不分、政企不分、事企不分，权责关系不顺，行业垄断，缺乏竞争，管理水平低下，经营效益不佳，公共产品供给能力不足，公共服务品质不高等问题。需要改变政府单一监管主体、行政管控单一运行模式。

再者，城市治理结构失衡，职责混乱，难以有效应对城市多元化利益格局和日益复杂多变的突发情况。在治理主体结构上，缺乏社会组织、企业、市民、社区等利益主体参与，政府一元主导效率不彰；在治理职能结构上，城市综合管理功能碎片化，一种职能常常分割成若干部门，各自为政，同一事项的管理政出多门。部门之间职责边界不清晰，既有交叉重叠，也有空白缺失；既缺乏统筹规划，又难以指挥协同。有限的基础设施分散在条块之间、部门之间，难以合理利用，稀缺的城市管理资源配置扭曲。

最后，城市管理手段匮乏，技术落后，无法满足人民群众日益提高的生活品质要求和多样化的公共服务需求。多数地方政府习惯于行政控制，城市管理和服务沦为执法优先，且执法手段单调粗放，与执法环境复杂性、对象多变性特点不适应。与民众利益多元化和诉求多层次相比，管理方法和管理技术缺乏精准性和灵活性。尤其是智慧城市技术发展和信息化广泛普及，城市管理服务滞后，内容单调陈旧，响应迟缓，供给不足。在市级层面，由于部门利益分割，信息孤岛现象严重，跨部门资源共享和信息更新难以实现。系统内部信息共享不够，信息数据挖掘不足，难以为城市管理决策提供技术和信息支持。

三、城市治理现代化是深度城市化的必然要求

深度城市化是城市化发展新阶段，其价值追求是人的城市化，为实现人的全面发展夯实更加完善的物质条件和社会基础。传统的以物为本、资本强权、政府主导的城市发展模式已经无法适应城市工作新形势、改革发展新要求、人民群众新期待；新型城镇化则是以人为本、人民共享、社会共治的发展模式，尤其是城市管理需要在补短板、强能力、除积弊、促转型等方面取得突破。这一变化是城市治理现代化的应有之义，更是人的城市化必然要求。

（一）城市管理补短板的要求

过去30多年的快速城市化，取得了速度、规模和总量上的成绩，在城市骨架和基本建设方面积累了大量的物质资产。但是在城市发展的质量、效益和结构上短板突出，在基础设施覆盖面、公共服务均等化方面欠账太多，在城市文化、环境品质、服务能力方面优势不彰，特别是基础设施建设、生态环境改善、公共服务供给等亟须补齐短板。既然深度城市化就是突出以人为本，那么补短板就是城市管理工作的重点和突破口。推进城市治理现代化则是补短板的内在要求，将为补短板提供体制机制保障和发展动力支持。

（二）城市管理强能力的要求

需要认识到城市环境也是生产力，城市管理就是打造城市环境生产力，塑造城市形象和城市品牌，丰富城市无形资产。过去30多年的城市发展"重建设、轻管理"，城市政府领导的工程建设动力足、项目执行能力很强，但是城市管理薄弱；如今我国经济进入新常态，城市化也进入下半程，城市发展遭遇城市管理能力不足的瓶颈，需要通过强化管理增强城市活力，提升城市竞争力和软实力。要推进深度城市化，必须在体制改革、机制优化、环境改善、氛围营造上求突

破，在城市管理精细化、精致化、精品化上做文章，这些必然要求城市管理在人才队伍建设、标准规范完善、科学技术运用、方式方法创新等方面取得进步。

（三）城市管理除积弊的要求

多年来城市管理工作虽然在改善城市秩序、促进城市和谐、提升城市品质等方面做出重要贡献，但是由于历史原因，积弊重重，主要表现为：管理体制上不着天下不落地，看得见的管不着，管得着的看不见；工作机制主要依靠运动式整治、突击式检查，城市管理缺乏长效机制；职能行使方面，管理与执法脱节，执法刚性有余、管理弹性不足、服务柔性欠缺，群众认可度低、满意度差；管理方式粗放，管理手段落后，城市环境品质和公共服务质量不高。必须破除积弊，改革僵化的体制机制，改变粗放型管理方式，让人民群众在城市生活得更方便、更舒心、更美好。

（四）城市管理促转型的要求

城市工作的重要性和复杂性、人民群众对城市美好生活的向往和期待需要城市管理加快转型。城市管理转型包括发展理念转型，从"为城市管理人民"转向"为人民管理城市"；体制机制转型，从传统的政府一元主导、单向管理转向多元共治、参与互动；手段方法转型，从过去的经验式管理、人海战术转向智慧化治理和"机器换人"。

第三节　城市精细化管理的科学内涵及研究框架

一、精细化管理基本概念

精细化管理(Delicacy Management)是一种理念，一种文化。它是源于发达国家（日本20世纪50年代）的一种企业管理理念，它是社会分工的精细化，以及服务质量的精细化对现代管理的必然要求，是建立在常规管理的基础上，并将常规管理引向深入的基本思想和管理模式，是一种以最大限度地减少管理所占用的资源和降低管理成本为主要目标的管理方式。现代管理学认为，科学化管理有三个层次：第一个层次是规范化，第二层次是精细化，第三个层次是个性化[①]。

精细化管理是以"精确、细致、深入、规范"为特征的全面管理模式，它要求以专业化为前提、系统化为保证、数据化为标准、信息化为手段、制度化为保障，以获得更高效率和更多效益。

城市精细化管理是在城市管理的基础上，结合精细化管理的理念引申而来的。要了解城市精细化管理，首先要了解什么是城市管理。城市管理是指以城市这个开放的复杂的系统为对象，以城市基本信息流为基础，运用决策、计划、组织、指挥、协调、控制等一系列机制，采用法律、经济、行政、技术等手段，通过政府、市场与社会的互动，围绕城市运行和发展进行的决策引导、规范协调、服务和经营行为。在此基础上，城市精细化管理将工业化的"标准、精细、复制"，信息化的"数字、网络、智能"等特征充分融合[②]，在城市市政市容常规统筹管理的基础上，构建体现城市特色、反映市民意愿、顺应城市发展规律的卓越管理体系。

二、界定城市精细化管理的内涵

城市精细化管理就是将精细化管理理论引入城市管理工作，按照法律法规赋予城市管理机关职责权限和工作要求，结合城市现状、特点、问题和发展趋势，根据不同类型业务工作的性质和特点，明确管理内容和标准，细化监控指标，优化管理流程，合理设置岗位职责，全面落实管理责任，通过"无缝隙"管理，实现"零缺陷"目标。重点突出标准化、规范化、流程化，其主要思想

---

① 刘晖.精细化管理的涵义及其操作[J].企业改革与管理，2007(4)：15-16.
② 宋刚，唐蔷.现代城市及其管理——一类开放的复杂巨系统[J].城市发展研究，2007(2)：66-70.

可概括为：基础信息化、任务目标化、工作程序化、管理制度化、决策科学化。

习近平总书记提出的"城市管理应该像绣花一样精细"，这一思想对城市精细化管理提出了更高要求。"绣花"不仅是技术上的严谨细致、态度上的敬业用心，更是在品质上对美的追求。城市精细化管理要求在城市管理工作中重视细节、关注细节、完善细节，做到管理上精雕细琢，服务上精耕细作，技术上精益求精，花费上精打细算。所谓"精"，即精心、精细、精品。要求每一个步骤都要精心，每一个环节都要精细，每一项工作都是精品。精心是态度，精细是过程，精品是结果。所谓"细"，即细节、细分、细化。细节化工作程序、细分管理对象、细化城市管理空间。从"精"与"细"入手，提倡"螺丝壳里做道场"，总结归纳城市精细化管理技术，对于精细化管理方案的实施具有积极意义。

城市精细化管理的内涵非常丰富，既包含城市管理的基本内涵，又在此基础上吸收了精细化管理理念的精髓。在传统的城市管理基础上，根据不同城市规模、类型、自然及人文的特征，融合信息化的"数字、网络、智能"、企业管理中的"标准、精细"等特征，构建现代城市精细化管理框架。

第一，城市空间管理的精细化。按照城市学研究中的一句话"城市是尖的，世界是平的"，城市是一个边界清晰、高度集聚的有限空间，同时从发展性来讲，它充满阳刚之气；一般意义上，城市治理一定是在有限的空间里面。根据柏拉图在《理想国》中所述，他认为最合适的城市规模为5040人，这是根据当时雅典的公民政治需求所得出的结论。舒马赫在其著作《小的是美好的》提出了"佛教经济学"概念，以克服凯恩斯经济学等主流经济学重视"物"，而忽视"人"的体系，强调了人在城市发展中的重要性，因此根据他的理论他认为城市规模应该控制在50万人。克里斯泰勒的中心地理论认为中心地的空间形态受市场因素、交通因素、行政管理因素的制约，正是三种因素将城市空间限定在一定范围内的。此外，从系统科学看，城市作为一个开放的、复杂的、动态的巨系统，是一个在自然系统基础上形成的包含社会、经济、文化等复杂活动和强大功能的"人工生命"。城市这个有限的空间正在不断地向外拓展，逐步加强了城市管理的复杂性。城市与自然的和谐、城市运行效率、经济效益、社会效益、居民幸福等多重价值取向决定了城市发展的复杂性、矛盾性，要求城市内部要素各子系统具有协同性，内部结构具有平衡性，城市社会系统与环境系统、技术工程系统具有协调性，城市发展具有可持续性。城市的复杂性决定了城市空间管理必须走向精细化，需要对城市空间要素信息进行搜集，构建信息平台进行分析，将精细化管理落到实处。

第二，城市社会关系治理的精细化。城市的异质性为城市管理的工作带来困难，而契约是解决这种问题的较好方式。帕克指出，城市是各种特殊文化现象聚合而成的文化地区。同时城市也是一个陌生人的社会，陌生人社会靠什么维系？就是契约，从治理主体之间的关系到主体和对象的关系，从法律规范到体制机制，从治理手段到活动载体，无一不是通过契约形式来实现。德国社会学家齐美尔（1858－1918）《城市与精神生活》中指出"大城市始终是金钱经济的地盘。"人们之间的关系通常是通过经济利益联系在一起的，同时如果居民人数超过数百，个体间彼此认识的可能性就会降低。因此，这种都市社会关系的特征是肤浅、淡薄和短暂。彼此缺乏情感纽带的个体紧密地生活、工作在一起，培养了一种竞争、扩张和自利精神。沃思认为城市有人口多、密度高、异质性高三个基本特征，主张通过科学方法、技术改造直至制定政策等途径来建立正常的城市社会政治秩序。城市精细化管理就是要把握各个体之间的相互关系，以契约的方式加以稳固，运用先进的科学技术手段和精准的政策手段，在秩序与活力之间找到平衡点，从而维持城市的稳定和繁荣。

三、城市精细化管理基本原则

深化落实城市精细化管理的关键就在于找准精细化管理理论与城市管理运作实践的结合点，准确界定城市精细化管理的理论边界和实践要义，从管理理念、管理文化、管理手段、管理技术多维解构城市精细化管理的内涵，正确理解精细化管理，从"做正确的事"和"正确地做事"之间的辩证关系把握"精"和"细"的实践要求。

精细化管理是效率和效能的统一。管理大师彼得·德鲁克曾在《有效的主管》一书中简明扼要地指出，"效率是'以正确的方式做事'，而效能则是'做正确的事'"。效率和效能不应偏废。精细化管理首先要"做正确的事"，在顶层设计上，城市精细化管理要按照大部制要求进行功能整合，按照整体性治理完善体制安排，以管理效能为导向实现城市管理相关部门以及属地之间的协同、协调、协作；精细化管理还有"正确地做事"，在管理内容上，突出以人为本，全时空、无缝隙覆盖管理范围，瞄准痛点，紧扣痒点，把握兴奋点，消除"最后一公里"障碍。

精细化管理需要发挥人的主观能动性。从粗放式管理向精细化管理转变的过程是人的观念行为、习惯、方法、组织以至权力、利益的变革、调整和重新分配的过程。作为有效的管理者，注重做正确的事，追求的是成果和效益。需要在开拓创新精神的引领下，调整组织结构、优化管理流程、创新管理手段，特别是汇集知识、理论、技术、经验，制定科学合理的管理制度、工作流程、作业标准，在组织学习、培训的同时有力地推动贯彻落实。作为被管理者，员工注重正确地做事，追求效率和结果，也要切实地转变观念，积极参与调整，特别是主动地学习、理解、掌握、执行新的工作流程、作业标准，自觉规范工作行为和操作方法，并且在实践中不断积累、总结，提出进一步改进的建议①。

城市精细化管理要符合因地制宜、适度精细、轻重缓急的要求。依据"效率、效益、效能、公平"的4E标准，需要根据各个地方的实际情况采取合适的管理手段和方式，合理应用精细化管理，避免因过度的精细化管理可能带来的效率低下问题。同时，精细化管理的重点内容是城市部件、城市服务，围绕以人为核心的城市治理理念，改变以往重建轻管的旧模式。坚持适度精细化原则，主要原因有四点：一是管理对象、管理范围差异性大；二是不同区域不同时段管理空间的功能不断转换；三是公共空间人员流动性与消费活动黏性很强；四是综合考虑成本效益的需要。

城市精细化管理在实施上需要符合科学化、系统化、实用性、前瞻性和精简性的原则。科学化，就是要用指标、数字、模型来分析城管工作，以科学的方法、技术和手段来改进城管工作。系统化，需要把城管工作放在经济社会管

---

① 刘晖. 精细化管理的涵义及其操作[J]. 企业改革与管理，2007(4): 15-16.

理大背景下进行统筹规划、综合考虑，处理好精细化管理与基础设施、职能配置、管理服务、机构调整、队伍建设和信息化建设的关系。实用性，精细化管理重点在基层，关键在实用。需要把理论与实际相结合，抓住城市管理中的突出问题和薄弱环节，有针对性地采取措施，抓出实效。前瞻性，需要善于预判和把握事物发展趋势，不断创新精细化管理方式方法和手段。精简性，是指通过资源优化配置，简化程序，减少繁文缛节，降低管理成本和运行成本，提高管理效率。

四、本书的逻辑框架

城市精细化管理工作的思想精髓可以概括为"三心四感五治一根本"，围绕这样一个主线展开研究，"三心"就是细心、恒心、卓越心，"四感"就是获得感、幸福感、安全感、归属感，五治就是法治、慧治、精治、共治、网治，所谓"一根本"就是以人为本即以人民为中心。本书将围绕"以人为本"理念的核心，深入贯彻落实习近平总书记做出的城市管理要像绣花一样精细的重要指示精神，从精细化管理理念的来源，创新与城市治理相结合的方式，阐述了精细化管理的现实背景、理论基础、作用机理、理念导向，对精细化管理的理念、方法、作风、标准、体系、品牌等基本要素进行梳理和归纳，编制精细化管理"词典"，进而对精细化管理的体制机制、顶层设计、重心下移、标准化建设进行深入研究，详细阐述了市政公用智慧监管及城市管理指数的研究工作。最后，以上海、杭州的城市精细化管理现状为例，总结城市精细化管理的做法和不足，为各地构建特色的精细化管理体系提供参考。

第二章

城市精细化管理的学理基础

第一节　城市精细化管理相关文献综述

城市精细化管理就是将精细化管理理论引入城市管理工作，智慧化和标准化是精细化管理的重要内容和实现形式。围绕城市精细化管理，已有的研究成果主要集中在以下三个方面。

一、城市精细化思想系统应用

精细化管理思想已深入城市管理的方方面面，多数研究都利用精细化理念与具体科学方法相结合来构造理论模型与技术模型，进而实施管理的过程。在生态环境安全层面，Tubau等（2017）通过水文地质系统精细化知识，构造地下水流动和溶质运输模型，从而实现城市地下水环境的动态监管；张纯和宋彦（2015）在总结美国城市暴风雨应急管理时提到，低冲击开发理念下的暴风雨应对措施能最大限度地降低人工建设对雨水排水的影响；此外，基于城市区域主导功能的生态廊道评价方法可以优化城市生态廊道布局和精细化管理过程（邓金杰等，2017）。在社会治理层面，张文龙（2017）指出，应转变行政主导的一元社会治理模式，形成多元主义、精细化治理的法律体系，充分采纳居民意见，最大限度规避邻避风险；陈伟东和吴恒同（2015）认为，城市社区治理需要从居民需求结构特征出发，实行精细化、专业化、理性化的治理模式；杨秀菊和刘中起等人（2017）在回顾上海网络化管理的过程中发现，社会精细化管理要求全民共同管理社会事务，信息共享、理论共生、多元共治是城市社会治理精细化的三个维度。在城市病诊断方面，李阳和李纲（2016）强调情报服务可以优化城市病诊治工作，情报服务工作的宏观信息环境、中观大数据资源和微观用户需求是城市病诊治工作的推动力，使其系统化、精细化和协同化。

汤文仙（2018）构建了城市精细化"HSGP"四层面治理体系分析框架①。基于"组织结构—组织目标— 行为过程—行为评估"的逻辑关系，以公众为中心，以提升政府管理与服务效能为根本出发点，对城市治理的组织结构层级、功能等碎片化问题进行有机协调与整合，促使城市治理不断从分散走向整合、从部分走向一体的整体治理，构建"整体治理（Holistic governance）、标准治理（Standard governance）、网格治理（Grid governance）和绩效治理（Performance governance）"要求的四层面治理体系。

二、城市精细化管理的智慧化

城市精细化管理是通过将城市管理空间的逐级细分、管理对象的精确定位、管理责任的明确落实，制定适应城市运行和发展要求的管理标准，实现全方位覆盖、全时段监控、高效能管理的一种现代城市管理理念（王丹，2012）。精细化思想通过智慧化载体和手段得以实现。地理空间信息技术是城市精细化管理的重要支撑，也是城市精细化管理体系有效运行的保障。王丹（2012）对城市精细化管理空间信息应用标准化框架和重点任务做了分析，宋刚（2015）提出要建立智慧城市管理标准化的长效机制，建立开放平台，以用户创新、开放创新、大众创新推动标准化发展。在具体应用方面，固体废弃物管理（Melaré et al，2017）、节水信息管理（Liu et al，2016）和急救管理（Haworth，2016）在精细化过程管理需要借助相应信息平台。交通与停车方面，可利用精细化停车费用管理，优化城市车辆空间分布，减少机动车使用（王缉宪等，2015）；还可以通过自下而上信息供给，预订城市停车空间（Tasseron et al.，2017）；另外，还可借助有限停车和动态定价模式对城市路网进行建模与优化（Zheng et al.，2016）。基础设施运营维护方面，Nouvel等人（2017）借助城市能源仿真平台SimStadt构建3D城市模型，从而实现城市热能需求数据质量影响仿真（Nouvel et al.，2017）；Jia等人（2017）则通过信息平台和系统动力学方法，

① 汤文仙. 精细化管理视角下的城市治理理论构建与探索[J]. 新视野，2018(6): 74-80.

构建交通信号拥挤收费管理模型（Jia et al., 2017），用于缓解交通拥挤问题。智慧水务方面，可以通过PPGIS平台测量获得城市水环境质量，对其进行实时监测（Laatikainena et al., 2015），还可以借助水需求驱动程序对城市居民节水行为进行预测（Rathnayaka et al., 2017）；智慧治理方面，陆邵明（2015）还倡导以精细化监管体制为基础，建立城市公共空间人群涌现精细化预警机制。智慧政务精细化方面，智慧城市事务网络可以实现能源有效管理（Ejaz et al., 2017）。智慧政务精细化可以建立数据信息交换服务平台与跨部门协同平台的集成应用，完善行政审批项目网上受理服务，完善城市管理多部门综合管理平台建设等途径实现（杨迅周，2016）。

三、城市精细化管理的标准化

标准化是公共治理模式的重要组成部分，是实现城市精细化管理的最重要的技术手段。当前，通过标准化与信息化手段相结合，精细化管理已经延伸到了城市管理、公共服务和社会管理领域。翟宝辉（2013）认为，标准化管理使城市管理走向规范化、制度化、法制化；使城市政府可以应对加速城镇化带来的日益繁重的城市管理任务；推进城市管理领域的社会化和市场化，总体上降低了管理成本和监督成本；使社会矛盾逐步缓解，和谐社区、和谐城市构建从理想变为现实；标准化管理可以调动行业职工的积极性，爱岗敬业，在岗创新，加强队伍能力建设。徐雷（2011）认为，标准化有助于从整体上提升公共服务的质量与价值，包括为法律及公共政策提供支撑，提高公共服务的效率，推进公共服务均等化，增加公共服务的政策透明度，实现公共服务质量的科学评估。施昌奎（2014）界定了城市精细化管理的领域并指出标准化管理的重点范围，构建了北京市城市精细化管理框架。张有坤（2014）指出城市管理标准化的目标要求和标准体系。李晓林（2012）总结了北京市在行政管理、公共服务、社会管理、公共安全、应急管理等领域开展标准化建设成果，提出把标准体系建设作为精细化理念落地的主要工具。徐雷（2011）提出了建立标准与法律互动机制、完善标准编制程序、开展全过程评价等建议。

综合学者们的研究成果，可见在城市管理的具体领域已经制定了很多标准，但绝大部分是技术标准和产品标准，而管理标准十分匮乏。而且大部分城市管理标准化还停留在各行业建立、完善标准阶段，而尚未形成科学全面的城市管理标准体系，完整的管理体系应包括组织保障体系、标准化管理体系、网络化监管体系、数字化技术体系、社会化服务体系以及标准化执法体系等。

第二节　城市精细化管理的理论基础

城市管理的内涵及政府城管部门的职能调整是伴随着城市规模的不断扩张与城市管理复杂性的不断提升而逐渐变化的。城市精细化管理正是在城市管理理论的基础上发展而来的，同时美国科学家在20世纪30年代创立的系统性管理理论，20世纪90年代流行于西方的整体性治理理论，以及企业管理理论和标准化理论，都为城市精细化管理理论提供了重要的借鉴和参考意义。因此，本节将从现代公共治理理论、企业管理理论和标准化理论三个方面来论述城市精细化管理的理论基础。

一、传统城市管理的理论转向

（一）新公共管理和新公共服务理论

新公共管理和新公共服务理论为城市精细化管理提供了新思路。新公共管理理论的核心就是提倡公共部门要广泛采用私营部门成功的管理方法和竞争机制，用私人部门管理的模式来重塑公共部门管理，新公共管理关注的焦点在于产出或结果，而非投入和过程，同时注重绩效。因此，政府在公共管理中扮演的角色应该是掌舵而非划桨。

与新公共管理理论关注产出，不同的是，新公共服务理论更加关注公平，注重公民权利的维护和保障。政府的作用是服务而不是掌舵。新公共服务理论强调公务员的作用就在于帮助公民表达和实现他们的共同利益，而非试图在新的方向上控制或驾驭社会。在过去，政府在所谓的"掌控社会"的过程中发挥了重要作用，但是如今政府不再处于控制地位，政府越来越多地与私人的或非营利的团体和组织协同行动，以寻求社区所面临问题的解决方案。因此，新公共服务理论认为政府官员需要超越企业家的身份，重视公民权和公共服务。作为公共资源的管家、公共组织的管理人、公民权和民主对话的促进者、社区参与的催化剂、街道层次的领导者，公共行政官员已经接受了服务于公民的职责。这种视角与只注重利润和效率的新公共管理理论企业家政府的视角完全不同①。

（二）后新公共管理理论

20世纪末，新公共管理由于一系列的局限性而逐渐式微，学者们普遍质疑新公共管理理论的有效性。其中比较具有代表性的有拉塞尔·林登（Russell M. Linden）的无缝隙政府理论、佩里·希克斯（Perri 6）和帕特里克·邓利维（Patrick Dunleavy）等人提出的整体政府理论以及上面提到的罗伯特·登哈特（Robert Denhardt）等人提出的新公共服务理论。诸多反思新公共管理的理论纷纷出现，以至于有学者认为，新公共管理已经逐渐被后新公共管理取代。

所谓的无缝隙政府（Seamless government），又称无边界政府（Boundariesless government）。由拉塞尔·林登在《无缝隙政府》一书中提出，是指可以用流动的、灵活的、弹性的、完整的、透明的、连贯的等词语形容的组织形态。创建无缝隙政府的主要内容包括：①顾客导向。努力提升公共产品和服务的价值；以无缝隙方式追求顾客零成本；强化政府内部顾客也是"上帝"的观念；加强与顾客之间的交流与沟通。②竞争导向。政府应引进公共服务的市场竞争机制，如BOT社区参与、与NPO合作等，转变政府是不可替代

---

① 罗伯特·B. 丹哈特，珍妮特·V. 丹哈特，刘俊生. 新公共服务：服务而非掌舵[J]. 中国行政管理，2002(10)：38-44.

的观念。③结果导向。通过顾客和服务过程，才有积极的目标来实现工作的实际结果、预算和绩效并重。无缝隙政府理论旨在打破传统部门条块分割的局面，整合机构中各个部门、各种资源和可用人力，以最终目标为导向，消除层级和部门的壁垒，以单一界面接触公众并提供高效的公共产品与服务的新型政府组织形式。

整体政府理论（holistic government）：打破政府分割的政府改革运动，也称合作政府、协调政府、跨部门合作等。克里斯托夫·波利特（Christoppher Pollit）认为，整体政府是一种通过横向和纵向协调的思想和行动以实现预期利益的政府治理模式。其内容包括：排除互相拆台与相互腐蚀的政策情境；更好地使用稀缺资源；促使某一政策领域中不同利益主体团结协作产生协同效应；为国民提供无缝隙而非碎片化的服务。汤姆·林（Tom Ling）认为，整体政府的组织模式是一个包括"内外上下"四个维度的"联合"子集。

希克斯断言，21世纪政府改革的新议程变得更加明确，其核心理念和目标就是始终的整体政府。希克斯对整体政府理论的拓展，把政府与非政府组织、私人组织的协同也包括进来，形成了整体治理理论（holistic governance）。整体治理针对的不是专业主义，而是新公共管理改革以来所强化的碎片化治理问题。希克斯认为，碎片化治理的缺陷表现为八大问题：让其他机构来承担代价的转嫁问题、冲突性项目、重复、冲突性目标、因缺乏沟通导致不同机构或专业缺乏恰当的干预或干预不理想、需求反应中的各自为政、民众服务的不可获取性或对服务内容的困惑、服务供给或干预的遗漏或裂缝。这些问题主要是治理战略中意想不到的结果和治理系统中行动者自利角色所导致[①]。

（三）精细化管理与治理的理论暗合

城市精细化管理是推动城市管理向城市治理转变的理论需求。城市管理是指以城市这个开放的复杂的系统为对象，以城市基本信息流为基础，运用决策、计划、组织、指挥、协调、控制等一系列机制，采用法律、经济、行政、技术等手段，通过政府、市场与社会的互动，围绕城市运行和发展进行的决策引

---

① 曾维和. 后新公共管理时代的跨部门协同——评希克斯的整体政府理论[J]. 社会科学，2012(5): 36-47.

导、规范协调、服务和经营行为。城市治理是在参与、沟通、协商、合作的基础上各个参与主体，包括政府、私营部门、非营利组织共同参与的利益整合过程，其最终目标是解决影响人们生活的城市问题，进而提高城市居民的生活质量①。从城市管理到城市治理的转变，是城市管理理论的一次深层次的变革，管理主体由单一性走向多元化，促进了公共服务提供效率的提高和政治民主的发展。精细化管理兼具了城市管理和城市治理的优势，是两种理论在新时代的耦合，既保证了城市政府在城市管理的领导地位，又强调了治理的以人为本理念，体现了治理的精神，使各个主体参与到城市管理中来，提升了城市管理的科学性和合理性。

二、企业管理理论在城市管理中运用

城市精细化管理是科学管理理论在城市管理中的具体应用。科学管理有三个层次：第一个层次是规范化，第二层次是精细化，第三个层次是个性化。城市管理的最初要求就是要保证管理的规范化，在随着城市规模逐步扩大和功能多样化趋势不断加强的新形势下，为管理专业化、职业化、规模化提供了足够的空间。因此，城市管理需要步入精细化的阶段。

企业精细化管理的成熟理论和实操工具为城市精细化管理提供丰富的营养，特别是日本精益生产和质量管理理论的跨领域实践。在质量提升和绩效考核方面，企业管理与城市管理存在相通之处，文化塑造和操作方式上可资借鉴。城市管理日益增加的服务管理尤其适合引入市场机制和社会治理，借鉴和采用企业管理方法来提高效率，增进效益。

城市精细化管理是企业质量管理在规范化基础上的深化。精细化管理是一种理念，更是一种文化。它是社会分工精细化，以及服务质量精细化对现代管理的必然要求。而企业管理中比如流程管理、质量管理、标杆管理、目标管理、绩效管理、平衡计分卡等方面的做法恰好为城市精细化管

---

① 王佃利. 城市管理转型与城市治理分析框架[J]. 中国行政管理，2006(12): 97-101.

理在社会分工和公共服务质量提升的做法提供了众多的管理标准及方法参考。将企业管理理论引入到城市管理中，打造"企业家城市"，吸收企业管理中注重效益和效能的优点，关注城市管理的成果才能不断提升精细化管理的水平。

三、标准化理论为城市精细化管理提供理论标尺和技术手段

标准化是为了在一定范围内获得最佳秩序，对现实问题或潜在问题制定共同使用和重复使用的条款的活动[①]。标准化的对象可以分为两类：一类是需要制定标准的具体事物；另一类是标准化总体对象，即各种具体对象的总和所构成的整体[②]。在标准化的基础上引申出管理标准化，是以获得最佳秩序和社会效益为根本目的、以管理领域中的重复性事物为对象而开展的有组织的制定、发布和实施标准的活动，通过建立标准来约束执行者的业务活动。城市管理标准化则是在标准科学形成的标准化原理、原则、形式和技术方法等理论成果的基础上为精细化管理走向科学管理奠定理论基础，也为精细化管理实践提供技术支撑。

标准化理论为城市精细化管理工分析和评价提供原理和方法。标准化包含系统理论和控制理论两个基础理论，系统理论解释了系统构成的整体性且具有相应的功能[③]。控制理论是指为了"改善"某个或某些受控对象的功能和发展，获得相关信息并使用，起到控制作用。在标准化工作中，首先需要运用系统理论，把标准化对象界定为一个大系统，进而分析其内部构成与相关要素；之后，依次进行系统的递进分级，找到各级子系统中的控制点加以规范和限定，起到控制作用。在此基础上，依据"简化、优化、统一、协调"的标准化工作原理，在纷繁复杂的事项和要求中选择最佳流程和方案，达到整体功能最佳。

---

① 王平. 国内外标准化理论研究及对比分析报告[J]. 中国标准化，2012(5): 39-50.
② 张有坤，翟宝辉. 构建城市综合管理的标准化支撑体系[J]. 上海城市管理，2014, 23(4): 16-22.
③ 谢翔燕. 城市管理标准化应用初探[J]. 中国标准化，2018(18): 13-15.

标准化方法有很多，最常用的为事项分析法和目标分析法①。这两种分析方法最终都是通过分析，制定并实施一套标准，形成一个有机的控制体系，实现整体功能或目标。两者的区别在于：一是出发点不同。前者是针对标准化对象系统所涉及的事项进行逐项分析，然后针对每个事项进行流程梳理，找出流程中的控制点，并确定控制要求。后者是针对系统所确定的目标进行流程分析，找出实现目标的影响要素，确定关键点和控制要求。二是完整性不同。前者是对所有事项进行分析，是全项分析，考虑的是事项相关的人、财、物、方法等方方面面。后者是从实现目标出发梳理流程，找出实现目标最关键的影响要素，进而进行限定、规范或引导，最终实现目标，因此不是全项分析。两种方法各有侧重，运用者可以根据实际需要进行方法选择，把标准化作为抓手运用到实际工作中。

在城市管理规模、功能日渐庞大的今天，各种新业务、新工程不断涌现。由于城市管理与百姓生活的密切相关性，"摸着石头过河""走一步算一步"等经验主义管理方式显得不适用，"急于求成""胡子眉毛一把抓"等粗放型的管理方式更要不得。此时，可运用标准化的事项分析法，从全局的角度进行顶层设计，结合精细化管理的理念，对城市管理的某项任务或者某个项目的各方面、各层次、各要素统筹规划，以集中有效资源高效快捷地实现目标。

城市管理的复杂性，决定了管理工作中问题出现的普遍性。此时，可运用标准化的目标分析法，以管理的问题为导向，找出导致出现问题的疑点或败点，统筹规划，精准发力，解决问题。运用目标分析法开展的标准化工作不是单独展开的，各影响要素间的控制要求是协调动态的，为了达到同一目标这些要素需要互相兼容、互相配合、互相适应。

城市精细化管理的真谛就在于细微处见功夫，点滴中见精神，通过标准化对城市管理方向进行把控、调整顶层设计，对城市管理的各流程、各环节、各要素中进行统筹、权衡、制约、协调，最后对管理的结果进行考核与评估，最大限度激发城市运行的活力。

---

① 谢翔燕. 城市管理标准化应用初探[J]. 中国标准化, 2018(18): 13-15.

第三节　人本治理价值观

一、中央关于城市治理价值观的基本精神

近几年来，国家一直在加快推进新型城镇化建设，其根本价值是以人为本，即以科学发展、重在质量的城镇化建设，为人民生产、生活的现代化创造条件，从而为人的自由而全面的发展创造条件。城市是人民的，城市建设要坚持以人民为中心的发展理念，让群众过得更幸福。因此，在治理价值层面，城市治理就是要坚持人本价值观和发展观。《中共中央　国务院关于深入推进城市执法体制改革改进城市管理工作的指导意见》（中发〔2015〕37号）指出，要确立以人民为中心的城市治理价值观，也就是人本发展观在城市管理中的体现，全面落实为民、利民、便民、靠民。这种治理价值观主要通过以下几点得以体现：城市管理工作宗旨是为人民服务，使命是为人民管理城市，要求是顺应人民群众新期待，让人民群众在城市生活得更方便、更舒心、更美好，途径是调动市民参与城市管理的积极性，推动全民共治，以市民满意度作为衡量城市管理水平的重要标尺，让市民评价城市管理水平，实现共建共管共享，目标是建设和谐宜居的现代化都市。

2017年11月17日—18日，由住房城乡建设部组织的"全国城市管理工作现场会"和"中国城市治理高峰论坛"在徐州召开。住房城乡建设部副部长倪虹做了主旨演讲，他指出，要推动城市管理向城市治理转变，政府要把过去追求GDP转向追求市民的点赞率。全体城市管理者要坚持以人民为中心的发展思想，坚持共建共治共享，坚持精心精细精准，全力做好各项工作。切实改进城市管理和服务，以破解突出矛盾为着力点，多做惠民利民、增加群众获得感、让人民满意点赞的事情。要依靠人民、依据法律、依照标准、依托信息技术治理城市，推进城市治理体系和治理能力现代化，让城市更加美丽宜居，让人民

生活更加美好幸福。

城市发展的本质就在于人的发展，亚里士多德说过"为了生活，我们来到城市；为了更好地生活，我们留下来"。人因城市获得发展，城市因人充满活力。同样的，世界文学巨匠莎士比亚在其历史剧《科利奥兰纳斯》（CORIOLANUS）中提出的"城市即人民"（What is the city but the people）观点也很好地说明了城市与人之间的共生关系。城市是由民众构成的，纽约市前市长、著名城市规划师亨利·丘吉尔总结多年来的施政心得与城市规划经验，明确地提出了"城市即人民"（The City is the People）的理念，指出城市是由民众构成的，城市属于人民，一座城市的社会和物质机体状况实际上是它的人民决定的。

城市的发展需要遵循人本价值观，那么，该如何在城市治理中把握和贯彻人本价值观呢？首先需要思考城市发展的三个问题：城市发展为了谁？城市由谁来治理？城市化红利由谁来分享？在此基础上再来深化以人为本的城市管理观念与认识，可以总结为for、by、first、sharing和most五个单词，for就是为人民管理城市，by就是人民的城市人民管，first就是城市管理要坚持民生优先、体恤民情，把人民的利益放在第一位，sharing就是要与人民分享城市化的红利，most就是要寻求城市管理中各阶层最大公约数，从而保证城市管理成果惠及最广大的人民群众。

二、城市治理人本价值观的内涵

早在古希腊时代，柏拉图便已从雅典和遍布伯罗奔尼撒的大小城邦中看出了端倪："任何一个普通的城市实际上都可以分为两个，穷人的城市和富人的城市，它们互相对峙……"，他还说，"这两大部分又分化成许多更小的城市，如果你把它们当成了单一的城市，那就大错特错了。"由于城市作为经济要素的集聚地，受市场规律的作用，容易产生阶层分化、群体异变，从而阻碍城市健康和谐发展。因此科学、理性的城市治理价值观至关重要。青年学者郝景芳在文学作品《北京折叠》获雨果奖颁奖仪式上说，真的不希望北京折叠成为未来的现实。她的这种说法其中就暗含着城市人文关怀。这种关怀不是文学作品的风花雪月，更非慈善家的悲天悯人，而是人本价值观和以人为中心的政策导向在城市治理中的具体体现。

人本价值已经成为当下城市治理的最主流的价值取向，成为城市竞争力的重要影响因素，打造具有温度、重视人的发展的城市将是现在乃至于未来的发展方向。了解人本价值观的内涵将有助于我们更好地提升城市治理的质量和水平。作者认为内涵的主要内容大致可以分为以下几点：首先，尊重人的主体性，人是城市活的灵魂，是城市的建设者和维护者，城市中的一切活动都是围绕人进行的，离开人的城市注定走向没落和消亡；其次，促进人的发展性，人总是根据经济环境和社会环境的进步，产生出新的需求，对自身的发展提出更高的需求，这种需求可能是物质上的，也可能是精神上的；人在追求和实现这种需求的过程，同样也是促进城市更新升级的过程；最后，注重人的获得性，受激励机制的影响，只有当人在城市中通过自己的努力取得收获时，才能激发出获得感，从而不断地激励人为之不懈奋斗，为城市发展提供源源不断的动力。因此，在城市治理中，需要牢牢把握人本价值的核心，持续性地倡导人文关怀，并不断地追求社会的公平，深入贯彻落实for、by，即为人民管理城市，人民的城市人民管。

三、城市治理人本价值观的逻辑进路

互联网思维对城市治理具有启发性。互联网产品对客户运营存在"三点"策略，即痛点、痒点和兴奋点，所谓的痛点就是客户存在什么问题，比如说他为什么睡不着觉，他为什么感到苦恼，这些痛就是商家亟须解决的问题；痒点就是工作上有些别扭的因素，有种乏力感，需要有人帮挠痒痒；兴奋点即能给客户带来"Wow"效应的那种刺激，让客户感觉到快乐和兴奋。商家只要抓住这三点，就能立即敲单。与互联网产品营销理念类似，在城市建设管理与服务中也注重善始善终、重视末端、重视细节、重视衔接、重视顾客满意度和需求，公共服务不能冷冰冰，更不可高高在上，要想做好，就需深入末端和"售后"、注重实效和长效。我们可以将这"三点"策略引用到城市治理中，将其总结为城市服务策略"三点"：聚焦民生痛点、触碰服务痒点、共享城市红利（爽点）。

（一）聚焦民生痛点

痛点是指尚未被满足的而又被广泛渴望的需求，痛点本质上其实是恐惧。一旦抓住了恐惧，也就找到了工作的抓手，也就是找到了用户的痛点。城市的核心是人，关键是12个字：衣食住行、生老病死、安居乐业。聚焦民生痛点（pain point），就是给人民以体面和尊严。"社区是党委和政府联系群众、服务群众的神经末梢，要及时感知社区居民的操心事、烦心事、揪心事，一件一件加以解决。"世界是平的，城市是尖的。城市作为建筑物的聚合体，不仅有"高度"，作为社会人的集聚地，还要有"温度"。城市是经济增长的发动机，但经济增长并非唯一目标，如果要获得持续的增长，还需要关注民生，改善居民的生活环境，实现三生融合。唯此，才能吸引更多人口进入城市，为城市平添生命力；也能赢得更多优秀人才的加入，为城市增强竞争活力。

痛点、难点、阻点就是工作的切入点，改革要从老百姓最关心的"痛点"、"难点"做起。城市基层治理就是要解决居民的急、难、愁、盼。杭州市近年来采取的诸多举措，均是围绕民生问题展开的，即破解"四治难题"，包括"五水共治"、"五废共治"、"三改一拆"、"三边四化"、截污纳管、老旧小区改造、"消暗除黑"、庭院改造等。杭州市城管局针对未移交的在建道路发生大面积积水等非职责范围投诉事件，建立应急响应机制，及时进行排除，做到"民有所呼，我有所应"，化解民生痛点。

（二）触碰服务痒点

痒点是虚拟需求的自我满足，趣味性和愉悦感。淘宝里的"亲文化"，商家把用户称为"亲"，这一个字看起来微不足道，实际上正是运用了痒点思维，一下子让自己与用户之间的交流变得没有距离感，戳中了用户的痒点，除了亲切，更带给用户惊喜和满足。触碰服务痒点就是要紧扣百姓需求，并能精准对接、充分满足，让百姓拥有更多的获得感、满意感。城市学家芒福德认为，城市"莫不缘起于人类的社会需求与生活需要"①。城市作为文明的中心，理应为人的居业商游提供高品质的服务，以广大市民的生产、生活和生态需求作为城市治理的中心工作。同时，由于居民的需求是多样化、细致化和动态化的，仅凭政府单一治理和单向供给不足以提供便捷舒适的生活服务，畅通居民需求反馈渠道，运用智慧化技术连通城市虚拟世界和物理世界，引导市民参与治理便是响应百姓需求的必要途径。

如果说痛点是刚需，那么痒点就是消费升级的副产品。如果把痛点思维比作我们发消息时用的文字的话，那么痒点思维则是我们发消息时用到的表情符号。例如杭州市的"贴心城管"APP是把智慧技术与百姓需求紧密结合的典型案例，用于查便民服务、城市公厕、公交出行、问路、停车等不一而足，近年来城市大脑提供共享停车服务也是一个消除"痒点"的举措。

（三）共享城市红利

爽点是即时满足，新鲜奇特的需求得到即时满足。一个人如果需求没被满足，就会感到难受和不爽，就会开始寻求，如果在寻求中可以得到即时满足，就会感到爽，所以爽点就是即时满足。共享城市红利（爽点）：让人民在城市中拥有幸福感、归属感。最近一篇网文"人口是城市福祉而非诅咒"指出，良性城市是穷人"搭便车"、劣性城市是富人"占便宜"。正如《城市的胜利》一书作者格莱泽指出，出现大量穷人是城市发展成功的象征。由于城市公共服务是"普惠"的，即无差别地适用于所有人，因此一个公共服务完善的城市会天然吸引穷人前来。住在纽约曼哈顿岛的不是弱势群体就是风险资本家。以上观点虽是玩笑话，但的确揭示出富人和穷人共享城市的默契。因此，一个真正成功的城市，应该寻求各阶层的最大公约数，真正共享城市发展的红利，分享不仅要求结果的分享，还包括机会的分享：保证人民拥有公平竞争的机会，最终增强所有人的幸福感和归属感。以解决城市基层管理人员的休息问题为例，杭州的城管驿站为城市环卫、市政养护等长期户外工作、维持城市运行的工作者提供工余休憩之所。重庆市九龙坡区设置环卫工人爱心驿站456个，分布在公厕、

---

① 陈忠. 城市权利：全球视野与中国问题——基于城市哲学与城市批评史的研究视角[J]. 中国社会科学，2014(1): 85-106, 206.

公园、医院、学校、银行、商店、社区等；还修建了环卫工人"爱心家苑"，免费提供给环卫工人居住。通过城管驿站和爱心驿站之举，使环卫人员体会到了城市的关爱，增强了他们的获得感和归属感。

（四）倡导美的追求

城市之美不仅在于景观和建筑的物理之美，也不仅在于三生融合的空间之美，更在于城市精神、社会环境的人文美。莎士比亚曾说："城市即人。"人是城市的主体，是城市最美的风景。充满人文关怀，富有人情味，为人的生存发展提供最佳物质环境和理想精神家园。各美其美，美美与共。芒福德认为"城市的作用在于改造人，……缔造和改造人类自身，正是城市的要功能之一"。人文之美作为精神教化和文化传承对提升城市品格、塑造城市居民素质具有潜移默化的作用。这种人文之美还在于人口辐辏、八方汇聚的多元文化交相辉映，因此，"将来城市的任务是充分发展各个地区，各种文化，各个人的多样性和他们各自的特性"。

第三章

走向治理的城市精细化管理新理念

第一节 治理现代化理念

城市治理的理念思路决定城市管理质量、水平和高度。理清城市治理现代化的思路有助于更好的认识城市治理的不足和方向。亚里士多德说过，为了生活我们来到城市，为了更好地生活，我们留下来。上海世博会也因此提出"城市让生活更美好"的口号。顺应人类社会发展趋势和城市化进程的要求，城市治理需要遵循以下几个理念。

一、何为治理？

（一）治理的定义

西方治理理论的主要创始人罗西瑙认为：一系列活动领域里的管理机制，这些管理机制"虽未得到正式授权，却能有效发挥作用"。联合国全球治理委员会将治理定义为或公或私的个人和机构经营管理相同事务的诸多方式的总和。罗茨则列举了六种关于治理的定义：

作为最小国家管理活动的治理，指的是国家削减公共支出，以最小的成本取得最大效益；

作为公司管理的治理，指的是指导、控制和监督企业运行的组织体制；

作为新公共管理的治理，指的是将市场的激励机制和私人部门的管理手段引入政府的公共服务；

作为善治的治理，指的是强调效率、法制、责任的公共服务体系；

作为社会−控制体系的治理，指的是政府与民间、公共部门与私人部门之间的合作与互动；

作为自组织网络的治理，指的是建立在信任与互利基础上的社会协调网络。

概括起来，治理具有以下四个特征：

1. 治理不是一整套规则，也不是一种活动，而是一个过程。

2. 治理不是一种正式的制度，而是持续的互动。这种互动因为相互交换资源，或者协商达成共同目的而产生。

3. 治理过程的基础不是权威，而是信任；手段不是控制，而是协调。

4. 治理既涉及公共部门，也包括私人部门，组织之间是网络化的，而不是孤立破碎的；成员之间具有自组织性。

联合国开发计划署指出治理的基本要素：参与和透明，平等和诚信，法制和负责任，战略远见和成效，共识，效率。

治理的目的在于实现社会公正、生态可持续性、政治参与、经济有效性和文化多样化。

（二）治理与统治、管理、行政（施政）的区别[①]

1. 治理与统治的区别

治理是建立在市场原则、公共利益和认同之上的合作，治理就是利益冲突的各方协商合作达成一致的过程。治理理念有别于传统的统治概念。学界有一句话，更多的治理更少的统治（More Governance，Less Government）体现出两者的差别。

从活动主体看：治理需要权威，但绝不是政府为唯一；治理是指向共同目标的活动，这些活动的主体可以是政府，也可以是依靠其他力量来实现，因此主体是多元的。甚至在某些情景下，行政管理或执法的相对人也可成为主体而不纯粹是管理的对象。比如不少地方成立商户自治联盟，实行自我管理。

从活动关系看：治理主体之间是相互的而非单一的，更多是合作式的伙伴关系，在达成一致的过程中互相平等地交换资源，通过市场化契约或非市场化的社会承诺和信任来约束各自行为。权力运行的向度是上下互动的。

从实施方式看：治理的实质在于建立在市场规则、公共利益和认同之上的合作；治理是一种持续互动的过程，需要通过合作、协商、谈判等方式进行，比如经济活动的PPP方式，社区治理的各种理事会活动，规划决策的参与式规划等。

---

① 　张红樱，张诗雨. 国外城市治理变革与经验[M]. 北京：中国言实出版社，2011：18-19.

从运行机制看：与政府统治相比，治理的内涵更丰富、更灵活。它既包括正式的机制，也包括非正式的、非政府的机制。更多的是民众参与，社会组织等多方协同，政府与社会的双向互动。治理的机制是合作网络的权威。

2. 治理和行政管理的区别

治理和管理、行政（施政）的区别首先在于前者是一种理念，后者是一种具体行为。前者体现新公共管理的特点：需求导向、绩效管理（"3E"为标准，即经济、效率和效益）、以顾客为中心，引入市场机制，效率驱动、追求卓越、公共服务取向；后者则主要是指传统的公共事务管理。

3. 中国特色的治理概念

我国的治理理念既体现我们的国情，包括政治优势、体制优势、社会优势、发展阶段，也部分吸收国外治理理论的精华，借鉴发达国家成功的治理经验，针对存在的短板和不足，形成中国特色的治理概念。十九届四中全会指出建立"党委领导、政府负责、民主协商、社会协同、公众参与、法治保障、科技支撑"的社会治理机制，其主要精髓就是一核多元，即党建引领、政府主导，各级党委发挥思想引领作用，各级政府坚持民生为本，把基层社区打造成市民的精神家园；多元参与，就是政府掌舵、社会划桨，重大事项决策进行民主协商，发挥群团组织、社会组织、社区居民等主体的作用。

我国的治理思想与西方国家治理思想最大不同是，西方重程序，中国重效能。十九届四中全会指出"着力固根基、扬优势、补短板、强弱项，构建系统完备、科学规范、运行有效的制度体系，加强系统治理、依法治理、综合治理、源头治理，把我国制度优势更好转化为国家治理效能"，把治理效能放在重要位置，重实效、讲实用，不搞花架子，不唯程序。治理技术、治理方法、治理手段要"实战中管用、基层干部爱用、群众感到受用"。

二、何为城市治理？

（一）城市管理转向城市治理的动因

治理概念兴起于20世纪80年代。用治理概念取代统治概念是因为西方学术界在社会资源配置中既看到了市场失灵，也看到了政府失灵。而西方国家城市治理变革的动力则是多方面因素作用的结果：一是福利国家财政困境推动了城市治理变革；二是城市竞争"用脚投票"加快了城市治理变革；三是城市管理的复杂性迫切需要城市治理变革；四是市民参与意识增强催化城市治理创新；信息技术发展助推城市治理变革[①]。

（二）城市治理的内涵

从上述因素来看，城市治理具有特有的现实需求和理论内核。城市治理有广义和狭义之分，广义的城市治理是指城市地域空间治理，即为了实现城市经济社会生态可持续发展，对城市的资本、土地、劳动力、技术、信息等生产要素进行整合，促进城市整体协调发展，所针对的是城市发展定位、战略思路、城市规划等问题；狭义的城市治理是着眼于公共服务的供给而进行利益整合，即城市范围内的政府、企业、非营利组织等主体组成相互依赖的治理网络，平等地参与、沟通、协商、合作的治理机制，在解决城市公共问题、提供公共服务、增进公共利益的过程中相互合作的利益整合过程，所针对的是城市内部各主体间利益关系调整等问题。[②]

（三）城市治理现代化的主要内容

包括治理能力现代化和治理体系现代化两方面：城市治理体系和治理能力建设以城市治理理念为引领，城市治理体系是城市治理能力的基础，城市治理能力是应对"城市病"和促进城市可持续发展的必要条件[③]。在城市治理能力现代化方面，基于城市公共利益最大化和城市各利益群体最大公约数原则，以美好生活品质为目标，完善治理体制机制、培育新型治理主体、创新治理手段、厚植社会资源、建设人才队伍、强化科技运用，全面加强城市治理能力建设。在健全能力建设要素基础上，丰富多维能力结构，比如，城市动员能力、城市管理能力、城市发展能力和精细治理能力等[④]。

① 张红樱，张诗雨. 国外城市治理变革与经验[M]. 北京：中国言实出版社，2011：20-21.
② 张红樱，张诗雨. 国外城市治理变革与经验[M]. 北京：中国言实出版社，2011：21.
③ 夏志强，谭毅. 城市治理体系和治理能力建设的基本逻辑[J]. 2017(5)：11-20.
④ 夏志强，谭毅. 城市治理体系和治理能力建设的基本逻辑[J]. 2017(5)：11-20.

在城市治理体系现代化方面：以人民主体性为治理导向，以城市善治为目标，塑造人本治理价值体系，完善政策法规体系，建立科学的标准规范体系，构建支撑保障体系和监督评价体系，形成科学、理性的城市治理体系。

按照城市精细化管理要求，实践导向的城市治理需要市场化、社会化、法治化三化协同，为精细化管理提供治理主体、治理手段、治理机制，把城市治理现代化的要素整合成为城市精细化管理的资源配置机制、利益调节机制、规范约束机制。

三、城市治理相关概念辨析

在政策实践层面，目前频繁出现的概念有国家治理、政府治理、社会治理、地方治理、城市治理、基层治理、社区治理等概念。

（一）城市治理与国家治理、政府治理的区别

上述概念从不同层面表达治理理论在实践中的运用，具有其特定的含义和实践意蕴。王浦劬（2014）对国家治理、政府治理和社会治理的含义及其相互关系做了专门论述，他认为，社会主义国家的国家治理，本质上既是政治统治之"治"与政治管理之"理"的有机结合，也是政治管理之"治"与"理"的有机结合，即"党领导人民有效治理国家"。政府治理是指政府行政系统作为治理主体，对社会公共事务的治理。就其治理对象和基本内容而言，其包含着政府对于自身、对于市场及对于社会实施的公共管理活动[①]。显然，城市治理不具有国家治理更多的政治内容，主要侧重于城市公共事务和公共服务；也不像政府治理概念那样过于强调政府系统的治理主体地位，而是糅合市场机制、社会机制、志愿机制，共同发挥作用。

郁建兴（2019）曾经对国家治理、地方治理、基层治理与社会治理几个概念做了辨析：当国家治理与地方治理、基层治理同时出现时，国家治理主要指提供全国性公共产品和承担跨区域协调治理的职能。地方治理的承上启下功能，

---

① 王浦劬. 对国家治理、政府治理和社会治理的含义及其相互关系[J]. 2014(3)：11-17.

省市两级政府界定为地方政府，基层政府指县市、乡镇（区、街道）一级政府，基层治理直接面向民众。基层治理是国家治理、地方治理的微观基础。社会治理重心在基层，具有两层内涵，即社会治理体制和具体社会事务治理。党的十九大报告指出，"推动社会治理重心向基层下移，发挥社会组织作用，实现政府治理和社会调节、居民自治良性互动"。推进改革发展稳定的大量任务在基层，推动党和国家各项政策落地的责任主体在基层，推进国家治理体系和治理能力现代化的基础性工作也在基层。城乡社区是社会的基础单元，是各种利益关系的交汇点、社会矛盾的集聚点、社会建设的着力点，因此，具体社会事务治理主要指基层社会治理，社会治理概念约等于基层治理概念。①

（二）城市治理与地方治理的关系

城市治理与上述五个概念在不同层面存在一定的联系。城市治理属于地方治理范畴，但不完全包含于地方治理，后者更多是从治理的重要主体层级和治理范围来讲的，是地方政府相对于国家或者中央政府的治理行为，城市治理主要不是强调主体层级，而是指具有集聚特征的一定空间区域内的治理活动，比如城市规划是城市治理的主要手段，但是却不是地方治理的重要手段。特别是城市竞争引发的城市治理"使大城市成为国家经济政策的竞争者甚至在政治斗争中取代了国家的推动力时，城市治理显得尤为重要"，在为了发展而竞争的背景下城市治理使得城市作为能够统一或整合各种经济利益和经济力量的"集体政策行为体"的思考方法。② 戈丹的这段话很好地揭示出城市治理与地方治理或国家治理的关系。

由于城市是经济活动、生产要素、人口高度集聚的区域，而且更加突出利益的驱动和经济的竞争，在治理价值上更加需要突出人本思想和协调发展。《北京折叠》用文学的手法刻画处高度集聚的繁华都市社会关系的挤压。这种人文关怀不是文学作品的风花雪月，更非慈善家的悲天悯人，而是人本价值观和以人为中心的政策导向在城市治理中的具体体现。

① 郁建兴. 辨析国家治理、地方治理、基层治理与社会治理[N]. 光明日报，2019-08-30.
② 让-皮埃尔·戈丹. 何谓治理[M]. 北京：社会科学文献出版社，2010：79，83.

（三）城市治理与社会治理、社区治理的关系

城市治理与社会治理在内容上存在较大的交叉。城市治理既包括城市的公共服务供给、社会事务管理，还包括空间关系的治理、生态环境治理、市政运行治理，这些内容都是社会治理所不关注的。

社区是一定地域范围内由相互联系、共同交往、共同利益的社会群体、社会组织所构成的社会共同体，是社会空间和地理空间的结合。社区治理很大程度上是城市治理的微观领域和基础单元治理活动。社区治理是指政府、社区组织、居民及辖区单位、营利组织、非营利组织等基于市场原则、公共利益和社区认同，协调合作，有效供给社区公共物品，满足社区需求，优化社区秩序的过程与机制。不过，这种有效社区治理的实现，需要在社会信任的基础上国家与社会之间互补与嵌入的结合，积累出充足的社会资本，并注重社区发展与社区系统的整体优化、社区发展与社区结构功能的耦合、社区发展与社区内部调节机制的关系[①]。社区治理是治理理论在社区领域的实际运用，它是指对社区范围内公共事务所进行的治理。这一理念为社区治理寻找新的手段与主体提供了思路。由于社区人员交往更频繁、社区功能更专门化，因此，社区治理比社会治理更微观、更具体、更要有针对性，方法策略上更讲究情感、心理、经济实惠、人情关系等特点。当前政策上提出的"三治融合""三社联动"在实践上呼应了这一理论。

"三治融合"解决社区治理手段问题，其实质是"融"在过程，"合"在结果。针对居民参与社区治理的无能、无力、无志和无愿问题，为社区治理提供社会关系调节的主要手段，即：法治为保障、德治为主线、自治为基础。在基层社会治理中，德治是"先发机制"，在矛盾尚未出现或萌芽的时候发挥作用，预防矛盾；自治是"常态机制"，在任何基层社会事务治理中都发挥作用；法治是自治和德治的全程"保障机制"。同时，德治并非只在事前起预防作用，还作为自治和法治的补充和"润滑"[②]

"三社联动"解决社区治理主体问题，其实质是重在"联"，意在"动"。

① http://www.chinavalue.net/MiniBlog/Comment.aspx?TID=1135176.
② 郁建兴. 深化"三治融合"，提升基层治理水平[N]. 浙江日报，2018-11-13(5).

"三社联动"的实质是联动，而联动的前提是治理体制、责任边界和工作关系必须理顺。社区治理存在角色缺位、资源沉睡、机制僵化等问题，社区、社区组织、社工的积极性及能量没有发挥出来，需要通过一定的措施激活社区治理主体，来实现主体到位、资源盘活、机制整合。激活主体的路径可归纳为[①]：（1）做好顶层设计；完善领导体制和工作机制；界定主体职责和功能边界；完善自治制度和准入制度。（2）发挥各自优势：发挥社区"基础平台"的支持作用；发挥社会组织"服务载体"的承接作用；发挥社会工作"专业引擎"的纽带作用（社区撑得起、社会组织接得住、社工联得紧）。（3）注重联动效果：一是在"联"上下功夫，通过整合社区综合服务项目和资源，支持社会组织承接，引导专业社会工作机构参与，建立专家库，完善项目化运作，引入第三方评估；通过建立多元治理主体横向协调机制和不同部门纵向协作机制，实现不同治理主体在结构上嵌入、功能上互补、行动上协调和资源上整合；二是在"动"上做文章，主动、活动、行动，社区服务项目要主动对接并及时回应社区需求，有序引导社会力量参与社区服务供给；培育社区独特文化魅力，经常性举办文体、健康、娱乐等多种形式的活动；社区能人行动起来，发挥新乡贤、老党员、老教师等在社区治理中的积极作用。

（四）城市治理与乡村治理的区别

美国纽约市前市长、著名城市规划师亨利·丘吉尔形象地指出城市治理与乡村治理的区别："城市居民最大的不同点在于，他们有盈余。为了获取盈余，就需要对未来有预判；在众人都在追逐盈余的情形下，而且这些人和自己既没有血缘关系，也不属于同一个部族，这时要想获得盈余就必须事先建立起规则，用这些规则来约束竞争者，也用来约束自己。这就是社会管理、法制建设的起点，它建立起的秩序完全不同于部落里的军队式管理模式；当一个村落演变为城市的时候，它的范围由一个边界加以明确的界定，这是因为城市必须防止强盗团伙的掠夺袭击，而城里每个居民的居住空间必须加以规范，甚至要比尼罗河谷那些拥挤的农民居住地还要紧凑。每一位城市居民都需要自由地进出自己

---

① 王欢. "三社联动"：社区治理创新的路径[N]. 中国社会科学报，2019-03-20.

的居所，去市场商业区，进出城门，更重要的是去水井取水，这些行为都必须得到充分的保证。因此，城市道路和公共广场就不能任由个人随意加以侵占，这些地方为公众所有，也为公众所用。"[1]其主要观点可以几个关键词表达：竞争、规则、秩序、边界、规范、集聚、公共空间。这些内容很大程度上在乡村治理上不需要，或者说至少不是那么显著。

第一个区别就是城市的空间属性。按照城市学研究中的一句话"城市是尖的，世界是平的"，在空间形态上，城市迥异于乡村；在经济社会活动强度上，城市是高度密集、快速的，有别于一般社会治理现实的特点，城市治理的对象和范围是一个边界清晰、高度集聚的有限空间。同时从发展性来讲，它充满阳刚之气；城市学研究还有一个说法就是，"乡村是阴柔，城市是阳刚的"，那么治理方面怎么研究它？就不能简单等同于一般的社会治理和乡村治理。因此，一般意义上，城市治理与社会治理、国家治理的概念区别就是空间性，城市治理一定在有限的空间里面。

第二，城市治理客体的公共性比较突出。日本学者山因浩志认为，城市具有密集性、经济性和社会性三个特点城市不同于乡村，一个显著的特征就是生活方式从分散居住转向集中居住，也是各种生产要素和生活要素集中的地方，因此，群体交往、社会活动对公共空间的需求、对公共秩序的保障、对公共事务的协调急剧增加。

第三，城市治理关系具有契约性。城市是一个陌生人的社会，陌生人社会靠什么维系？就是契约，从治理主体之间的关系到主体和对象的关系，从法律规范到体制机制，从治理手段到活动载体，无一不是通过契约形式来实现。社会学的芝加哥学派认为，城市是不同社区竞争和演替的场所。正如罗伯特·帕克所说，"城市生活使得各种人类个性与特征充分地展示出来，并将其放大，这些个性与特征在小型社区环境中原是模糊的、潜藏着的。城市则把人性中过度的善与恶都展示出来"。如何规范社会行为、激励正当竞争，需要一整套完善的规则体系和契约机制。

---

① 亨利·丘吉尔. 城市即人民[M]. 武汉：华中科技大学出版社，2016：序言.

第二节　中国特色的城市治理方法论

20 世纪90 年代末以来，治理理论逐渐进入国内学术界视域并随着研究的深化并为政策实践所接受，同时，西方治理理论与中国本土治理理论的错位现象逐步凸显，国家发展和治理的实践表明，治理理论只有在本土化的基础上才能实现理想的重塑①。"治理和管理一字之差，体现的是系统治理、依法治理、源头治理、综合施策。"不断改进社会治理方式，"要坚持问题导向，把专项治理和系统治理、综合治理、依法治理、源头治理结合起来"②。新时代党中央关于社会治理的系统治理、综合治理、依法治理、源头治理等系列论述和政策决策，结合起来形成丰富的治理思想，为新形势下城市治理创新提供了方法论。

一、源头治理

源头治理相对于末端治理是城市治理现代化的基本理念。客观上，城市管理很容易出现末端治理倾向。城市发展包括城市规划、建设、运行管理三个阶段，次广义的城市管理是对城市规划建设运行的管理，其中运行管理处于城市发展时序的第三个环节，既是前两个环节成果的验收和成效的检验，也是前两个环节问题暴露、矛盾积压的集中呈现，容易给外界产生的错觉是运行管理自身存在的问题；狭义的城市管理涵盖服务、管理、执法，城管执法通常处于末端环节。

城市管理目前出现的种种问题，多数与缺乏源头治理有关。在大城管管理

---

① 吴家庆，王毅. 中国与西方治理理论之比较[J]. 湖南师范大学社会科学学报，2007(2)：58-65.
② 中共中央宣传部. 习近平总书记系列重要讲话读本[M]. 北京：学习出版社、人民出版社，2016.

体制上，城市规划、建设、运行管理衔接不够紧密，由于职能分割，协作联动不足，问题在缝隙中产生；在城管执法体制上，虽然中央已经明确住建部为全国城管执法主管部门，解决了"上无爹娘"问题，但是"儿孙满堂"如何理顺问题待解；在执法依据上，当前城管执法工作缺乏专门的法律法规执法主体资格不明确，根据住建部的不完全统计，目前城管执法工作依据涉及53部法律法规，有的长期没有修订，有的存在交叉重叠，这已经远不能满足新形势下城市管理和执法工作的需要；在工作思路上，城管部门以往更多的体现"执法"，"管理"薄弱，"服务"缺位，更多的是对"结果"进行管理，而不去追究"问题"的根源在哪里，这样的解决问题方式也往往是治标不治本，同时容易引发民众的不满；在工作方式方法上，运动式、应急式、灭火式管理较多，长效化管理、预防式管理较少，最常见的是动辄开展专项整治，事后又反弹回潮，不断地低水平重复。

源头治理，就是要标本兼治、重在治本，以网格化管理、社会化服务为方向，健全基层综合服务管理平台，及时反映和协调人民群众各方面各层次的利益诉求，从源头上解决影响社会和谐稳定的各种深层次问题[①]。源头治理就是要改变原有末端治理思维，以治理的理念思想做好城市管理工作，具体思路是：倾听市民呼声，回应市民诉求，引导市民参与，治理关口前移，凡事抓早、抓细，注重制度建设。首先要找到城市管理问题产生的体制性根源，理顺城市规划建设管理体制，比如建立城管部门前置介入规划决策过程的决策程序，建管衔接机制，机构设置方面建立规划建设管理一体化协调机构；其次畅通民众诉求表达机制[②]，比如开通民生热线、绿色邮政、网上信访、视频接访等不少好的做法，方便市民便捷高效地表达诉求、提出意见建议；最后，夯实基础，做到城管进社区。比如切实发挥城管服务室功能，把问题解决在小区，小事不出社区；提升并拓展城管驿站功能，街面马路等面上问题第一时间发现第一时间处置第一时间解决。

---

① 青连斌. 习近平总书记创新社会治理的新理念新思想[J]. 前线，2017(6)：8-11.
② 徐显明. 源头治理的制度化保障[J]. 长安，2014(8)：18-19.

二、系统治理

（一）城市治理的复杂性

生态文明是新时代党中央治国理政的重要内容，生态文明建设必须遵循系统思维，"坚持山水林田湖草是一个生命共同体，要用系统思维统筹山水林田湖草治理"。同样地，在创新社会治理方式上，也要坚持系统治理的思维。从系统科学看，城市作为一个开放的、复杂的、动态的巨系统，是一个在自然系统基础上形成的包含社会、经济、文化等复杂活动和强大功能的"人工生命"。城市治理具有多重价值取向：兼顾城市与自然的和谐、城市运行效率、经济效益、社会效益、居民幸福等多重目标。多维价值体系决定了城市发展的复杂性、矛盾性，要求城市内部要素各子系统的协同性，内部结构的平衡性，城市社会系统与环境系统、技术工程系统的协调性，城市发展的可持续性。

城市是一个有机的生命体，更是一个复杂的巨系统，需要进行系统治理；城市治理既是软性的社会工程，也有硬性的公共设施工程，必须坚持系统治理方法论。社会工程研究强调"问题指向和价值定位下，综合协调规律、价值、情境三类变量进行社会模式设与实施"的模式设计方法，建构新的治理"主体－体制－机制－机理－环境－架构－过程－秩序"的社会系统结构和运行模式[①]。

（二）城市系统治理思路

系统治理理念要求城市治理立足城市发展阶段，尊重城市发展规律，统筹城市全局。中央城市工作会议强调，城市建设和发展要统筹空间、规模、产业三大结构，统筹规划、建设、管理三大环节，统筹改革、科技、文化三大动力，统筹生产、生活、生态三大布局，统筹政府、社会、市民三大主体，很好地阐释了城市系统治理理念的内容。在城市治理具体思路上就是要求主体协同、体系协调、职能协作。

主体协同，就是要加强党委领导，发挥政府主导作用，鼓励和支持社会各

---

① 王宏波，张振. 社会治理是系统的社会工程[J]. 西安交通大学学报(社会科学版)，2015(3)：73-78.

方参与社会治理，形成社会治理合力。系统治理要求治理主体的协同化，通过政府、社会、市民三者协同，能够形成合力、资源共享、优势互补，也有助于城市管理工作化解矛盾、弥合分歧、增进信任。

体系协调就是要求规、建、管一体化，做到在决策、实施、监督过程中规、建、管有机衔接，紧密协调。具体包括规划决策阶段城管部门的前期介入，建设施工阶段的建管衔接，运行管理阶段的规划存量优化和局部调整，执法过程中各部门业务上协作与衔接。

系统治理要求治理功能协作化。城市管理的综合性、公益性、强制性等客观特性决定了城市治理需要建立协调协作机制[1]。据统计，在城管执法事项中，80%属于城市建设领域，另外20%属于环保、交通、公安、水务、工商等领域，大量事项执法需要协调；同时，城管执法作为一项刚性公务活动，只有得到公安机关的有力配合以及司法部门的通力协作，才会产生法律权威和管理效能。具体做法是：建立市级层面的高位协调机制（城市治理委员会或城市综合管理领导小组），确立城市管理部门的统筹协调地位，建立职责分明的协调机制，实行制度化的公务协助，比如编制城市管理公务协助手册、相关部门签订城市管理公务协作协议，细化各部门、单位职责、考核标准、赏罚措施，设计公务协助的激励机制等[2]。

三、整体治理

整体论是整体治理的方法论，整体治理是城市治理整体论的具体思维方式。整体论有系统整体论和生成整体论两种视角[3]，前者认为整体是系统各要素的集合，不是有机整体论，而是构成论，关注于部分或部分之和；后者认为整体是动态的、有生命的，整体就是整体，生与成联在一起，成长壮大，不是系统论的主体所具备的。系统整体论强调的是系统的空间结构，多少还残留机械论的

---

① 周坤、翟宝辉. 大城管视野下的政府协调与公务协助机制[J]. 上海城市管理，2010(3)：17-21.
② 同①
③ 金吾伦. 从系统整体论到生成整体论[N]. 科学时报，2006-11-30(B03).

成分，必须靠还原论的帮助；生成整体论则关注时间的延续性和系统的动态性，具有演化论的成分。整体治理概念源于西方治理理论，不过，在中国城市化场景中，不仅要吸收其系统整体论思想，更需要纳入生成整体论元素，在动态变化和发展变革中理解中国的城市治理。

整体治理是一个内涵非常丰富的概念，可从宏观、中观和微观三个维度来分析如何实现整体治理。在宏观上要求城市管理资源统筹化：整合多种城市管理力量，综合相关城市管理职能，破除城管职能的条块分割、碎片化状态，打通城市管理肠梗阻，强化网络化、链条式治理，横向到边、纵向到底。在中观上要求城市运行管理综合化：城市管理格局要从原来的专业化管理转向综合化管理，两者构成系统治理相互依存、互为支撑的对立统一体。在微观上要求管理、服务、执法融合化：改变长期以来管理者和被管理者之间对立严重局面，坚持服务为先，树立管理就是服务、执法为了服务的思想，把服务贯穿城市管理整个过程之中，营造和谐城管氛围。

城市治理的整体性，还要体现在适应城市动态变化、公共问题的跨域性。我国城市化还处在上升时期，不管是城市生态环境、公共设施等硬件条件，还是人口规模结构、市民文明素质等软件，都远未定型，城市治理需要从动态、整体的角度看待现实问题，制定弹性规划，城市设计和建设要有留白意识，在保持当前稳步快速发展的同时，也要为将来的发展留住自然、留够空间；针对城市顽症痼疾，需要多方联动、综合施策，善于打组合拳，比如违法建设、渣土车监管；针对美好生活需要的城市治理新生事物，在治理对策上要放在全局角度考虑。比如垃圾分类[①]，共享单车、城市水环境治理[②]。

政府职能的动态性也决定了城市治理的整体性。政府职能并非一成不变，而是随着经济社会发展而变化，这种变化取决于市场经济条件下政府与市场关系的动态性、政府与社会关系的力量对比、政府与自然界的关系演变。生态文明建设、重大公共卫生事件应对、社会组织与政府的合作，新型经济形态、商

---

① 杨再强. 基于整体治理理论的城市生活垃圾治理[N]. 学理论，2013(27): 97-98.
② 曹树青. 论区域环境治理及其体制机制构建[J]. 重庆工商大学学报(西部论坛)，2014(6): 90-95.

业模式的兴起，等等，不断溢出原有的城市管理职责边界，因此，城市治理需注重整体治理，在治理流程上，"最多跑一次"，比如同类事件合并办理，同一件事情一次办结；在信息资源上，加强互联互通、共享，通过信息整合带动职能整合。

四、依法治理

法律是治国之重器，良法是善治之前提。法治是国家治理体系和治理能力的基础性机制，是治国理政的基本方式，国家治理法治化是国家治理体系和治理能力的必由之路，具体表现为治理体系和治理能力的法治化、治理方式方法的法治化、治理行动的法治化。要强化依法治理，善于运用法治思维和法治方式解决城市治理顽症难题。

首先，依法治理要努力形成城市综合管理法治化新格局。目前城市管理中仍然存在综合性法律缺位、专项法规缺失、行政规章不成体系等法制不健全问题。适应城市规划建设管理新形势和新要求，加强重点领域法律法规的立改废释，形成覆盖城市规划建设管理全过程的法律法规制度。要完善法规，抓紧填补城市管理领域的立法空白，及时修订不符合精细化管理要求的法规规章。

其次，依法治理要依法行政、依法执法。依法治理理念的核心是建立法治政府。法治政府有四项具体要求，即职权法定、合法行政、权利救济和最佳行政。依法治城是城市法治政府建设题中应有之义，城市依法治理是城市管理法治化的要求，城市管理像绣花一样精细，绣花不是随心所欲地任意发挥，开始绣花之前，必须有图样作为行针走线的规范，而城市管理的"图样"就是法律法规。

再次，依法治理要从严执法。重点是加强行业管理和综合执法的衔接，强化多部门联合执法，形成工作合力；用好用足法律资源，切实做到违法必究、执法必严，树立法律权威。法治是法律之治、规则之治、程序之治。城市治理规范不仅有相关法律法规外，还包括市民公约、乡规民约、行业规章、团体章程等形式。这些都是城市公共事务、公共空间和公共秩序治理的依据和遵循。

最后，依法治理就是要加强法治保障，运用法治思维和法治方式化解社会矛盾，破解社会治理难题，提升社会治理的法治化水平。所谓法治思维，就是将法律作为判断是非和处理事务的准绳，它要求崇尚法治、尊重法律，善于运用法律手段解决问题和推进工作；是一种以法律规范为基准的逻辑化的理性思考方式。法治思维包括法律至上、权力制约、公平正义、权利保障、正当程序等内容。所谓法治方式，就是"办事依法、遇事找法、解决问题用法、化解矛盾靠法"。破除关系思维、特权思维、人治思维等旧思维，摈弃选择性执法、运动式执法、运动式治理、"法不责众"等旧方式。

五、智慧治理

城市治理是国家治理体系和治理能力现代化的重要内容。一流城市要有一流治理，要注重在科学化、精细化、智能化上下功夫。既要善于运用现代科技手段实现智能化，又要通过绣花般的细心、耐心、巧心提高精细化水平，绣出城市的品质品牌。这段话指出了智能化技术与精细化管理、城市治理之间的关系。

信息技术发展不仅为城市治理提供强大动力，同时也在改变城市治理的体制机制、权力结构、方式方法、工具手段、平台载体。智慧治理、数字治理、数据治理等概念应运而生，网络治理、网格化治理、城市大脑、云治理、云城管、云共治等新型治理模式层出不穷，不断更新迭代。

智慧治理是城市治理现代化的驱动力和支撑力。这种驱动力表现为：智慧城市是运用新一代信息通信技术，以整合和系统的方式管理城市的运行，让各个功能彼此协调运作；通过城市各个信息系统间的互联互通、信息共享，整合优化各种资源，从而实现城市科学和可持续发展；技术本身的发展，驱动城市管理领域相关部门和组织的强化协同、协作和协调，倒逼政府机构转变职能，优化机构设置，改革体制机制，以适应新技术浪潮和建设发展趋势。

智慧治理对城市治理现代化的支撑力根本上是提供技术支撑。《国家新型城镇化规划（2014—2020 年）》指出，社会治理精细化是智慧城市建设的六大方向之一。城市治理智慧化更是城市管理精细化的重要技术手段，它利用智慧化技术，感知、监测、分析、整合城市运行核心系统的各项关键信息，对民生、环保、公共安全、城市服务等各种需求做出智能响应，实现城市智慧式管理和运行，促进城市运行便捷、高效，让市民多层次、多类型、多样态需求得到满足成为可能。

智慧治理对城市治理绩效的作用机制体现为：

1. 强化智能化管理，应对复杂局面。用数据说话，用数据分析，用数据决策。从而提高城市管理的精准度、快捷度，并提高驾驭更大规模、更大范围、更多内容的城市治理复杂局面的能力，胜任不断发展变化中城市治理的艰巨任务。

2. 提高城市管理标准，改善城市治理能力。信息技术和信息化装备的运用既让量化标准可度量、标准应用结果可评价，还可以不断提高标准，提高决策效率，增强决策的科学性、时效性、精确性，让更多主体参与城市治理成为可能，从而改善城市治理能力。

3. 更多运用互联网、大数据等信息技术手段，提高城市科学化、精细化、智能化管理水平。智慧治理理念下的城市精细治理要求城市治理体系精密构建，城市治理主体精明能干，城市治理客体精准界定，城市治理手段精确匹配，城市治理成本精打细算，城市治理绩效精益求精[1]。

第三节　六度空间城市治理论

何为城市？不同学科定义有别，但都能形成共同的认知。如何理解现代城

---

[1]　夏志强，谭毅. 城市治理体系和治理能力建设的基本逻辑[J]. 2017(5): 11-20.

市？则是城市研究争议不断、观点纷呈、话题常新的议题。本文则以经济形态的历史更替为背景，以地理空间、经济空间和人文空间的渐次叠加为视角，从高度、速度、密度、厚度、温度和精度"六度空间"来理解城市的内涵，进而为城市治理提供新思维。[①]

一、城市的广度与高度

城市的演化，特别是工业化进程中城市形态的变迁，主要体现在广度的变化。城市是一个空间不断扩张的自然-人工综合体，突出表现为向农村蔓延，不断地变农村土地为城市建设用地。乡村是阴的，城市是阳的。这句话形象地表达城市的扩张性、进攻性。相对于乡村来说，城市攻城略地的动力几乎是永不停息。尽管发达国家曾经出现过逆城市化、郊区化、多中心化等特点，但这不过是城市广度的另类表达。城市广度延展，其根源在于城市作为文明的中心和创新的发源地，其辐射力一定会通过基础设施、产业布局、人口疏散、公共服务等形式传递出去并四向扩散。城市广度延展不一定就是摊大饼，不一定就是坏事，通过严格的行政管制来人为控制城市空间规模不一定有效。城市广度延展的边界就是城市管理能力的上限，科学的城市规划、高效的城市治理才是把握城市合理广度的关键。日本东京在城市治理方面是可供学习的例子，东京可谓世界城市巨兽，城市空间扩张和人口规模在世界顶级城市中屈指可数，特别是环状多极布局在疏解城市功能、轨道交通在化解城市拥堵问题中发挥至关重要作用。

城市在空间形态上还表现为高度不断提升，即城市越来越高。世界是平的，城市是尖的。这句话既显示出城市作为经济增长极和文明制高点，具有俯瞰周边地区的霸气和自信，也显示出城市作为财富集聚和知识汇聚之地所发挥的引领和标杆作用。尤其是工业革命以来，建筑技术、钢铁、机械等工业技术的支撑，城市成为高层建筑密集之地，摩天指数成为全球经济金融中心的重要指标。

---

① 杨雪锋. 城市治理"六度空间"论[N]. 中国城市报，2018-02-26(23).

在工业经济时代，城市地标通常都是直插云霄的高海拔、密集性建筑物，尤其是在城市化早期，更是像昂首雄鸡一样以此展示自己的雄心。这种高度不仅以高耸入云的大楼示人，也以深入地下的多重空间资源引起城市决策者的浓厚兴趣。地下空间的综合利用将大大缓解传统的大城市病，同时也带动相关科学技术的研发、产业链条的深化以及城市商业生态的变化。地下空间的利用既为城市管理提供新增空间资源，也对新空间的管理在产权、业态、技术、系统工程等方面提出新的难题。芝加哥在1871年大火之后的废墟上重建，城市摩天大楼密集度至今仍为世界之最，但是其交通却不像我们很多城市那么不堪，其城市规划和交通管理可供我国借鉴。雄安新区以遥指未来百年的前瞻性进行超前规划，将地下空间开发列入城市规划重要内容，同样凸显出城市在广度和高度上拓展的重要性。

二、城市的密度和速度

如果说工业经济时代追求广度和高度，以广域化为特征，信息经济时代则以密度和速度取胜，城市的发展开始呈现扁平化特点。

密度是城市含金量的重要指标，是城市多重网络叠加的表征，它不仅反映城市基础设施网格化布局的完整性、公共服务可达区域的完善性，还反映出城市社会交往、经济交易的高频率和高效率。传统经济中，城市密度主要以城市基础设施网络和公共服务网络等物理空间的密集度为指标，是原子的密度；受制于信息不充分和交往不便利，城市社会网络还未充分发展，即以个体人为单元的人际空间密度很稀。到了新经济时代，移动互联网和快捷的交通工具，不仅在物理空间的流动更加便利，网络空间更加快了人际沟通，以比特为单元的流动空间叠加于以原子为单元的物理空间和以人为单元的人际空间（或称社会空间），城市变得更厚重了，以此为基础，物流网络和交易网络催生了新型经济形态、产业生态和商业业态，经济空间的密度也大为增加。杭州集聚了全国超过1/3的电子商务网站，同时移动支付、云计算、物流、网络营销、大数据、物联网等领域衍生出新经济生态网络，杭州已成为我国的"电商之都"和全球最大的"移动支付之城"。在信息经济带动下，杭州经济高速发展，大有成为第五个一线城市的态势。

城市竞争时代，速度成为反映城市竞争力重要的结果性指标。每年不断刷新的形形色色城市排行榜，晃花社会大众的眼睛，更扣动城市领导者的心弦。城市无时无刻不在奔跑，为竞争人口、争夺人才而奔跑；为招商引资、科技创新而奔跑；为提升品质、优化环境而奔跑。不发展就要落后，发展慢了就要掉队，一旦松劲，后起追兵瞬间超越。城市生活越来越丰富多彩，但是生活节奏也越来越快。那些不思进取的城市已经被人们遗忘，那些错失良机的城市也逐渐边缘化。中国城市版图中，四个一线城市光彩夺目，在更为耀眼的北上深对比下，广州略显暗淡；第二方阵的十多个城市，你追我赶上演精彩大戏，"新一线""强二线""国家中心城市"等概念频出，都是突出一个"快"字。在几个以"快"取胜的城市中，科技创新能力，特别是以云计算、大数据、物联网、人工智能等智慧化技术、智慧城市建设、智慧产业发展为主导的新经济、新技术、新产业、新服务，成为城市崛起乃至争先抢位的攻城利器。特别是信息技术支撑的共享经济充分配置各种资源，快速匹配各种需求，高频率交易在多维空间能够共时达成，成为引领城市经济新潮流。在人才资源越来越稀缺的条件下，如果城市不吸引人才进入，即便是基础雄厚也只能甘居二流。武汉、成都、南京无一不是科教强市，专利数、技术成果转化率均位居前列，连弱二线的合肥因列入国家自主创新示范区也身价倍增。

三、城市的精度和温度

智慧经济是信息经济的升级版，智慧经济时代的城市把精度和温度提上日程。智城市，惠民生，已经成为发展智慧城市的共识。

精度，是治理城市超大规模发展的第一要求，也是城市品质提升的核心指标。城市管理要像绣花一样精细。绣花不是简单的手工劳动，而是在织就一件艺术品，需要的是精心细致，更需要审美追求。随着城市规模扩大，城市所承载的功能愈加复杂，在基本面上，城市"生命线系统"稳定安全运行和多流汇聚（物质流、能量流、信息流、交通流、人口流、商务流、资金流等）需要精确监测和科学管理；在前沿面上，城市要引领潮流，吸引更多、更优质的人才、资源，需要在发展环境、生态环境和人文环境等方面花大力气投入，在城市治理的理念和方式上借鉴世界一流城市经验，在城市治理手段和工具上充分利用现代化管理和信息技术，结合国情市情，创造性实践，实现城市管理精细化、公共服务精准化、环境品质精致化。杭州精神提出"精致和谐，大气开放"。精致作为城市精神的提出，国内少见。杭州以生活品质之城为目标，精心打造城市人居环境和人文品质，并借助智慧城市等科技之力，提高城市管理水平，城市颜值快速飙升，正因为如此，杭州赢得社会大众的青睐。

有"温度"是城市包容性和开放性的体现。国际化城市是有"温度"的城市，这种"温度"就是城市的包容度。城市不仅是建筑物的聚合体，更是社会人的集聚地，是追逐梦想、实现梦想的地方。城市不仅要有竞争性、发展性和有序性，还要有包容性。包容性体现为宽广的视野、博大的胸怀和人性的关怀。

有包容性才有多样性。多样性孕育稳定性，也催生创造性。城市是一个复杂的社会系统，不同阶层、不同群体生活于此；城市还是多元文化碰撞、多种价值观交织，甚至是多种族、多宗教汇聚的空间。多样性让城市丰富多彩，文脉深厚，可以让不同文化相互借鉴，共同发展。包容性城市不仅让穷人生活有尊严，富人有担当，城市更和谐、更安全，也能形成城市共同家园的认同感，促进社会进步。

有包容性才有开放性。开放体现的是一种宽广视野和博大胸怀，开放能使自己学到更多未知，学会不同的角度看待世界，学会不同方式处理问题，只有开放才会让城市丰富多彩。海纳百川，有容乃大。

同时，这种包容和开放也具有反馈功能，它为创新提供机会，为把握世界城市脉动获得最新感知。著名的城市学家格莱泽说，出现大量穷人是城市发展成功的象征。住在纽约曼哈顿岛的不是弱势群体就是风险资本家。揭示出富人和穷人共享城市的默契。李克强总理说，对路边摊贩一禁了之是懒政。但凡国际化程度高的城市都是包容性很高的城市，能够包容社会众生，喜纳四方宾客。如洛杉矶、悉尼、多伦多、香港、深圳、库里蒂巴等。这种包容性也为城市可持续发展提供创新动能，为城市软实力赋予深厚的人文意蕴，使这些城市成为人皆向往的栖息之地。

四、六度空间与复合治理

在当前城市治理现实中，有的城市过于注重城市广度和高度，偏爱地理空间的拓展，动辄高起点、大手笔，城市越做越大，但是问题越来越多；有的城市追求密度和速度，强调城市经济空间的丰富，搞GDP至上，经济发展单兵突进，居民幸福感却差强人意。精度和温度是当前多数城市需要着力之处，城市精细化管理虽多有重视，但方向发生偏差，不以"温度"为目标的精度只会南辕北辙，没有精度做支撑，"温度"也是上不来的。精度实现品质，品质包含"温度"，两者是相辅相成的。精度和"温度"的结合在于营造城市人文空间。

总之，城市随着工业经济向信息经济和智慧经济发展，成为地理空间、经济空间和人文空间渐次叠加的复合性空间结构：有广度的城市容纳了更多人口，有高度的城市堆积了更多水泥森林，有密度的城市集聚了高频的经济活动，有速度的城市创造了无数的科技成果，有精度的城市保障了城市运行的安全有序，有温度的城市富有人文气质。六度空间从地理、经济、人文三个层面共同构筑城市的宜居宜业梦想，因此城市治理需要具有六度空间的思维和理念。

五、治理创新与包容发展

（一）创新发展

科学技术特别是信息技术的快速发展和广泛运用既为城市治理现代化提供

工具和手段，同时也倒逼传统的城市管理发生变革。城市发展的新变化和人民群众需求的新特点也要求城市管理不断创新。城市管理必须主动迎接城市发展的新挑战，审慎分析城市运行的新矛盾，科学应对城市管理的新问题，通过理念意识创新、体制机制创新、科技手段创新、方式方法创新，为城市管理提供不竭动力。按照精致、精益、精细的要求，不断创新工作方式、提升城市管理水平。

（二）包容发展

包容性发展强调对包括弱势群体在内的所有人民群众的实际需求、可行能力、发展环境与机会以及利益分配的关注。以人为本在城市管理中体现为人民是城市事业发展的中心，和谐宜居的城市必然是各阶层、各群体和谐共处的社会，让城市发展的红利惠及各个群体和阶层；包容发展意味着文化、价值和生活方式的多元化，多元的文化交汇、价值交融和生活方式的交流，能够促进新思想、新观念的创生，包容的城市必定孕育创新、活力；包容发展还意味着城市形态、社会营造和社会结构的多样性，作为巨系统的城市，其多样性将导致复杂性和稳定性，也为城市系统演化提供更多养分。城市管理决策者对不同的观点也要有包容之雅量，尊重不同意见，听取建设性意见，汇聚各方智慧，寻求城市治理的最大公约数。

第四节　文明演进视角的精细化管理文化

一、精细化管理文化的三个向度

城市管理精细化是工业时代"工匠精神"与信息时代"精准文化"在城市治理领域的完美结合。城市管理文化既包含人本、法治等基本元素，同时也需要赋予精细化管理的文化。

　　精细化是"工匠精神"+"精准文化"+"绣花功夫"的时代表达。城市管理精细化是工业时代"工匠精神"之"细"、信息时代"精准文化"之"精"与中国特色"绣花功夫"之"美"在城市治理领域的完美结合。把工业文明的标准化、信息文明的数据化和中国传统文化的美学化有机结合，实现城市管理精细化理论跃升。工匠精神代表的是一种职业态度，精准文化体现的是一种业务水平，而绣花功夫则蕴含了一种审美的追求。精细化管理文化集三者优点为一身，丰富了城市管理的文化内涵，体现了新时代城市管理的要求。

二、城市管理的"工匠精神"和"精准文化"

　　工匠精神在我国源远流长，战国时期的《庄子》中便记载了游刃有余的"庖丁解牛"。庖丁是一位技艺高超的宰牛人，他不厌其烦地练习宰牛，清楚地了解了牛的身体构造，将宰牛做到了极致，同时也对自己的手艺怀有一种绝对的自尊和自信，这便是一种早期的"工匠精神"[①]。2016年，"工匠精神"被写入政府工作报告，在各行各业受到推崇，对于城市管理者来说更需要"工匠精神"。"工匠精神"体现为精雕细琢和精益求精，既对产品的品质要求很高体现出精雕细琢的工艺，又体现出没有最好只有更好的卓越追求。在城市管理方面，同样需要"工匠精神"的这两大核心要素[②]。从城市的一砖一瓦开始，到铺设道路、涵洞管线、城市交通、铺装绿地、垃圾分类等等方面，都需要城市管理者进行合理的规划，全面推进科学、规范、系统的精细化城市管理，转变以往规划不精、忽视细节、标准模糊、执法不严的粗放的城市管理方式，真正发挥"城市工匠"的精雕细琢的精神，打造城市精品。同时，城市管理者在城市管理上需要贯彻精益求精的精神，不断追求城市管理的新高度，持之以恒地推进管

---

① 工匠精神：高质量发展主旋律[EB/OL]. http://www.sohu.com/a/291907536_492251
② 朱凤荣. 社会主义核心价值观视域下制造业工匠精神培育的思考[J]. 毛泽东思想研究，2017，34(1)：96-101.

理工作。

信息时代的到来，5G、大数据、云计算等信息技术也深入到了城市管理工作中，数字城市、智慧城市、城市大脑等热词的出现，都标志着城市管理手段的升级。信息时代的核心要素就在于数据，依托于信息收集、储存和运输的技术升级，使海量的信息的集聚和分析成为可能。根据智慧城市和城市大脑建设的理念，都无外乎"聚"和"精"两个字，"聚"就是要将涉及城市管理的各个方面的数据都整合到数据平台上，"精"就是对这些数据进行分类组合，精准面向管理的需求，在此基础上进行科学分析，然后根据结果对城市管理的工作进行调整。"精准文化"就是在对数据的精细化管理上产生的，核心理念就是城市管理的工作"指哪打哪""对症下药"，既节省了经济成本，又提升了城市管理的效度和人民的满意度。

三、城市管理的"绣花功夫"

城市管理精细化就是要按照绣花的要求来管理城市，核心在于体现出"精"和"细"，所谓的"精"就是城市管理的工作要体现出高质量、高品质，"细"就是城市管理的工作内容要全面具体，范围不仅要广，而且要深。城市管理就如同绣花功夫一样，需要层层递进，一针一脚有序推进。新时期，城市管理要织出更美丽的花，既需要扎实的"绣花"基本功的保障，又要结合新的绣花技术，打造城市管理的"绣花"品牌。

（一）城市管理的"绣花"基本功[①]

"绣花功夫"包含了"理念上的功夫"和"技术上的功夫"。在绣花之前，一定要理清思路，在脑海中要对"花样"有个清晰的概况。在城市管理中也一样，一定要回答好三个问题，才能构思好接下来的工作。具体分为以下三点：首先，要清楚城市管理的"破洞"是什么？城市管理的"绣花功夫"必须坚持问题需求导向，有针对性地进行管理；其次，要清楚城市管理的底

---

① 堵锡忠. 绣花一样精细：新时期首都城市管理的新要求[J]. 城市管理与科技，2017(5):32-35.

线和目标是什么？人是城市的主体，需要始终以群众的满意为行动的指南和工作的标准；最后，要清楚城市管理抓常、抓细的机制是什么？过去城市管理工作过分重结果，官民冲突现象屡次出现，要解决这种问题必须重视过程管理。

"技术上的功夫"可以总结为图样、针法、平绣三点。所谓的图样，就是要坚持一张蓝图绘到底，从绣花的过程来看，每一针下去都不能错，因为穿过去的针不能再穿回来。城市管理中，很多工作也都不能试错，否则容易造成巨大的经济、社会损失。绣花所用的针法有齐针、套针、扎针等几十种，每一种都有固定的程式、严格的规范和精密的工艺。当前城管部门的职能不明确、权责不统一，执法缺乏统一的规范，这类问题都呼唤城市管理工作和职能的规范化、法治化。熟练运用绣花针法，其工艺要求是：顺，平，匀，洁，城市管理要像绣花般用好一根针。绣花要得手绵巧，方寸乾坤看针法。城市管理要有实招、妙招，多策并举综合治理，要发挥好传统优势，强化基础手法，加强依法管理。

（二）新时期的"绣花功夫"：机绣＋群绣

绣花功夫在新时代融入了机械化的新技术，运用机器及智能化设备织出了更加漂亮的图案。城市管理在技术上也要与时俱进，突出创新取胜，所谓的"机绣"就是运用大数据、云计算、人工智能等先进技术，努力在城市实现"神经元系统"全覆盖，加快建设"城市大脑"，通过"城市大脑"形成"群绣"、将城市的各种数据要素整合，打破管理部门之间的数据壁垒，实现各种问题、风险的及时智能化处置。同时要善于借力，发挥城市管理多主体作用，用好市场化机制，从而实现城市管理手段和办法的创新。

（三）城市管理的"绣花"品牌

打造城市管理的"绣花"品牌，关键还在于树立品牌的核心理念。将绣花的核心理念融入城市管理中，才能使城市管理的品牌具备灵魂。作者认为城市管理"绣花"精神的核心理念可以概括为三点："三心""二意""一根本"。

1. 城市管理的"三心"：细心、耐心、卓越心①

第一，要有绣花般的细心。细心反映的是求真务实的真功夫。细节决定成败，城市服务管理必须在细微处见功夫、见质量、见情怀，这远比多造几栋楼来得重要。有不少细节容易司空见惯、习以为常，甚至不在视野范围，但又往往和市民日常生活息息相关。城市管理者既要主动改进工作，也要积极问需于民、问计于民，结合大调研活动，调动全社会的积极性。

第二，要有绣花般的耐心。耐心反映的是追求长效、打持久战的心理准备。城市管理精细化工作不可能一蹴而就，有的需要从转变理念开始，从规划、建设等前端环节入手，有的需要改变管理者"手势"和市民习惯，关键在于持之以恒，紧盯不放，久久为功。同时也要增强紧迫感，三年行动计划确定的目标任务必须按节点完成，市民反映强烈、矛盾突出的工作要抓紧解决，让群众看到实效。

第三，要有绣花般的卓越心。卓越心反映的是不满足于眼前的成绩、不止步于暂时的领先，没有最好只有更好的远大抱负。追求卓越就是要自我加压、自我超越，有问题意识，善于自我"找茬"，不断发现问题、解决问题，要不满足于现状，做事精益求精。追求卓越就是要有高标准引领，要向国际知名标杆城市的管理标准看齐甚至超越，形成自己的标准体系，引领城市管理精细化水平不断提高。

2. 城市管理的"二意"：诗意、创意

绣花作为中华传统文化的民间艺术，体现的是几千年农耕文明积淀的艺术精髓，比如苏绣、湘绣、粤绣、蜀绣四大名绣。它不仅仅是一件工艺品，更是精雕细刻的艺术追求和审美气质。著名城市学家科特金说过，城市是神圣、繁荣、安全之所。其神圣就在于人的精神归属，是灵魂的应许之地，是心灵栖息之地。城市管理就是要营造这样的城市、培育这样的城市气质。因此城市管理要想做得好，就需要这种情怀，就要有诗和远方，展示出人城和谐、天人合一的诗意感，在城市管理的具体工作中体现美学化的要求，满足人民对充满诗意，

① 李强. 以绣花般细心耐心卓越心使上海更有温度更富魅力更具吸引力[EB/OL]. 2018-02-01. http://www.shanghai.gov.cn/nw2/nw2314/nw2315/nw4411/u21aw1286680.html.

梦幻般的"天空之城"的向往。

诗意栖息为创意提供了充分的想象空间和浓厚的创新氛围，创意则要把这种软环境和软实力转化为现实的场景和满屏的活力。跟随科技发展的走势，未来的城市必将如同科幻电影里展示的那样具备无限的创意与可能。城市管理的创意就在于，以科技创新为切入点，带动观念、制度、模式、管理等全面创新，积极探索社会治理等方面的突破性创新，要"关注每个细节、关注一草一木，努力把精细化管理做到最好"。

3."一根本"：以人为本

要始终坚持以人民为中心的发展理念，不断提高人民群众的幸福感、获得感。城市管理工作做得好不好，最终要以人民群众的利益实现程度和满意程度为标准，明确城市管理目标，端正城市管理态度，优化管理措施。在日常工作中，要牢固树立"管理就是服务、执法就是责任、权力就是奉献"的理念，坚持把实现好、维护好、发展好群众的根本利益作为工作目标，把协调好、解决好城市发展与市民利益作为执法为民、服务发展的切入点和着力点，只有这样才能让我们城市多一份和谐、多一份文明、多一份温馨。坚持人民在城市管理中的主体地位，坚持城市建设为民，服务于民，从这个角度审视，任何从管理者角度出发、舍本逐末的管理措施，都应该得到纠正与改善。

第四章

城市精细化管理的顶层设计及体制框架

第一节　城市精细化管理的现状及目标

一、城市建设发展与运行管理存在的主要问题及其根源

（一）目前存在的主要短板

我国的城市发展已经由高速粗放型发展阶段向高质量精细化发展阶段转变，亟须补齐城市发展的四个短板：

一是基础设施短缺。我国城市化的进程加快发展，越来越多的农村人口向城市转移，城市人口增长与基础设施建设不足之间极不匹配[①]。同时，以往的快速城镇化以大饼方式扩张，而忽视了基础设施的建设和改善，而且规划设计不科学，建设标准偏低，包括城市道路布局，地下管网布局和排水设计等，很多城市一到下雨天就到处水满为患。特别是由于新的建设项目集中在新城新区，老旧小区设施陈旧落后，长期得不到更新，严重影响居民生活质量。

二是生态环境恶化。城市环境的恶化主要表现在城市空气、水和垃圾污染等方面[②]，大部分城市空气质量普遍较差，空气中的有毒有害物质超标，造成城市雾霾天气日益严重；城市水质的降低主要原因是各种污染物的排放，同时城市河流、沟塘、湖、堰等水系水域被大量填埋开发，许多城市水域自然结构被严重破坏，生态环境的自我净化能力降低甚至消失。大多数城市都面临垃圾围城的困境，一方面城市垃圾增量迅猛，另一方面垃圾处理手段落后，简单的焚烧、填埋，甚至露天堆放，造成了巨额的经济损失，而且产生的二次污染，长期难以消除，实施垃圾分类回收和无害化处理已经迫在眉睫。

---

① 王桂新. 城市化基本理论与中国城市化的问题及对策[J]. 人口研究，2013，37(6): 43-51.
② 王帆宇. 中国快速城市化进程中的环境污染:形势研判、归因与应对策略[J]. 生态经济，2016，32(3): 174-180.

　　三是公共服务不足。首先，随着城市人口数量以及城市经济规模的急剧增长，食品、医药卫生、交通等领域的问题大量增加，城市管理面临着海量的信息处理，城市管理的范围和内容不断扩大，对公共服务提出了更多的要求。其次，我国城市化发展过程中，一直存在重建设轻管理、轻服务，重经济效益轻社会效益的城市发展模式，这种理念上的背离造成了对城市管理部门的轻视，使城市管理职能分散，往往存在一件事务的管理分散在多个部门的现象，同时也有在诸多城市痼病顽症"甩锅"给城管部门的现象，导致城管部门不堪重负。这种管理能力上的不足必然造成城市管理部门公共服务提供的缺失。

　　四是安全隐患潜伏。城市发展的安全隐患离我们并不远，包括我们经常听说的高空坠物、踩踏事件、治安问题、消防问题等等，这些安全隐患的存在，对市民的财产和生命安全造成了极大的威胁，乃至于影响人们对城市的感受和评价。近年来，由于城市内涝频发而产生的各种潜在的安全隐患导致人身伤亡事故需要引起重视，比如道路积水过深，外置公共设施用电设备漏电伤人，户外广告、店招店牌、公交站台因暴风雨或台风灾害吹倒伤人，类似事件时有发生，这些事件暴露出的根本问题就是城市管理不够精细。

　　（二）产生的主要问题及其根源

　　详细列述了城市发展的客观问题之后，我们从城市管理体制运行方面来分析当前城市管理存在的问题，在管理体制方面具体可以归结为"三个不顺"：一是上下不顺。在《中共中央　国务院关于深入推进城市执法体制改革改进城市管理工作的指导意见》（中发〔2015〕37号）发布之前城管执法机构没有全国统一的管理部门，即业界所谓的"上无爹娘子孙满堂"现象，中发〔2015〕37号文指定国家住建部为全国城市管理执法的主管部门，各省住建厅为省级城市管理执法主管部门。同时各地也在进行综合执法改革，此项改革主要由中央编制管理部门负责推进，期间，城市管理相对集中处罚权改革则由法制部门负责，编制管理部门和法制部门经2018年机构改革之后分别划转到组织部门和司法部门，中央相关部门的机构调整对地方城管执法部门在职能归属和业务发展方面影响很大。城管执法大部分属于地方事权，城管执法机构只属于同级政府的行政执法机构，同级政府在机构设置、职责分工、人事安排、财政支出等方面有完全的自主权，因此在具体操作上，各地自行其是，机构名称五花八门很不规范，职责范围宽窄不一，上级主管部门也难以统一地归口管理。二是左右不顺。实行综合执法改革后城管执法机构行使的职能除了原来住建领域的七大执法事项，其余大多都是其他执法部门划转而来。而且，划转的职能大多是"半截职能"，即只有行政执法职能而没有管理职能，即便是执法职能也主要限于处罚权。这种权责上的分离包括管理和执法分离，审批、监管和处罚分离，导致管理工作运行的不顺畅。三是职能不顺。城管执法机构没有统一的职责规范，城管局成了"不管部""救火队"，各地城管部门究竟管什么并没有一定之规。城管执法职能似乎无所不包同时又差异巨大、很不规范。特别是综合执法改革过程中，盲目划转执法事项，把那些与城市管理没有关系、执法频率不高、专业技术要求高的执法事项也划给城管执法部门，弄得该部门疲于奔命，捉襟见肘。

在运行机制方面，也存在"三个脱节"：一是立法执法司法脱节。城市管理管理体制方面存在的上述三个问题与立法滞后有关。城市管理本身就是要求依法行政、依法执法，但是城市管理法制建设滞后于城市发展形势和城市管理实践需求导致立法与执法的脱节；司法方面，由于城管执法权威性不足，遭遇种种执法困境和舆论"围剿"，部分地区公安与城管协作不力，法院和法制部门对城管执法的业务指导不够，"两法"（行政执法、刑事司法）缺乏衔接，存在移送刑事立案案件数量少，信息无法共享，缺乏统一、有效的信息监督平台等问题，导致基层执行难，严重影响执法效果。二是行政审批、行政监管与行政处罚脱节。这个问题主要产生在城市管理事权内部，即行政管理权的权责划分、分工协作和部门设置方面。行政审批、行政监管与行政处罚是行政权不可分割的权力链条，不科学的划分和切割会导致批而不管、监管缺位、以罚代管等现象，造成矛盾积压、末端执法困难，城市顽疾故瘁此消彼长、反复反弹。三是服务、管理与执法脱节。城市管理内容本身包含管理和服务，执法是手段。但是在实际工作中，不少执法部门和执法人员片面理解城管执法的内涵，不仅轻服务、弱管理，不愿意做细致的管理和服务，甚至把执法简单理解为处罚，造成工作的被动，也容易激化与执法对象、管理对象的矛盾，恶化执法环境和舆论环境，损害执法形象。

（三）系统性缺陷

在总结了城市发展的客观因素和管理的体制方面的不足之后，我们总结形成了城市管理的系统性缺陷，具体可以概括为"一个系统"、"四个层面"，具体而言就是：系统缺理念、顶层缺标准、高层缺决策、中层缺管理、基层缺执行。

系统缺理念。近年来，治理理念、人本理念、精细化管理、智慧城市等理念不断融入城市发展之中，使城市管理不断焕发出新的活力与生命力。但是在具体执行过程中，理念落实不够，旧观念、旧思想时时作祟。

顶层缺标准。我国城市管理机构改革启动已经有20年之久了，但是城市管理的国家层面的标准规范尚未形成，城市管理部门更多的是作为地方政府的组成部分存在，而城市管理统一的法律法规、管理标准仍未形成。深入推进城市管理顶层设计，推动全国统一的城市管理标准出台，才能解决当前城市管理标准不统一、标准偏低、考核评价难、管理服务不规范等问题。

上层缺决策。城市管理上下脱节的管理机制决定了决策的困难。虽然也明确了省级住建部门是省内城市管理和行政执法主管部门，但是由于县、市一级的城管工作归属于地方政府管辖，省级主管部门业务指导相对来说下沉不够，因此在地方政府城市管理工作涉及多个部门，上下的体制掣肘、左右的职能分割，容易面临协调困难和执行障碍，上级部门难以形成统一、高效的决策，业务指导也难以落地。

中层缺管理。所谓的缺管理，主要表现在管理能力的不足，包括管理人员的编制不足和业务能力不足。城市管理的工作面日益宽泛，管理的内容不断扩充，执法事项不断增加，而相应的人员编制却少有增加，导致不少地方城管部门超负荷运转，工作人员职业倦怠感严重。领导干部忙于具体事务，疲于奔命，无暇深度思考城市管理长远发展。特别是在城市治理创新方面，不少部门领导干部没有精力学习研究治理变革，面对城市管理的社会化、市场化、法治化、智慧化等新变化、新趋势却一筹莫展。

基层缺执行。因为城市管理标准的空白，容易造成管理和监督的缺失，有些基层单位往往会基于部门利益的考虑，对上级部门的政策进行"折扣性"或者选择性执行[①]。同时，职责上的不明确，造成"只有苦劳，没有功劳"的现象，严重挫伤了基层执法部门的工作积极性，最终导致基层执行力的下降。另外，基层管理人员专业素质欠缺，队伍参差不齐，难以胜任日益复杂的管理执法任务，产生能力恐慌倾向。

二、城市精细化管理有待改进之处

当前，各地城市精细化管理还存在诸多有待改进之处，特别是在顶层设计方面问题比较突出，主要包括精细化意识不够深厚，精细化管理文化还未形成，精细化管理体制还没理顺，精细化管理制度不够健全，精细化管理队伍建设滞后。突出问题表现为以下几点：

1. 城市治理碎片化，管理系统性和综合性不足。当前我国城市管理职能分散在城管、公安、市场监管、交通管理综治、文明办、应急管理、环保、住建、规划等部门，职能碎片化严重，综合管理缺乏合力，城市综合管理水平有待进一步提升；城市综合管理信息化水平有待进一步提高，各类信息资源之间互联互通、信息共享、协同运作有待加强，城市管理现状与市民群众期望还有一定差距。这些问题表明精细化管理存在极大提升的空间。

2. 城市治理职能缺乏有机整合，统筹协调协调不足。基础设施一体化效应有待进一步增强，运行效率有待提高，地下空间统筹开发亟待加强，城市安全运行体系有待进一步完善，应急处置能力有待提高。这些问题阻碍精细化管理水平的提高。

3. 市政养护和环卫作业水平及管理水平不高[②]。主要表现在三个方面：一是

---

① 马怀德，王柱国. 城管执法的问题与挑战——北京市城市管理综合行政执法调研报告[J]. 河南省政法管理干部学院学报，2007(6)：54-72.

② 刘博. 基于中心城区城市精细化管理方法的研究[D]. 天津：天津大学，2014.

管理的职能较为薄弱，特别是对污染量大、占地经营多、餐饮门脸多的背街里巷管理上的欠缺，给环境卫生作业增加了很大的难度；二是环境卫生精细化管理网络没有建立起来，主要、次支和里巷道路管理没有很好地串联起来；三是环卫基础设施和配套设施投入不足，主要表现在垃圾运输车辆、转运站点配备不足，造成垃圾的滞留，产生二次污染。生活垃圾终端处置设施建设滞后，用地储备不足，缺乏长远规划，遭遇邻避矛盾后导致"垃圾围城"。

4. 智慧化技术和装备运用不够广泛。城市精细化管理建立在信息的快速交互的基础之上，因此技术性依赖比较强，结合当前智慧城市理念的推行，智慧化技术的发展助推城市管理精细化的深入。依托智慧城市建设采用的射频传感技术、物联网技术、云平台技术和5G通信技术在内的新一代信息技术，能够有效整合城市资源，感知城市的变化，在此基础上对城市的精细化和智能化进行管理。但是，当前我国多数城市智能化建设刚刚起步，基础较为薄弱，在数据收集设备、通信设备和信息处理平台的布局和人机交互系统的构建上都不完善，这些技术性层面和基础装备的缺失阻碍了精细化管理工作的推进。

5. 精细化管理制度、规范、标准等有待完善。围绕精细化管理我国目前城市管理中的执法依据统一性方面，缺乏有效的一贯性标准和实施依据[1]。这一客观局限造成了城市管理行政执法自由裁量权具有一定的随意性。在精细化标准规范建设方面，部分城市没有设置统一的执行标准，比如环卫作业质量与评价标准、设施维护管理质量与评价标准、市容市貌管理与评价标准、水务管理质量与评价标准、市政安全运行与评价标准等体系的建设等，导致最后的评比标准不一。

6. 精细化管理队伍建设明显滞后。在队伍素质建设方面，由于历史欠账太多，规范化建设起步较晚，导致工作基础薄弱，同时缺乏自上而下集中统一的队伍建设标准规范，各地自主安排，自定标准，此外基层管理制度规范零散、残缺、细碎造成基层队伍建设整体水平不高；在队伍规模化建设方面，城市管理部门工作量的增加和特殊的体制关系，队伍在规模和数量上明显不满足当前

---

[1]　黄仕红，李发戈. 城市管理执法能力建设研究——以成都市为例[J]. 成都行政学院学报，2014(5): 55-61.

工作的需要；编制紧、人员少，招聘大量编外人员，易造成管理和执法风险。按照中央37号文要求，城管执法人员配备比例为城市常住人口的万分之三到万分之五，多数地方难以达到这个要求。在队伍办公环境的建设方面，基层执法中队办公场所狭小，办公用房紧张，功能区混杂；在队伍建设的后勤保障方面，基层执法中队普遍面临技术装备落后，保障严重不足且标准不一的问题，难以保障精细化管理任务需求。

三、城市精细化管理总体目标

新时代城市发展面临三大任务：高质量发展、高品质生活和高水平治理。其中，高质量发展是基础，高品质生活是目标，高水平治理是途径。精细化管理是高质量发展和高品质生活的保障，是高水平治理的实现形式。城市精细化管理的总体目标主要表现在以下三个方面：

一是打造"洁、序、亮、绿、畅、净、美"的城市形象和城市环境。形象也是效益，环境也是生产力。城市高质量发展除了经济发展、工程建设外，城市形象建设和环境建设是重要任务，前者是硬实力，后者是软实力。硬实力只有转化为软实力，城市才能获得持续竞争力。通过管理精细化将城市建设和发展的细节加以沉淀，使政府自身公信力以及城市管理部门的威望得以塑造和提升，更为稳定持续地推进城市的发展，增强城市的知名度和区域辐射影响力，最终使得城市竞争力得到有效增强[①]。精细化管理能够在生态环境、市容环境、生活环境方面精耕细作，不断提升品质，保持长效水平，创造美好的人居环境，从而吸引更优秀的人才涌入和更高端的企业入驻，不断增添持续发展的动力。

二是实现"城市，让生活更美好"。城市是市民的家园，优质的生活品质是每一个人的追求。城市在不断发展，人民对美好生活的追求也在不断变化。城市管理一直强调以人为本的管理理念，城市精细化管理就是要适应城市发展的新趋势，顺应人民群众新期待，回应美好生活新需求，让人民群众在城市生活

---

① 朱晓芳. 关于加强城市精细化管理的几点思考[J]. 现代经济信息, 2017(2): 89.

的更方便、更舒心、更美好。我国城市发展的出发点和落脚点就是要为人民服务，不断满足城市居民对现代化都市的需求。

三是提升城市治理的现代化水平。治理的现代化具体表现在主体的多元参与、机制的灵活高效、手段的丰富多样，在实践层面都离不开精细化管理。城市精细化管理就是要将精益求精、精雕细琢的工匠精神融入城市的综合管理中去，不断地提升城市更新和城市创新的能力，对城市管理的细节进行系统的梳理、有组织的落实，把关键、有效细节管理变成新的标准、规则和机制，以此不断提升城市管理的水平，推动城市管理向城市治理转变，朝着建设和谐宜居的现代化都市努力。

第二节　推进城市精细化管理工作的支撑体系与顶层架构

一、城市精细化管理的支撑体系

打造城市管理体系框架，使其具备完整性与系统性。现代城市管理要求对城市活动的方方面面进行系统性与综合性管理，要求建立完整的城市管理体系，形成既有专业分工又有综合协调的分层分类管理模式。因此，城市管理体系与管理体制是否完整有效反映出城市管理的水平[①]。城市治理现代化需要一系列支撑条件，从制度、组织、监管、保障措施来创造现代化治理的外部环境。

（一）完善法规标准体系

城市治理现代化的当代特征是法治化、制度化、规范化，完善的法规标准体系是城市管理的依据、准则和标尺，是保证城市治理公平性的基石。当前亟

---

① 郭理桥. 现代城市精细化管理的决策思路[J]. 中国建设信息，2010(2): 4-9.

须在固废治理、用水节水、照明、养犬、广告、工程渣土清运、河道等方面建立管理规范，对于环卫作业、市政管养、垃圾治理等方面建立统一的行业标准。

（二）构建组织机构体系

针对当前城市管理体制机制建设存在的弊端，应该构建更加科学的城市治理结构，合理配置权力，明确责任约束，实现权责统一。具体的做法包括以下几点：在市级层面建立城市管理相关部门协调议事机构；合并城市综合管理与行政执法部门，实行城管大部制；管理权属的落实要以属地为主，管理资源和执法资源下沉到街道和社区，执法中队与街道城管部门合署办公；政企、事企分开，建立城市管理行业监管机构。

（三）建立监督评价体系，完善监督机制

监督机制的完善可以分为内外两大部分，一是强化外部监督机制，畅通群众监督渠道、行政复议渠道，同时城市管理和执法部门要主动接受法律监督、行政监督、社会监督。二是强化内部监督机制，全面落实行政执法责任制，加强城市管理部门内部流程控制，健全责任追究机制、纠错问责机制。强化执法监督工作，坚决排除对执法活动的违规人为干预，防止和克服各种保护主义。构建专业监管评价、市民评价、专家评价、媒体评价多元参与的综合考核评价体系。提高市民满意度在整体考评结果中的比重，将市民满意度作为服务质量的首要标准。引入第三方评价机构，保证城市管理评价的科学性、可信性与合法性。

（四）完善保障支持体系

首先是要加强司法保障。通过建立"两法"（行政执法与刑事司法）的衔接工作机制，构建城管与公安、法院等机构工作联动机制，实现行政执法和刑事司法无缝对接。其次是资金保障和装备保障。城市的生命线系统和环境系统随着经济社会发展和人民生活水平提高都需要得到持续的资金投入以保证其供给的数量和品质，同时也需要相应的技术装备支撑以保证其效率和精准度。再次是人才保障，城市管理日益复杂化和精细化，亟须培养和输送城市管理专业中高级人才。最后是舆论保障，城市管理需要社会理解和群众支持，良好的舆论氛围至关重要。

二、城市精细化管理的顶层架构

上文详细阐述了当前我国城市精细化管理存在的不足之处，其中最突出、最核心的问题就在于顶层设计的不完善。因此，城市精细化管理工作的当务之急就是要围绕体制机制、制度建设、队伍建设来完善顶层设计。

（一）完善城市精细化管理的体制机制

1. 形成依法管理、精细科学的城市综合管理格局和治理体系。按照公共服务"一网通办"、城市管理"一网通管"的要求，建立健全"一条热线、一个平台（网格化管理平台）、一个综合兜底协调部门与若干行政管理部门"组成的"1＋1＋1＋X"城市综合管理格局，构建资源整合、职责清晰、权责一致、权威高效的城管执法体制机制。

建立各层级职能"纵向到底"和各部门职能"横向到边"、纵横贯通、协同共治的治理体系和运行机制。①各层级职能"纵向到底"，就是以城区、街道、社区、自治单位四个层级为基础，在自上而下明确各级政府职能定位基础上，将城市管理工作相关的社区和自治单位纳入城市治理各层级职能"纵向"框架，梳理各层级职能范围、工作重点，形成分工明确、上下联动的治理架构。城区一级是城市治理的枢纽，在城市治理创新中发挥指挥中心作用，其职责是提供区域整体布局、科学规划和制度创新，引导经济资源、社会资源、政策资源、公共资源在辖区内各区域间进行合理均衡配置，对城市管理事务进行统筹协调与顶层设计；街道一级是城市治理体系的主干，要从强化治理职能、明确治理任务、理顺治理关系入手，增强城市公共事务治理和服务的能力，做好政策执行，成为城市治理的主阵地和主载体；社区一级是市民获得公共服务与参与公共事务的主要场所，也是城市治理的末梢环节，更是美好生活共创共享的前沿阵地，要充分发挥服务功能，推动资源、服务下沉，提升服务能力和效率，其工作重心就是回归群众生活，保障居民权益，"社区两委"要成为广大居民参与社区共建的重要合作伙伴，与市民一道共建美好家园。居住小区的业委会、辖

---

① 王蒙徽，李郇. 城乡规划变革：美化环境与和谐社会共同缔造[M]. 北京：中国建筑工业出版社，2016：90-91.

区内各类机构和社会组织都是社区重要社会成员，是社区治理的重要力量，可根据各自的治理背景，梳理自身自治主题、组织与路径，参与社区美好环境共同缔造。

各专业部门职能的"横向到边"，是指在目标的横向分解中，每一个相关的职能部门都要相应地设立自己的目标，而不能出现"盲区"和"失控点"。横向分解后的分目标处于同一层次，是实现上级目标的不同手段。在城区层面，"横向到边"的要求体现在城市管理相关各职能部门做到有责、尽责、问责，审批权、执法权相对集中，部门之间无缝隙，条块紧密结合，重心下移；街道层面，整合资源，合并职能，归并队伍，把分散在七站八所的城市管理相关人员进行重组，服务集成，成立社区公共服务中心，建设"一个号码管服务、一张网格管治理、一支队伍管执法、一个平台管流程、一套机制管运行、一个办法管考核"的"六个一"工作机制。

基层社会综合治理方面的"横向到边"，就是在理清各自职能基础上，对各类组织资源进行整合，以党组织、群团组织为主干，基层自治组织为基石，社会组织、社区组织为重要组成部分，明确各自定位，依据各自所擅长的领域承担相应城市治理事务，实现城市治理全覆盖。在五类组织中，党组织要发挥核心领导作用，主动承担治理全过程的指导、协调、凝聚和服务的责任；群团组织"八大团体"几乎涵盖所有的社会群体，要协助做好政策的上传下达，帮助政府做好群众工作，同时也要收集市民意见，表达市民诉求；基层自治组织特别是"社区两委"是居民参与自治最为便捷的平台和多方联动纽带，要做好引导居民共商社务、化解矛盾纠纷、协调多方利益关系的工作；社会组织是市民参与社会管理的主渠道和主平台，要发挥对社会服务供求关系变化反应灵敏优势，及时对接市民需求，主动承接政府购买服务项目，精准匹配市民需求，实现城市管理领域的社会资源自动调节；社区组织源于居民，贴近居民生活实际，能够开展灵活多样、内容丰富的微治理活动。

2. 理顺城市管理领域的行政权内部关系，优化行政管理链条。在流程上，城市管理行政权内容包含事前审批、事中事后监管、末端执法。改变城市管理审批、监管、执法脱节的弊端，建立完整、顺畅、衔接紧密的城市管理行政权运作链条。重点是城市管理领域的市政公用设施、市容环卫、园林绿化、景观照明、地下综合管廊、公用事业服务等相关行业管理在机构上进行合并，建立统一的审批流程和关口；推进行业运行的市场化、社会化改革，剥离经营性服务职能，并强化行业监管职能；在此基础上，与城管执法部门进行整合，做好审批、监管与执法的衔接。与城市管理高度相关的跨部门、跨领域的部分管理事项，比如交通、食品、市场监管、水务、环保等，审批和监管权限仍保留在原部门不利于提高管理和执法效能，要么将相关事项的审批监管权直接划转给城管执法部门，要么建立明确的权责清单、负面清单，衔接紧密的公务协作机制，高效严格的问责机制，避免相互推诿、"甩锅背锅"弊政。目前不少地方仅仅把行政处罚权划转给城管执法或综合执法部门，疏于过程监管，卸责于城管执法部门。比如环保领域的餐饮油烟污染问题，监管主体是生态环保部门，流动摊贩中制售不卫生食品的监管主体是市场监管部门，由于执法体制改革，虽然把相关领域的处罚权划转给城管执法部门，但是城管执法部门只是行政处罚权的实施主体，而不是环境监管、市场监管的责任主体，监管职能仍归属于环保、市场等管理部门，频繁发生的餐饮油烟扰民、流动摊贩制售假冒伪劣食品等问题的根源在于监管主体失责。因此需要建立清晰的责任边界和问责机制。

3. 科学划转执法事项，稳步推进综合执法。2018年党和国家机构改革实施后，全国将建立五支部门内综合执法队伍，与2015年率先成立的住房城乡建设部主管的城市管理综合执法队伍一起，形成既有跨领域、跨部门，也有部门内综合执法的格局。与城管执法相关的执法事项分分合合，将会持续相当长一段时间，在此过程中，要避免急于求成，盲目扩张。按照《中共中央　国务院关于深入推进城市执法体制改革改进城市管理工作的指导意见》（中发〔2015〕37号）要求，谨慎推进综合执法；科学评估划转的事项和条件，避免能责不匹配、权责不一致、事费人编不统一等问题。比如，前述的环保领域餐饮油烟污染、施工噪声污染、扬尘污染，在执法时需要借助专业技术手段才能界定其是否违法，显然目前的体制和资源不足以保障城管执法能够胜任这一职能。仅仅将处罚权划转出来，只会增加协调成本，降低行政效率和执法效能。国家机构改革方案明确规定由生态环境主管部门统一负责生态环境监测和执法工作，就是针对这一现象提出来的。

4. 建立"大整合、大平台、大网格"管理体制机制。建好三个平台，打造一支执法队伍，夯实一个网格。所谓建好三个平台，就是要建立联动联勤管理新模式，做实居村前端管理平台、做强街镇综合管理平台、做优区级监管服务平台，构建"三级联动、职责明晰、相互衔接、运转高效"的城市综合管理新格局；在街道层面整合公安、综治、城管、市场监管四个执法力量为一支执法队伍，建立综合执法中心，实行一支队伍管执法；夯实一个网格，即以城乡空间、时间全覆盖为原则，实现社会管理网格全覆盖，责任网格之间实现无缝衔接、统一编号，落实管理人员和责任。

5. 建立三级联动式的组织体系。构建推进城市精细化管理的"区街联手、部门联动、社会联建"的组织体系。区街联手：成立区和街道两级层面的市政市容管理联席会议，建立"区、街、社"三级网格化管理平台，通过"条履职、块协调"，实现统筹全覆盖。部门联动：在联合巡查、联手督察、联勤处置"三联"管理模式的基础上，推进公安、城管、市场监管、综治、住建、交通等部门的专项整治和联合执法。社会联建：探索建立公众参与机制，让社会各界和广大市民群众了解、支持并参与城区管理，促进政府、企业和社会的主动、联动和互动。

（二）健全精细化管理重点领域的制度标准

1. 健全精细化管理制度、标准、规范

构建系统化、全覆盖的城市综合管理法规标准体系。以精细化为导向全面梳理城市管理行业管理标准、业务考核标准、运行管理流程、作业规程等各类标准规范，以国家、省市的行业标准为基准，制定适合本市本区特点和实际的城市管理标准体系。完善城市网格化综合管理标准，全面调整区网格化综合业务平台，按事件类型和处置时限，细化网格化综合业务平台信息员案件操作工作规范，进一步提高群众投诉案件办理质量，确定结案标准。

2. 优化考核指标和考核机制

一方面，调整街镇网格化绩效考核方案，以群众投诉的顽症问题年环比变化率、案件处置效率、主动与被动管理比值和责任倒查等主要指标进行考核；

另一方面，针对区级部门考核采取条块之间相互监督、双向考核工作机制，实行问题共管、责任共担捆绑机制。将"双随机一公开"检查结果纳入单位绩效考核。

3. 在重点领域探索创新精细化管理具体制度

城市水环境是城市管理重难点，特别是水域较多、河道密布的南方城市，如果管理不善，不仅有损城市形象、环境卫生，更有可能产生安全事故和洪涝灾害。比如目前各地实施的河长制。形式上河长制看起来很简单，做到精细化管理则需要下功夫。河道管理的精细化做法主要为：将河道分段包干、分时段巡查；完善河道问题抄告交办制度；健全水环境监管机构与养护单位、河段保洁班长、保洁员信息沟通和执行反馈机制；完善河长考核制度，制定《养护作业考核细则》；确立水质会商及配水会商制度，制定《河道水环境保障会商方案》，河长会同水务、环保、农业等单位和各街道针对汇总的水质情况进行会商，形成有针对性的排口整治和配水保洁方案。

城市各类大型工程项目施工建设是当前城市发展的重点任务，也是城市管理的难点，在一定时间内也对居民生活和交通出行带来诸多不便，做好工地及其周边的精细化管理事关民生，也关系到后续城市管理部门有效运行维护管理。比如建立工地4C管理机制（City-Construction-Comprehensive-Control），指对城市建筑工地实行综合管控。4C管理共由四部分组成：首先是事前介入工地项目的开展，了解项目的规划和实施情况；在开工阶段，城管牵头做好勘查取证。由第三方检测机构检测，建筑工地周围及内部管网、雨水井等实时现状进行拍照留底；工程开展期间，所有工地按照"一工地一档案"的要求，建档长效管理；工程完工后，做好事后验收。由第三方检测机构按照工地开工前检测的项目再进行事后检测。形成了首尾制约、过程监督、多方协作的建设工地管控机制。

如果涉及城市基础设施建设，还要做好基础设施移交前建管衔接工作，城管部门对设施建设阶段提前介入，建立一整套包括方案审查、图纸会审、建中监管、项目预验收、项目验收、项目接收、质量回访等若干环节的工作机制。

（三）加强精细化管理的队伍建设

1. 要加强城管人员的考核管理。实施城管执法人员"积分制"绩效考核管理制度，建立起可量化的科学考评体系，提升人均办案数量、质量、为民服务能力和群众满意度。严格督查考核制度，对督查结果实行周通报、月评比、季考核、半年总结，并与绩效工资挂钩。年终实行末位淘汰制，培养执法人员的危机意识和竞争意识。编制城市精细化管理标准手册，做到全市城管工作人员人手一册，全员学习，全员应用，全员考试过关。

2. 要建设规范化中队。在硬件建设方面加强投入，执法装备、信息手段、执法车辆、办公设施等要达到精细化管理的要求，提高战斗力保障水平。建设学习型中队，以精细化管理为主线，分层分类分级开展政策法规、管理实务、执法技能等各类专题教育培训，并建立督学、台账调阅、随机抽考制度。

3. 要加强业务建设，提高信息化技术运用能力。建立健全信息化工作领导小组，明确分管领导、责任部门和责任人。制定和完善各项配套制度，通过"制度+科技"，确保信息化系统真正融入城管执法日常业务工作。

第三节　构建精细化导向的城市治理新体系

城市治理现代化需要从体制、主体、机制、手段等方面寻求新路径，提高城市治理能力。

一、建立现代化城市治理新体制

与传统城市管理的单一目标、层级性、封闭性、均质化等刚性特征不同，现代化的城市治理则具有多目标、网络性、系统性、异质化等韧性特征。城市治理现代化要求建立分工明确、权责清晰，科学决策、快速响应，统筹资源、重心下移的管理体制。科学划分管理职能，保持决策指挥、执行实施和监督考核相对分开。根据城市规模和地域差异设置相应的管理机构，强化市级统筹管理功能，确立各市县（区）政府在城市管理中的主导地位，引导城市管理资源向街道和社区配置，增强街道（镇）的城市管理主体力量，加强社区（村）城市管理基础地位。按照扁平化要求，建立覆盖全市域的城市管理服务网络、城市综合管理体系，有序推进城市综合执法体制改革，适当集中处罚权，建立适应城市管理规律的综合执法机构。

二、培育现代化城市治理新主体

城市管理转向城市治理，需要政府的角色从"划桨"更多地转变为"掌舵"。因此，在治理主体上，治理结构主体是多元的，在一定条件下，行政相对人或管理对象、服务对象也可以成为治理主体；在治理关系上追求平等协作的伙伴关系；在治理方式上倡导沟通、协商、谈判等灵活多样的方式；在治理机制上打造参与、合作、双向互动的机制。

通过创新社会治理方式、激发社会组织活力，培育城市管理网络中的多元主体，包括社会公众、社区、志愿者、社会自治组织、企业、行业中介组织，构建政府、社会和市民和谐的城市治理关系，形成"党委领导、政府负责、民主协商、社会协同、公众参与、法治保障、科技支撑"的社会治理新格局。中央两办发布的《关于改革社会组织管理制度促进社会组织健康有序发展的意见》为城市基层治理创新培育新型治理主体提供了政策支持。

重点是积极创造条件，培育多元主体参与城市管理的能力。加快城市管理行业协会组织培育和引导，健全群众自组织管理机制，培育重点社会组织的参与治理能力，建立公众互动议事平台、市民行动参与平台、市民监督机制，完善城市管理政务信息参与平台、公共决策参与平台、扩大社区城管事务的居民自治空间、建立城管志愿者专业化培训体系。建立市民参与城市管理的激励约束机制，比如小区垃圾分类"点长制""桶长制"，家庭垃圾分类的住户实名制、街面保洁保序的商户星级评定制度，成立街容自治商户联盟，深化并推广"三长制"（河道长、楼栋长、街道长），社区治理的三方（社区、业委会、物业公司）协同机制，以社区党委为核心的红色业联体，等等。

三、塑造现代化城市治理新机制

城市是一个多元的社会共同体，随着人民生活品质的提高和文明进步，价值观念、生活方式和利用诉求的多元化，需要通过创新社会基层治理机制来满足和实现。

通过社会治理创新和市场化改革，激活社会及市场领域的各类资源，纠正"政府失灵"，消除城市管理中政府职能的缺位、失位、错位等弊病，形成"政府主导、企业经营，政企分开、管养分离，市场运作、社会参与"的城市管理高效运行新机制。

城市管理行业蕴藏着丰富的经济社会资源，要发挥市场在资源配置中决定性作用，激发市场活力，把各类有利于提供人民生活品质的要素都充分调动起来。按照市场主体"法无禁止即可为"的原则，用好政府和市场"两只手"。新公共管理理论提出的"以市场机制改造政府、以企业家精神重塑政府"理念，强调绩效考核、结果管理、重视金钱的价值、顾客导向等，从私营部门的管理方法引入公共部门管理。

充分挖掘城市管理资源，明确与城市基础性功能设施和公共空间密切相关的要素和资源在所有权、使用权、管理权、经营权和收益权上的边界、属性和特征，利用经济手段和市场机制激发企业和民间资本活力，调动各方参与城市管理的积极性。鼓励民资进入基础设施、公用事业等领域，发挥市场机制在城管领域配置资源应有的作用。特别是城市基础设施建设、公共服务供给领域需要加强政府与民间资本合作，为居民提供优质、高效、便捷的公共品。

四、创造现代化城市治理新手段

城市是包含经济、社会、文化、生态在内的复杂系统，城市管理必须遵循城市系统运行规律。

1. 在管理手段上要注重综合运用多样化政策工具和治理方法，除了行政手段、法制手段，根据不同对象及其需求特征，还可以采取经济手段、社会手段、宣传教育手段等。

2. 要充分利用科学技术手段掌握经济新常态下城市管理规律，增强工作主动性和预见性，实现城市管理作业机械化、自动化，追求卓越管理和高效管理。

3. 抓住智慧城市新机遇，利用信息化手段破解"城市病"。推进产业智慧化和智慧产业化"两化融合"，将智慧产业技术运用于城市管理，化解"成长的烦恼"，通过城市管理智慧化，提升城市治理水平，实现城市管理精细化、公共服务精准化、环境品质精致化。

第五章

精细化导向的城市
管理重心下移

第一节 城市管理重心下移是精细化管理的要求

基层政府城市管理主体地位不突出、区级城管部门协调职能不明确、一线队伍执法力量薄弱、执法队伍建设滞后、综合执法协作不顺畅、网格化管理不系统、城管基层党建不扎实等体制性梗阻现象，使城市管理一直处于粗放式的管理模式之中，从而造成城市管理中"看得见的管不着，管得着的看不见""不落地""灯下黑"等问题。这些问题普遍反映出来当前城市管理的重心与城市管理的需求不匹配，管理的重心凌驾于实际责任主体和执行主体之上，导致基层管理工作"不落地"，问题发现不及时，市民诉求回应跟不上，信息反馈无闭环。推动城市管理重心下移，将城市管理的资源、权责都下放到管理工作开展的最前沿，保证大量问题和矛盾在这个位置得到解决，这同样也是实现精细化管理的要求。

一、城市管理的事项主要集中在基层

城市精细化管理的核心理念就是要在整个城市实现管理"全覆盖、无缝隙、零死角"，追求管理目标精确定位、管理手段精密细致、管理过程高效运行。而制约精细化的因素和事项都集中在基层，不仅问题发生在基层，而且矛盾也主要集中在基层。例如环境保护管理方面的社会生活噪声污染、建筑施工噪声污染、建筑施工扬尘污染、餐饮服务业油烟污染、露天烧烤污染、城市焚烧沥青塑料垃圾等烟尘恶臭污染、露天焚烧秸秆落叶等烟尘污染、燃放烟花爆竹污染等问题，同时包括这些问题引发的群众与城管执法人员的冲突，使两者之间的矛盾升级。同时，基层也是信息产生和交汇的主要场所，管理者需要对这些信息进行汇总、梳理，配置相应的人员力量，才能达到精细化管理的效果。

二、管理体制不健全、层级分工不明确

根据城市精细化管理的需求，将城市管理工作重心下移到基层必须依靠健全的城市管理体制。目前城市管理的职能划分上存在"九龙治水"的现象。一方面由于事项的管理过程往往会涉及城管、工商、消防、交通等部门，不同的部门具有不同的职权，因此对同一事项的管理往往会出现"一事多管"的现象；另一方面，对于某一方面的管理职能不明确，虽然在精细化管理的要求下，很多地方都出台了职能部门之间的联合执法行动，但是由于缺乏相应的法律法规的支撑，容易为多部门在执法过程中协助带来困难。

精细化管理理论提倡管理流程的优化，通过组织结构的优化提升效率。对于设区的城市而言，城市管理职责实际上由市、区政府以及街道办事处承担。这种三级管理的体制，一方面会在部分领域存在着市、区、街道多头执法的问题，而且政策资源、管理资源、服务资源等大多集中在市、区两级，街道层面资源匮乏，主动性、积极性、创造性不足；另一方面存在着职责不清、权责脱节、条块关系不顺等问题。这势必造成各层级对于能管住管好的职能抢着管，对管不住管不好的职能都不管的情况。

三、管理队伍建设的不足

城市管理队伍建设先天不足，且因为体制机制的影响，队伍的规模和数量上一直受限。近几年来，城市管理事项日益变得繁杂，职能不断拓宽。城管部门在人员配备上更是面临捉襟见肘的困境，有些地方，即使有限的执法力量，还经常出现编制被占有、挪用的现象。在人员总量不足的情况下，有些城市还将工作重心集中在主要城区，进一步加剧了基层管理力量在区域上的不平衡。综合这些因素的影响下，各地只能增加协管人员来应对繁重的管理执法任务，但由于协管人员的素质参差不齐，执法行为不规范，暴力执法现象时有发生，从而使得媒体将城管队伍妖魔化，严重影响了城管队伍的声誉。

第二节 城市管理重心下移的权责划分

一、以属地管理为导向，突出区、街两级政府主导作用

属地街道是城市管理的基本单元，在环境建设和城市管理中具有重要的作用。华为老总任正非说过，要把决策权交给听得见炮声的人。城市管理的炮声在哪里响起？在街道。属地管理主要是街道管理，将城市管理落实到乡镇、街道基层政府，"最先听到炮声"，最先发现城市问题，从而有效缩短管理链条，简化管理流程，提升管理效率①。而凸显属地管理优势的关键，还是在于城市管理中心的下移，将城市管理的权责落实到街道、乡镇基层政府。

精细化管理要求规范城市管理权责的划分，明确区政府主体、行业部门主责、街道主体的权责划分。区政府相对于乡镇街道政府来讲，管理链条较长，反应时间较慢，管理成本较高，不宜直接承担城市管理的具体职责。因此各区（县、市）政府在职能的安排上主要突出其主导地位，对本行政区域范围内的城市管理工作全面负责、落实责任，综合协调、督促实施。

各行业主管部门需要主动承担行业内城市管理职责，加强与城管部门的信息沟通和协作执法，制定完善相关的制度规范，保证工作的规范化和科学化。强化主动参与意识，提升积极性和主动性，抓好本部门的城市管理工作。

与区政府不同的是，各街道（乡镇）要突出主体地位，具体实施辖区内相关的城市管理各项目标任务。派驻街道的城管执法中队实行属地（街道）党委（党工委）、人民政府（街道办事处）和市城市管理局双重领导，实行"日常管理以块为主、业务指导以条为主"的管理模式。

明确街道是辖区内城市管理工作的第一责任人，行使对执法中队的日常组

---

① 冯刚. 发挥属地监管优势 创新城市管理模式——以北京市西城区为例[J]. 城市管理与科技，2016，18(1)：26-28.

织指挥权、经费使用权、队伍管理权、奖惩考核权、干部任用参与决定权等，充实基层一线执法力量，强化属地街道的指挥协调职责，建立健全基层执法监管体制。真正建立重心下移，属地为主的工作模式。

二、以统筹监管为重点，强化区级城管的协调、督办职能

加强监管是城市管理权责合理划分和行使的重要保障。市级城管部门每年应对区（县、市）级城管部门工作开展情况进行绩效评价，评价结果作为干部选拔提拔任用的主要依据，提升干部的工作积极性和培养对工作的责任心。根据城市管理重心下移的要求，市级政府应赋予区局对辖区内各部门城市管理相关工作综合协调、各街道城市管理事务督查督办的职能，督促街道相关部门落实城市管理各项任务。

其一，各区成立区城市管理综合行政执法协调领导小组，统筹协调城市管理领域行政管理与行政执法衔接、综合执法与部门执法配合、市区执法与街道执法联动工作，统筹实施城市管理综合行政执法工作的监督检查和考核评价。学习北京经验，针对辖区内城市管理问题，区局直接对街道发出督办单，督办情况作为街道年度考核重要依据。其二，街道属地管理缺乏成熟的项目管理制度与规范，需要区城市管理部门建立和完善对街道部门的全程监督体系，构建属地管理效果、效能和效率的评价体系框架，制定与管理权限一致的责任机制。其三，区级部门应通过专业化、标准化和规范化的手段加强对属地管理的过程监督，最后对管理结果进行考核评价。

三、优化执法工作机制，合理分配执法力量

改变当前城市管理执法权责分离、有责无权、执法力量不足的现状，建立"重心下移、力量下沉、保障下倾"的城市管理执法工作机制，保证执法力量下沉到区、县乃至街道、乡镇。街道办事处虽然只是区县政府的派出机构，不是独立的一级政府，但事实上承担着大量的城市管理具体事务。因此有必要将城

管作业资源的管辖权向属地下沉，将原属区一级的环卫队、城管队、房管所等独立作业管理和执法管理的资源划归街道，实行属地管理；将园林绿化、市政、交通等跨街道或具有较强市场属性的作业管理采取条条管理或市场化购买的形式。此外，应调整执法人员配比的系数，实行"按需分配"，逐步提高基层特别是任务重的城郊接合部执法力量配置比例。

四、下放城市管理事权，逐步实现全域覆盖

城市管理的重点在基层，难点在街面。按照我国行政体制改革的简政放权、放管结合、优化服务的要求，城市管理的管理权限和执法力量都应当向基层下沉。根据当前城市管理工作的需要，逐步下放城市管理权限，最终实现镇、街道城市管理工作全覆盖。

所谓的管理工作全覆盖，不仅体现在内容上，也体现在范围上，具体可以分为以下三点：一是统一标准，统一考核。按照城市管理全域覆盖的要求，管理内容、考核检查都应标准化、统一化，缩小城乡管理差距。二是管理范围向城郊接合部及乡镇扩展。城市管理的范围和重点，除了继续抓好中心城区的城市管理工作以外，还应扩大到城市管理基础较为薄弱的涉农区域，大力开展环境卫生、市容秩序、景观立面、市政设施维护等环境整治，弥补功能性缺失。结合当前村镇工作要求，积极开展百村容貌整治、美丽乡村建设，真正实现管理水平有效提升。三是加强乡镇及城郊接合部城市管理的工作保障，包括城市管理人员、经费、办公场地、制度建设、权责清单、问责机制，做到"五有"：有人管事、有钱办事、有场议事、有章理事、有责担事。

第三节　重心下移后基层城管执法能力建设

一、以管理重心下沉为着力点，实行"三下放"

建立城管执法人员双重管理体制，在区局保留编制、人员经费和执法主体资格的前提下，实施"人员、经费、权力"下放到街道。"人员下放"包括党团群组织下放、执法队员及协管人员整体下放、基层执法干部与街道科室干部双向交流、考核奖惩由街道负责；"经费下放"包括部分人员经费、公用事业经费、大部分序化保持经费、执法管理装备经费等下放至街道；"权力下放"包括序化管理和执法业务下放。执法工作重点在路面街头，执法系统确保一线执法人员不得低于在编人员80％。同时为了提升执法人员的思想素质，避免暴力执法事件的发生，作为派出机构的综合行政执法中队可设指导员作为专职政工干部，负责派出机构的思想政治工作。

逐步解决执法人员编制问题，保证执法主体资格合法性。参照国家有关标准，原则上按照常住人口万分之六至万分之八的比例逐步充实执法人员，区域面积大、流动人口多、管理执法任务重的地区，特别是热点景区，可以适度调高执法人员配备比例。要稳步提高基层综合行政执法工作人员工资奖金、津贴等，综合执法人员待遇水平、晋升序列可参照公安相关标准执行。研究通过工伤保险、抚恤等政策提高职业风险保障水平。

建立健全协管人员招聘、管理、奖惩、退出等机制，特别是窗口地区，要加强协管队伍的素质提升，树立良好的城管形象。部分流动人口较多的窗口地区，通过服务外包配备一定比例的安保人员，辅助进行辖区内的巡逻工作。

逐步理顺城管执法队伍与街道办事处的对接关系，因为城管部门和街道办事处分属两个单位，在工作性质、职责和方式上都存在较大差异，这些差异阻碍了两者的工作对接[①]。只有在制度建设中给予街道办事处恰当的调度与指挥城管执法队伍的权力，建立街道办事处正确指挥城管执法队伍的长效管理机制，才能保证两者协同开展工作。

二、以增强队伍战斗力为核心，整合街道执法资源

街道需要整合辖区内的综合执法力量，以街道办事处来领导执法中队履行"7+X"职能；结合"综合执法平台"建设，通过设立专门监管机构、服务外包等多种方式，进一步充实一线监管力量。派驻街道的执法中队业务上接受区级城管部门领导和业务指导，日常工作服从街道的统一指挥，中队长的任命应征求派驻街道意见；执法人员主要精力必须用于综合行政执法工作，不得从事城市管理以外的工作。区城市管理局保留一支精干的机动中队，用于应急执法、跨区域执法及重大疑难案件办理。

实行部门联动，在联合巡查、联手督察、联勤处置"三联"管理模式的基础上，推进公安、城管、市场监管、综治、住建、交通等部门的专项整治和联合执法。有条件的地区，可以整合街道全部执法资源，成立综合执法大队，实现公安、市场监管、城市综合管理三支执法力量拧成一股绳，一支队伍管全面、抓到底。

浙江省在探索基层社会治理重心下移方面，提出打造基层治理体系"四个平台"[②]。其核心是县级部门与乡镇（街道）之间的职责重构、资源重配、体系重整。它运用矩阵化管理理念，把乡镇（街道）和部门派驻机构承担的职能相近、职责交叉和协作密切的日常管理服务事务进行归类，形成综治工作、市场监管、综合执法、便民服务四个功能性工作平台。

所谓"四个平台"，其实是一个资源集合平台[③]。它运用矩阵化管理理念，

---

① 马怀德，王柱国. 城管执法的问题与挑战——北京市城市管理综合行政执法调研报告[J]. 河南省政法管理干部学院学报，2007(6): 54-72.

② 邱昊. 基层治理体系"四个平台"建设中存在的问题和对策探讨——基于浙北杨汛桥镇试点的调研分析[J]. 山东科技大学学报（社会科学版），2018, 20(5): 50-57.

③ 王幸芳. 从"四个平台"到"一网打尽"[J]. 杭州（周刊），2018(2): 10-13.

把乡镇（街道）和部门派驻机构承担的职能相近、职责交叉和协作密切的日常管理服务事务进行归类，完善机制，整合力量，形成四个功能性工作平台，并以综合指挥、属地管理、全科网格、运行机制为支撑。

在实践方面，杭州建设"一中心四个平台一张网"，即重点完善"1"个服务管理中心，整合"1"个综合指挥室，建立"4个"平台工作机制，深化"1张"基层社会治理网，打造具有杭州特色的"1141"社会治理体系，实现信息来源多元化、上报流转信息化、指挥调度扁平化、管理服务精细化、事件处理专业化、绩效考核制度化，确保第一时间发现问题、第一时间处置问题、最大限度解决问题，全面提升基层乡镇（街道）社会治理、服务群众的能力和水平，打造杭州特色基层社会治理体系。

四川省广安市则通过建立"双街长制"创新城市管理模式，将街道的执法资源进行综合，做到了城市管理的"四全"。一是地域的全覆盖。在广安城区思源大道等9条街道试点"双街长制"，2年内延伸覆盖主城区背街小巷、6个区市县和4个园区，确保"城市建到哪里、城管管到哪里"。二是力量全整合。整合城管、交警850余人，由城管、交警分别确定1名领导同任"街长"，建立"总街长负总责、街长负次责、第一副街长负主责、副街长负直接责任"的"双街长制"责任体系，联合开展市政设施隐患排查和维修巡查执法。三是管理全时空。优化"街长制"勤务模式，实行"行政班""错时班""深夜班"制度，围绕市政设施、环境卫生、公安交通等七大关键领域，已查处违法行为5万余起，罚款280余万元。四是信息全公开。建立"街长制"信息发布平台，通过报刊、电视、网络、公示牌等渠道，向社会公开街长职责、街道概况、管理目标、监督举报电话等信息。2017年以来，共妥善处理市民举报投诉3万余起。

三、以提高执法能力为要求，加强执法队伍建设

1. 需要明确城管综合执法机构的执法主体资格和城管执法人员的公务

员身份①。城市管理综合行政执法属于社会综合治理的一个非常重要的组成部分，城管执法机关履行行政职能，行使执法权力，法律地位应属政府的执行性行政机构。相应的，城管执法人员是专门承担城市管理执法任务的公务员。

2. 需要严格把关录用具备专业知识的城市管理执法人员。要确保那些具有现代城市管理理念、丰富法律知识的人员加入到城管队伍中来，他们对于提高城管执法效率以及依法行政有着重要的作用。

3. 加强城市管理综合行政执法人员的学习和培训。综合执法工作专业性强且执法事项多，不少事项属于跨领域执法，学习和培训要常态化。对执法人员进行岗前与在岗培训，实行持证上岗制度和年度考核制度。处级及以上干部每年集中轮训不少于10天，科级及以下干部每年集中轮训不少于7天。鼓励建设学习型中队。加强培训、学习、交流，通过工作周例会、月检查、年轮训等方式，提高执法办案能力、提升执法管理服务水平。

4. 制定城市管理综合行政执法部门内部考核和监督办法。建立健全岗位责任制，严格执行执法过错和错案责任追究制度，全面落实行政执法责任，督促综合行政执法人员依法履行职责。创新行政执法监督检查方式，积极开展执法评议考核和案卷评查工作，确保综合行政执法部门高效、规范履行职责。与此同时，还要建立奖惩机制和人才的退出机制，确保人才有进有出，以调动和激发城管队员的积极性。

5. 加强城市管理人才的储备。深化与高校之间的合作，采用"专业培养＋社会实践"联合培养的方式，建立综合行政执法后备人才储蓄库，吸引优秀人才加入综合行政执法队伍。鼓励高等院校设置城市管理专业或开设城市管理课程，与高校合作，全面深入开展城市管理与综合行政执法入职、专业、管理技能等方面培训。

---

① 张步峰，熊文钊. 城市管理综合行政执法的现状、问题及对策[J]. 中国行政管理，2014(7): 39-42.

第四节　城市管理重心下移的支撑保障机制

一、以精细化管理为准则，建立三级网格化管理平台

推动区、街两级管理部门联手，成立区和街道两级层面的城市管理联席会议，建立"区、街、社"三级网格化管理平台。通过"条履职、块协调"的工作方法，实现管理工作的统筹全覆盖。在全市社区（村）设立社区（村）城管服务室，在社区党组织和社区公共服务站的领导下开展工作，接受政府职能部门的指导和社区居委会的监督，纳入社区公共服务站管理体系。

通过"区、街、社"三级网格管理体系和依托基层综合服务管理平台，对人口、商户、场所、企业、部件等信息的动态录入，以信息化手段，推进城市管理、监管、执法、作业、信息采集等网格的多网融合、信息互通、数据共享。明确网格管理对象、管理标准和责任人，实施动态化、精细化、制度化管理，准确掌握情况，及时发现和快速处置问题，有效实现政府对社会单元的公共管理和服务。

二、以提高执法效能为目标，建立基层执法保障和协作机制

1. 要建立健全公安机关保障执法机制。加强城管与公安部门的协调与配合，依法打击妨碍执法和暴力抗法行为，由公安机关落实必要警力即时保障综合行政执法活动。借鉴济南在市城管局下设城管警察分局、海口市成立城管警察支队、成都市交警巡警城管"三合一"执法等模式的成功经验，探索符合实际需求的公安保障执法机制。

2. 要做好与司法部门的衔接。建立综合行政执法部门与公安机关、检察机关、审判机关信息共享、案情通报、案件移送等规范制度，实现行政执法和刑

事司法的无缝对接。加大城市管理与社会综合治理联合执法力度，形成城市管理与社会综合治理紧密合作机制。

三、以基层党建为突破口，培育公廉善美的城管文化

加强党建引领的制度建设和文化建设。重点做好以责任状、保证书、承诺书"一状两书"为代表的党员先锋示范制度，以支部在中队、教员在身边、属地共建为主线推进城管执法基层党组织工作制度建设，通过党建带动文化建设。提倡"把支部建在马路上"，利用城管驿站等载体营造传递正能量的城管文化。培养城管执法人员的职业归属感。进一步做实以"城管驿站"为代表的一线城市管理者和城管户外作业人员工作间隙小憩场所、做大以"城市之家"为代表的城市管理者权益保护中心、做美以"城管家"为代表的讲述城市管理者自己故事的心灵家园，实现"家文化"归属感营造。

第六章

精细化导向的城市
管理标准化

第一节　标准化管理的重要意义及内容

一、标准化管理的科学意义及主要内容

何为标准化？

1. 标准的定义和特征

标准是指为了在一定范围内获得最佳秩序，经协商一致决定，并由公认机构批准，共同使用和重复使用的规范性文件。组织里有各种各样的规范，如规程、规定、规则、标准、要领等等，这些规范形成文字化的东西统称为标准（或称标准书）。

标准具有如下特征和意义：

（1）标准是日常工作的科学总结。标准来源于实践经验，但不简单地等同于经验，它是运用科学的方法和规范对日常工作进行提炼和概括。比如成功的试点、示范，概念化的模式、模型等，具有可复制性和可模仿性。

（2）标准是重复操作的技术归纳。标准是对重复性操作的动作和活动用数据、指标、流程、程序等形式做出描述和归纳，并运用一定的专业术语进行表述，用于培训、学习，快速掌握相关技术要领。

（3）标准是常态活动的规律把握。常态性活动的发生具有规律性、反复性，标准就是对发生的时间、空间、行为主体、活动特征、活动结果进行准确描述和界定，用于判断和识别并采取相应的应对措施。

（4）标准是长效管理的制度约定。由于管理客体、工作环境的易变性，管理过程中的难点多，容易回潮反弹，需要做出明确的硬性规定，确保管理效果的稳定性。这种硬性规定包括底线要求、刚性约束、惩罚性措施等。

（5）标准是复杂任务的量化标尺。标准的一个非常重要的作用就是复杂事情简单化，这种简单化表现为一看就懂、一看就知道如何操作、一看就知道程

度如何、一看就知道如何评价，主要形式就是数量化、指标化的工作任务、考核要求，程序化的操作规程等。

2. 标准化的内涵

所谓标准化，就是在经济、技术、科学及管理等社会实践中，对重复性事物和概念通过制定、发布和实施标准，达到统一，以获得最佳秩序和社会效益的活动。那些认为编制或改定了标准即认为已完成标准化的观点是错误的，只有经过指导、训练才能算是实施了标准化。创新改善与标准化是组织提升管理水平的两大轮子。改善创新是使组织管理水平不断提升的驱动力，而标准化则是防止组织管理水平下滑的制动力。标准化是对过去的经验和成果进行提炼和固化的活动，它构成管理水平进一步提升、质量进一步改善的基础，也是新一轮创新的起点。

标准化是一个制定标准，贯彻实施标准和监督实施标准且不断循环、螺旋式上升的运动过程。标准化需要循序渐进的一个过程，我们不能指望本月发出红头文件，下个月各种符合要求的标准就完成了。在进行标准化时一定要有耐心，营造良好的改善氛围非常重要，比如管理看板、合理化提案制度、部门改善发表大会、改善能手评选、标准化竞赛等等，让做得好的有成就感，做得不好的有压力，逐步引导，最终完成有效的标准化过程。

标准化具有丰富的内涵：

（1）标准化是科学管理的前提。标准及标准体系是现代化生产的必要条件，是依法管理和科学管理的基础，也是长效管理机制的技术与制度支撑。上海交通大学吴建南教授认为，城市的精细化管理其实是科学管理，是基于精密、细致的研究、规划来实施的管理。正如科学管理之父泰勒在70多年前就曾说过："正像当年工业革命引进机器一样，标准化引进科学管理必将结出丰硕之果。"标准化可帮助城市管理从随意、随机、脉冲的形式走向规范化、制度化、法制化。通过管理业务标准化，可把各管理子系统的业务活动内容、相互间的业务衔接关系、各自承担的责任、工作的程序等用标准的形式加以确定，使管理工作规范化、程序化、科学化。

（2）标准化是消除浪费、节约劳动和物化劳动的有效手段。标准体系可以帮助政府应对城市化加速带来的日益繁重的城市管理任务。标准化对象的重要特征之一就是重复性，不必要的重复就是浪费，减少重复就是节约，就是效益。

（3）标准化是城市管理信息化的基础。智慧城市建设对信息化提出了更高要求，标准化是信息化的基础和前提，数据和信息的标准化是智慧城市管理的基础和重要动力。部件、事件的标准化是数字化的基础，为数字化实施提供标准依据；数字化是标准化的延伸，为标准化实施提供信息化支持。部门之间、条块之间协同以及执法联勤联动都离不开信息互联和资源共享，数字化管理较好地解决了城市建设管理中条块分割、资源难以统一利用等问题。标准化有助于管理流程衔接和指令畅通。

标准及标准化的本质属性支持并诠释了城市精细化管理的经验逻辑和理论意蕴。

标准化是一门管理科学。城市管理标准化是将标准化原理应用到城市管理领域，针对城市管理领域内的设施管理、城市顶层设计、城市规划、城市基础设施运行、城市综合执法、公共服务设施和社会公共事务等事项，制定、发布、实施标准并不断监督考核、加以改进的活动过程。通过细化、量化、固化等手段，建立完善的城市管理标准体系，达到城市管理质量目标化、管理指标系统化、管理方法规范化、管理过程程序化，从而在城市管理范围内获得最佳秩序和效益的过程，是优化城市管理流程、规范城市管理行为、提升城市管理效能及实现城市管理精细化的重要技术手段。

二、何为城市管理标准化？

（一）城市管理标准化

吸收公共服务标准化、企业精细化管理、标准科学等相关理论和学术文献中关于精细化和标准化研究成果，归纳提炼城市管理精细化和标准化的核心内涵。

城市管理标准化是公共服务标准化的主要组成部分，同时也是行政管理标准化的重要内容。公共服务标准化，是以宪法和民权保障法律精神为基础，以质量管理技术为支撑，以提升民生服务水平为目的而研究、编制修订公共服务标准的活动的总和。推动公共服务标准化具有三个方面的现实意义。首先，公共服务标准化为国家治理现代化提供工具。其次，公共服务标准化为廉政建设、依法行政、建设服务型政府提供技术支持。最后，公共服务标准化为提升公共服务水平提供管理技术。

城市管理标准化是将标准化原理应用到城市管理领域，通过对城市管理相关标准的制定、实施及其监督检查，达到城市管理质量目标化、管理指标系统化、管理方法规范化、管理过程程序化，从而在城市管理范围内获得最佳秩序和效益的过程，是优化城市管理流程、规范城市管理行为、提升城市管理效能及实现城市管理精细化的重要技术手段。

（二）城市管理标准化模型

标准是实施标准化管理的基本依据。标准通常可划分为技术标准、管理标准、业务标准（或作业标准）。城市管理标准包括城市设施建设维护的技术标准、运行管理标准和养护作业标准。技术标准是对标准化管理领域内重复性技术事项做出的统一规定。管理标准是对一定范围内需要协调统一的管理事项所制定的标准，主要内容包括管理工作的内容、职责范围、程序和方法统一规定。作业标准是针对生产作业过程或作业岗位的工作事项所制定的标准，主要内容包括作业目标和内容、作业程序和方法、作业要求和定额指标、信息传递和联系协调方式、职责权限分配、人员素质能力要求、检查考核办法等。

城市管理是一种复杂的公共管理和公共服务职能，其标准涉及多领域。城市标准化管理需要一个系统化的标准体系及其结构化的活动来实现。这一体系的内在特征就是标准的属性空间，即由专业、性质、级别三维组合成的空间。这三个维度是标准化活动的三个重要属性，反映标准化活动的宽广领域和丰富内容。其中X维代表城市管理标准化活动的各种专业领域，包括市政设施、环卫保洁、园林绿化、规划建设、公共安全等等；Y维代表城市管理标准化活动级别，就是一个城市而言，至少包括市级、区级、居住地区级、社区级、小区级；Z维代表城市管理标准化的性质，可分为管理标准、技术标准、作业标准。

标准化构建是一个系统工程。按照系统工程学方法，需要将标准属性空间与标准化系统工程方法论空间对接，由专业维、性质维、级别维、时间维、逻辑维和条件维共同构成六维空间结构。前者讨论的是标准系统，后者讨论的是标准化工作系统。

系统工程方法论空间关注标准化工作如何按系统工程的方法来开展。主要是运用霍尔的系统工程方法论指导标准化开发过程。其时间维包括规划、制订方案、研制、生产、安装、运行、更新或退役 7个大阶段；逻辑维包括摆明问题、系统指标设计、系统综合、系统分析、优化、决策、组织实施7个大步骤；条件维包含组织计划、情报资料、物质保证、技术措施和仪器设备、人才、知识和资金等项。

在六维空间中，级别维、逻辑维和时间维中的内容具有严格的序列关系，因此，在维度轴上标有箭头方向（图6-1）。

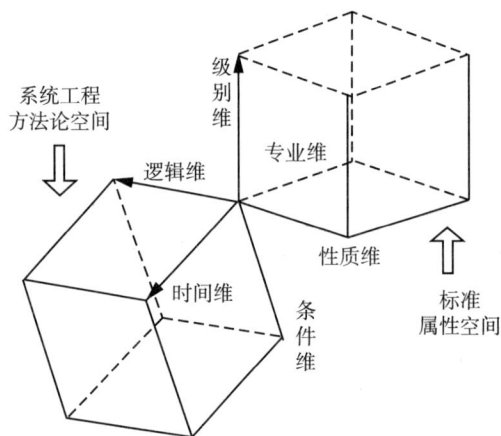

图6-1　标准化系统工程结构模型

三、城市管理标准化和精细化的关系

（一）城市管理标准化反映城市管理基本规律

对于城市管理中，反复出现的问题、重复性活动或概念、具有共性可复制可推广的操作或模式，需要制定标准，进行规范引导，获得最佳秩序，制定共同规则，避免差异化，便于考核评价。

城市管理的标准化，是为了在城市管理的范围内获得最佳秩序，利用标准化的思路协调各方利益，对管理对象进行规划、实施、管理与服务的活动以科学化、规范化的形式固定下来，制订标准，将这些标准贯彻实施，并对其实施过程加以检查检查。

标准化是将各地的经验和模式进行归纳总结，提升为城市管理的基本规律，实现四个统一：统一管理共识、统一管理内容、统一相关行业操作流程、统一考核指标标准。既有指导性，又有操作性，既能提高管理效率，又能节约管理成本。

城市管理的作用就是实现城市秩序与活力的动态平衡，城市管理标准化的具体作用体现在维护城市秩序、保障城市安全、提高管理效率、美化城市环境、推动管理创新等方面。

（二）标准化是推动城市管理规范化向精细化转变的重要手段

标准化和信息化的结合为这种转变提供了技术支撑。精细化导向的城市管理标准化研究在理论上将拓展公共服务和社会治理标准化理论，丰富和深化城市精细化管理理论，也将发展智慧城市时代城市精细化管理理论，更广泛的理论意义在于扩大标准科学的理论边界和实践领域，为城市管理标准国际化提供新的理论成果。

1. 城市管理精细化需要标准与法律法规的共同支撑

标准和法律法规都是调整和维护社会秩序的规则，二者主要区别包括：一是目标侧重点不同。法律法规主要追求公平、正义的目标，标准制定实施的目的是追求最佳秩序和效益，标准可以强化法律法规公平、正义等目标的可执行与可实现性。如果说法律是社会秩序的底线规则，那么标准就是社会进步的更高要求。二是规范构成不同。法律法规主要从宏观方面对带有原则性、制度性、框架性、机制性的情形进行规范，难以对微观性、技术性、定量性的情形进行具体规定。标准可规定具体的指标、方法和要求，可对法律法规的实施进行细化，可有效承接法律法规的落地实施。

城市管理涉及流程、操作等方面的塑造和引导，单凭法律法规很难将其固化，需要标准和法律法规的共同支撑。标准是集科学性、技术性和经验性于一身的柔性规则，在遵守法律法规的前提下，可借助标准化手段从技术和操作层面对城市管理进行细化和拓展。

2. 标准化是城市由运动型管理转向长效型管理的有效手段

城市管理涉及市政基础设施、交通、水务、城管、市容环卫、园林绿化、房屋管理、地下空间等领域，管理任务量大面广，如果没有一套相应的管理标准，仅凭原则性的法律法规和管理者零散经验是难以想象的。通过细化、量化、固化等手段，建立完善的城市管理标准体系，制定和实施城市管理操作规范、质量控制指标、考评和改进标准等，可避免城市经验型管理带来的无序化弊端，避免管理的盲目性和随意性，实现城市管理由"专项整治"等运动型管理向常态型、长效型转变。

四、城市管理标准化的理论意义和实践价值

1. 标准化管理实践为城市精细化管理理论提供丰富成果。标准化既可以在宏观层面起到方向性整体把控、结构性顶层设计的作用，又可以在城市管理各流程、各环节、各要素中进行统筹、权衡、制约、协调，是城市精细化管理推进的有效工具。精细化导向的城市管理标准化研究在理论上将拓展公共服务和社会治理标准化理论，丰富和深化城市精细化管理理论，也将发展智慧城市时代城市精细化管理理论，更广泛的理论意义在于扩大标准科学的理论边界和实践领域，为城市管理标准国际化提供新的理论成果。

2. 深入贯彻落实习总书记提出的"城市管理应该像绣花一样精细"思想，把握新时代城市发展的主要矛盾，剖析城市管理精细化的短板、痛点和瓶颈，认清标准化在实现城市精细化管理目标中的地位和作用，找准标准化建设的关键点，为城市精细化管理提供技术支撑。同时有助于提升城市管理服务和城市治理效率，打造生态宜居城市，提高环境品质，塑造城市品牌形象和软实力。

3. 城市管理标准化是现代城市发展转型和城市管理转型的需要。新时代城镇化逐渐由外延式向内涵式发展转变，而城市管理是城市软实力的集中体现，

是城市竞争力的重要来源，城市管理标准化是提高城市管理水平的利器，有利于促进城市发展。此外，城市管理逐渐由经验管理向规范管理演变，由粗放式管理向精细化管理演变，由运动式管理向长效管理演变，由注重管制社会向注重管理自己演变，因而城市管理标准化是城市管理发展演变的必然结果。

第二节　标准化对城市精细化管理的作用机理

一、标准化管理与城市精细化管理的理论契合及逻辑关联

（一）标准化契合城市精细化管理的实践逻辑与理论内核

标准化符合城市管理的实践逻辑，在操作层面，精细化管理就是：复杂事情简单化，简单事情流程化，流程事情定量化，定量事情信息化。而标准化贯穿始终，标准化是日常工作的科学总结，是重复操作的技术归纳，是常态活动的规律把握，是长效管理的制度约定，是复杂任务的量化标尺。标准化这一本质属性支持并诠释了城市精细化管理的经验逻辑。

城市精细化管理的核心内容需要通过标准化来体现。精细化就是"四精四细"。"四精"：吸收国外城市管理精华、领会科学管理精髓、打造质量管理精品、促进分工协作衔接精密。"四细"：细化分解每一个战略、决策、目标、任务、计划、指令，使之落实到人；细化各项管理制度的编制、实施、检查、激励等程序，做到制度到位；细分管理服务对象；细化城市管理空间。

（二）标准化渗透在城市精细化管理的基本要素之中

对照精细化内涵和目标，城市精细化管理至少包含六大要素：共识化的管理理念和文化，顺畅化的管理体制和机制，能动化的管理干部和队伍，规范化的管理制度和标准，精准化的管理技术和装备，现代化的管理手段和载体，以此为基础，构建城市精细化管理体系。该体系为标准化提供测度对象和量化内

容，并通过标准化管理体系建立城市精细化管理水平评价体系。

（三）标准化与精细化管理要点浑然一体

精细化管理要点在于标准化、规范化、数据化、流程化。四者之间关系紧密，其中，标准化是前提，规范化是保障，数据化是依据，流程化是主线。标准化是规范化的升级版，是制度化的最高形式；标准化和数据化相结合增强标准管理的可测性和精准度，标准化与流程化相辅相成，标准在流程中落实，流程因标准而完善。

二、标准化对城市精细化管理的作用机理

（一）标准化的保障功能和执行功能是导向精细化目标的基础

城市标准化管理是保障城市基础功能最佳发挥和公共空间有序运行的活动。城市经济活动聚集的空间，是现代大生产、大流通的载体，标准化管理既是现代大生产的必然要求，也是城市集约发展、高效运行的基础工作，还是城市发展从规模扩张转向品质提升的科学手段。

标准化能够确保精细化管理方向的锚定，有效贯彻战略规划目标，提升城市管理整体执行能力。通过标准化战略实现宏观布局，为精细化管理奠定基础。标准化战略是以政府规范性文件形式对标准化内容、范围，工作分工和职责的进一步明确，为精细化管理提供政策基础。对照标准，能够发现关键问题、薄弱环节，夯实基础，补齐短板，并为监督检查、考核奖惩提供依据，科学运用考核结果，发挥考核的指挥棒作用。

（二）城市管理标准体系与法律法规体系的有机耦合增强精细化管理的权威性

标准作为城市管理相关法律法规的具体指标、城市管理服务政策的具体实现方法以及公共服务部门的管理规范等，构成对法律法规以及政策文件的有力支撑。标准的介入程度及方式应与具体城市管理及公共服务事项的风险程度和不确定性相关联。在法律以及公共政策制订过程中，对所涉及管理服务事项开展风险评估，并根据评估结果采取不同的标准策略。通过实施具有针对性的标准策略，既提高法律政策的可操作性，又可降低决策及执行的社会成本。标准

对城市管理法规政策形成基础性支撑，成为城市管理服务的执行依据和保障，标准和法规的结合增强城市精细化管理的针对性和权威性。

（三）技术理性与公共理性的结合让市民在城市精细化管理中有更多的获得感

标准经由技术理性转变为公共理性是公共管理各利益相关方合意的结果，使城市精细化管理发展体现出回应并满足公众公共需求的开放性与合意特征。在标准的制定过程中吸收公众参与，开展民主协商；在标准实施的过程中，把标准作为社会治理的重要手段，确保精细化管理和服务的针对性和有效性，提高城市宜居度，让市民得实惠，让城市更美丽。

（四）信息化与标准化的紧密结合是城市管理走向科学管理、精准治理的必要手段

精细化理念的落地，一靠制度，二靠技术，信息化与标准化的结合是制度和技术的耦合。信息技术既为标准的实施提供基础信息和决策数据，也为标准的立改废提供技术支撑。把城市管理从经验管理、粗放管理，转向科学管理、精准治理。

（五）标准化建设是推动城市管理向城市治理转变的实践形式

充分发挥标准的技术支撑作用，以用户为中心，实现政府、市场、社会多方参与，政用产学研多元主体协作。标准化要充分依托社会力量。标准既明晰了政府和市场、社会的行为界限，实现政府与市场、社会的均衡与协调，也让政府摆脱了具体事务的纷扰，专心于规划、监管和指导。通过标准化过程，城市管理建立统一的标准和作业规范，使城市管理作业市场化、社会化成为可能。发挥标准化在推进国家治理体系和治理能力现代化中的基础性、战略性作用，促进城市持续发展和社会全面进步。

（六）管理标准化是建立健全城市精细化管理体系的基石和核心内容

以精细化为导向的城市管理技术标准、作业标准、管理标准是城市管理标准体系主要内容，也是构建精细化管理体系的基础内容。制定优质管理服务标准是城市管理标准化的第一步，建立以公共服务标准为核心的城市管理标准体系是精细化管理的前提条件，也是精细化管理结果、效益、效能的过程保证，创新性与规范性相结合，不断完善标准体系、提高标准水平是城市精细化管理

的制高点。

（七）标准化是城市精细化管理巩固成果、持续精进的基本要领

标准化有助于实现技术积累，防止技术和经验流失，避免错误再犯，保证产品和服务的统一性，防止效率与品质出现较大差异。在精细化管理中，通过个体实践的团队化，具体经验的知识化，管理知识的标准化，运行规则的惯例化，组织文化的全员化，把标准变成组织行为。改善创新是城市管理提升水平的驱动力，而标准化则是防止城市管理水平下滑的制动力。通过科学合理的精心设计，形成一套逻辑架构清晰、机制设计完善、适用性较强的城市管理标准体系，有助于进一步巩固和提升既有的管理改革成果，打造城市品牌，形成自己鲜明的特色。

第三节　精细化导向的城市管理标准化建设

一、城市管理标准体系的构成

按照标准颁布的机构，城市管理标准可分为国际标准、国家标准、行业标准、地方标准、企业标准；按照标准的法律约束力，城市管理标准可分为自愿性标准、推荐性标准和强制性标准。

按照采用标准的领域与类型，城市管理标准包括技术标准、管理标准、工作标准；按内容划分有基础标准（一般包括名词术语、符号、代号、机械制图、公差与配合等）、产品标准、辅助产品标准（工具、模具、量具、夹具等）、原材料标准、方法标准（包括工艺要求、过程、要素、工艺说明等）；按成熟程度划分有法定标准、推荐标准、试行标准、标准草案。

基于城市发展水平和精细化需求，根据城市管理的内容和范围，可将城市

精细化管理分为运行精细化、发展精细化和特色精细化三个层次。城市运行管理属于生存性、保障性需求，涵盖市政设施、市容环卫、城市供排水、城市照明、供气供热；园林绿化、城市立面、景观小品、城市户外广告、空间秩序、城市家具、应急管理事关市容市貌和城市形象，属于发展性需求，城市生态环境、低碳节能、夜间景观、智慧城管体现城市魅力，属于特色性需求。不同层次的需求，在标准的制定和采用上可以因地制宜。

城市管理需要建立健全的运作机制、作业制度和管理规范，城市管理标准化是一整套科学完整的系统，包括部件管理标准化、事件管理标准化、管理模式标准化、反馈处理标准化、考核奖惩标准化。

二、城市标准化管理的实施

标准化管理是指符合外部标准（法律、法规或其他相关规则）和内部标准（企业所倡导的文化理念）为基础的管理体系。实施标准化管理要求对制定、修订和贯彻实施标准等整个标准化活动进行计划、组织，指挥、协调和监督，以保证标准化任务的完成。这五个职能相互联系和制约，共同构成一个有机整体。

实施标准化管理需遵循如下步骤：采集并集中所需要的标准化管理信息，根据具体情况进行标准化管理的条件分析。科学制定标准化管理的实施规划和计划。建立或完善标准化组织管理体系、机构、机制与职责，分管理层次进行标准化专业知识培训，将标准引入管理工作程序和流程，成为工作准则；补充制定适合管理工作现实需要的自定标准，完善标准管理系统，实现全面标准化管理。

城市标准化管理的实施应通过建立健全城市管理标准体系来为精细化管理提供标尺和依据，聚焦技术标准、管理标准等领域，梳理、制定、修订相关标准，以精细化为导向，逐步实现城市管理标准的全覆盖、高水平。

第四节　国内外城市标准化管理的经验借鉴

进入21世纪，标准化已从基础走向战略，成为全球企业、城市和国家发展战略的重要组成部分。发达国家(区域)已率先认识到这一趋势，纷纷制定本国(区域)的标准化战略，运用标准化手段抢占国际国内产业竞争和城市竞争的制高点。全球城市是世界经济系统的中枢或世界城市网络体系中的组织结点，对全球政治经济文化具有控制力与影响力，标准制定的权力和能力则是这两大功能的标志性要素。

一、国际经验

（一）世界城市管理标准化的主要趋势

进入21世纪，国际标准化组织（以下简称"ISO"）的工作重心开始转向社会管理和公共服务，提出了标准化应"更好地体现人文精神、更注重保护消费者权益、达到提高生活与生命质量和促进人际交往的目的"的工作理念。在此指引下，ISO先后成立了7个社会管理和公共服务方面的标准化技术委员会，涉及城市安全、城市环境、城市管理等领域。截至目前，ISO共制定社会管理和公共服务标准7项，相关技术标准数千余项。

世界城市精细化管理越来越倾向于运用标准：① 强调自愿性标准体系和强制性标准体系的区别。对自愿性标准体系大多采取商业化的运作模式，对强制性标准体系多采用技术法规加以规范，建立不同层次的技术法规体系，在法律法规等法律形式文件中引用标准，使标准成为法律法规和契约合同的组成部分。强制性标准体系通常涉及安全、卫生、健康、环保等方面。② 强化使用先进的检验检测手段。重视对检验检测机构的培育，技术法规、检验检测和合格评定一起成为发达国家保障标准实施的三大法宝。③ 授权民间机构主导标准体系的管理，注重发挥非政府组织的作用。④ 提供现代化的标准服务体系。⑤ 完善标准实施的保障体系。法律体系、市场准入、合格评定三个环节相互衔接配套，构成标准实施保障体系。

当今世界标准化与精细化发展体现出一些新趋势，比如，注重顶层设计和宏观规划；更为注重标准化机制而不是标准的技术要求；更加注重标准的软治理功能，弱化政府规制，强化社会自治；信息化与标准化的结合等。

（二）发达国家纷纷制定各自的标准化发展战略

发达国家在城市管理领域注重制定标准化战略，也发挥出良好的效益。其中，美国重点在健康、安全、环保等领域开展标准化活动。日本重视标准化活动、标准的市场适应性及效率，并将产业基础技术的标准化作为重点领域。英国注重标准化在城市和社会中发挥有效作用，通过使用标准建立竞争优势，推广最佳做法；对标准化有效使用以达到公共政策、法规监管的社会目标；通过基础结构的支持，协调、满足不同的利益方。德国人擅长使用"标杆管理"绩效评估活动提升社会管理效能与公共服务水平。德国社区管理联合会（KGSt）研究实施的"公共交互指标网络"有效提升了德国社会管理的整体水平。法国先后承担了ISO/TC 224"与服务活动相关的饮水供应系统和废水处理系统"和ISO/TC268"社区可持续发展"两个相关技术委员会秘书处，由法国标准协会（AFNOR）主导提出的"社区可持续发展"国际标准提案，对全球社区可持续发展提出规范性要求，不仅将从城市与社区管理角度提升全球社会管理和公共服务水平，同时也将提升法国在社会管理和公共服务国际标准化活动中的技术地位。发达国家均把确保标准的市场适应性、国际标准化战略、标准化政策和研究开放政策的协调、实施，作为标准化战略的重点。在战略实施上，各国都将重点放在与城市管理社会生活相关领域。

（三）世界城市管理标准化领域不断拓展

世界城市在运用标准化治理城市的过程中不断拓展领域，目前主要集中在垃圾处理、空气与污水治理、能源管理、节能减排、智能交通、可持续发展等方面，具体包括可持续发展社区、能源管理系统、智慧建筑和可持续建筑、零能源建筑、小家庭和小型商业建筑节能、新能源汽车、清洁空气、饮用水和废水、道路安全、社会安全、可持续活动管理、城市适应力、使用寿命规划等领域。

特别是大气污染治理和道路交通治理是目前的重中之重。大气治理主要包括清洁能源、减排技术、实时监控、定时发布、清洁车辆使用等。道路交通治理主要包括限制机动车数量、降低公共交通价格提高公共交通使用率、交通拥堵费、个性化公交和各种交通设施的设置，如信号灯、交通标识、天桥和单行道等。

二、国内实践

北京、深圳、南京、重庆、济南等地在城市管理精细化以及用标准化支撑城市管理精细化方面进行了有效探索和实践，可为其他地区开展城市管理精细化、标准化提供经验参考。

（一）北京市是城市管理标准化的探路者

东城区使用标准化原理和方法，基于信息技术的开展网格化城市管理，并形成了6项行业标准，在全国范围内进行了推广应用，起到了很好的示范作用，成为利用信息技术规范和提升城市管理水平的样板。北京在2017年已批准发布159项地方标准，城市管理类占比高达87%，制定《首都标准化战略纲要》，实施《北京市人民政府关于进一步加强城市管理与服务标准化建设的意见》，在城市规划与建设标准化、城市基础设施运行管理标准化、城市公共安全与应急管理标准化、节能减排和生态环保标准化、城市公共服务标准化、社会信用体系建设标准化。

北京市主要在社区服务、网格化城市管理、网格化社会管理、公共安全等领域开展了标准化建设，基本实现了精细化管理，特别是网格化城市管理、网格化社会管理标准化形成了北京的创新经验，在全国发挥了示范引领作用。公共安全与应急标准化在保障奥运会和新中国成立60周年大庆、保障城市日常安全运行及维护社会安全方面都发挥了重要的支撑、保障作用，确立北京在全国公共安全与应急领域的引领地位。

近年来，北京市城市管理委员会提出"六精六细"的工作思路，即：管理对象要精准细化，管理职能要精密细致，管理方式要精雕细刻，管理效益要精打细算，管理手段要精明细巧，管理态度要精心细腻，对管理标准化的实施提出更高要求。

（二）深圳市是城市管理标准国际化的先行者

深圳市着力提升城市管理治理能力，建立并实施城市可持续发展深圳标准，推动更多国际国内标准组织落户深圳。为有效提升城市管理水平，深圳市政府提出加强城市综合管理，并在2015年工作报告中提出打造城市管理的"深圳标准"、铸造"深圳品牌"的发展目标。以树立国际城市可持续发展新标杆为目标，实施《深圳标准国际化创新型城市示范创建工作方案（2016—2018年）》，从标准国际化程度、标准创新体系、城市管理标准、社会管理标准、标准工作机制等5个方面提出了15项可量化、可考核的具体示范创建目标。从推进标准国际化进程、强化标准创新与实施、推进"标准、质量、品牌、信誉"四位一体发展、提升城市规划建设标准、提升城市管理标准、提升城市安全治理标准、创新标准化管理体制和机制等10个方面提出了43项主要任务。

《深圳市知识产权与标准化战略纲要（2011—2015年）》中明确指出，要加强城市管理和公共服务标准化建设，制定和实施一批城市管理和公共服务地方标准及规范，充分发挥标准化的技术支撑作用；出台了《深圳市行政机关制定技术标准文件指导规则》，将深圳市技术标准文件纳入市政府规范性文件管理，主要服务于深圳市各级行政机关；在《深圳市实施标准化战略资金管理办法》中明确规定，对于深圳市技术标准文件的研制予以资助补贴。基于该规则，深圳市已累计发布208项技术标准文件，其中特区技术规范47项、标准化指导性技术文件110项、农业地方标准51项，范围涵盖城市民政、水务、城市交通、公园管理、气象等领域的十余个政府部门。

在公园管理方面，深圳市城市管理局制定了《公园服务规范》《公园标识系统建设规范》《综合公园建设规范》《综合公园管养维护要求》等；在政府网站建设方面，深圳市政府办公厅制定了《政府网站建设和管理规范》等；在公共交通方面，深圳市交委制定了《综合交通枢纽智能化设施通用要求》《公交智能调度系统平台规范》等。这些标准的制定和实施有效提升了城市管理和公共服务的水平。

深圳将标准化应用至城市管理和公共服务提供的各个环节。从内容来看，办事流程信息化和规范化是深圳提高政府行政管理和公共服务能力的重要手段；从范围来看，深圳重点制定了关系到民生的城市用水、公共交通领域相关标准；从部门来看，标准化涉及深圳越来越广的政府部门；从数量上看，标准制定数量呈逐年上升趋势。

（三）南京市是城市管理标准法治化的实践者

2014年颁布《城市治理条例》，与之配套，南京也开始探索实施城市治理标准化工作。建立城市治理本底资料数据库，制定了《南京市城市综合治理指导标准》，涵盖：城市道路、市政设施、集贸市场、居民小区、单位责任区（院落）、公共交通、各类工地、公园景区、窗口服务单位、河道湖泊（水塘）、港口（码头）等33项管理标准，建立市政设施养护、环卫保洁、园林绿化三项定额管理体系，并建立了相应的责任体系、考评体系、组织体系和工作网络，形成一个完整管理系统，解决了管什么、怎么管、谁来管、管理到什么程度等四个方面的问题。实现城市管理三大转变：由单一的市容环卫管理向城市的平面、立面、空间、水体、地下设施等全覆盖综合管理转变，由突击整治向制度化、常态化转变，达到全覆盖、精细化、长效化目标。

南京以治理背街小巷环境"脏乱差"为重点，通过"洁、净、平、亮、序"等五个方面，着力改善背街小巷的硬件设施和环境面貌，让街巷管理工作做到"标准化、特色化、常态化"。摸索出一条"高品位、低成本、讲实用、能承受、易维护、可推广"的背街小巷整治管理新模式。制定《南京市背街小巷精细化整治达标基本标准》，共分为落实城市管理长效机制、加强门前三包管理、有序户外广告和店招标牌管理、占道经营管理、围墙立面整洁、街巷卫生整洁、执法管理到位、拆违控违有力、设施绿化完好、停车整齐有序十大类31项。在管理制度上，设置了街巷长、信息员、网格员，分工合作、长效管理。实行"街长、巷长"负责制并公示上墙。560条背街小巷2018年全部要按新标准实施整治并进行验收。

（四）重庆市是城市管理标准内容全面的探索者

发布《重庆市城市精细化管理标准》，突出"四全""四新"。所谓"四全"，就是全行业覆盖、全时空监控、全流程控制、全手段运用等高效能管理。全行业覆盖：该标准涵盖了市政设施、市容环境卫生、城市供排水、灯饰照明、城市户外广告、城管执法、智慧城管、市政舆情和安全生产等九方面内容；不仅发展主城，还要带动区县，延伸乡镇。全时空监控：做到"五个一样"。"四新"就是强化科技引领，大力推广运用新技术、新工艺、新材料、新设备"四新"技术，提高城市管理效率。

（五）济南市是城市管理标准化的行动者

早在2014年，济南市城管局就启动了全市城市管理标准化建设，成立济南城市管理标准化委员会编制城市管理行业标准，由济南市政府发布《济南市城市管理标准》，在全国同行业率先全面系统确立各项业务建设规范。该标准涵盖城市管理、城市管理行政执法、城市管理综合考评三大领域业务，包括39个大类、300多个分项标准，在市容环境卫生方面，形成以道路保洁、公厕管理、垃圾收运、城肥清疏、广告管理、夜景亮化、渣土管理等为主要对象的标准体系；在城管执法方面，形成以行政处罚、电子监察、队伍建设等为主要内容的标准体系；在城管综合考评方面，形成以综合考评、内部业务考评和外部社会评价为主要内容的标准体系。

（六）西安市是城市管理标准化体系建构者

西安市建立了城市管理标准化执法体系、服务体系、队伍管理体系和效能监察体系。制定并实施《市容环卫工作管理标准》，特别是环卫方面开展"以克论净、深度保洁"的标准化管理考核；建立标准化执法体系，建立检查权、调查权、决定权、执行权"四权分立"监督机制；建立标准化的服务体系，实现服务全覆盖；建立标准化队伍管理体系；建立标准化效能监察体系。该市莲湖区以标准化理念作为城市管理工作的重要抓手，在深化数字化城管、标准化执法、市容环卫标准化管理的基础上，将标准化理念由城管执法延伸至城市管理的各个方面，从城市管理的持续性、长期性出发，使城市管理从突击型、临时性向长效型、规范型转变，切实提高城市管理能力和执行能力。

（七）总结和经验

各地标准化建设的基本经验是：长期积累精细化管理经验并将之提炼为管理标准；不断地在工作创新实践中修订完善标准；通过固化标准来巩固城市管理成果提升管理水平并成为城市新名片；标准涵盖面宽，涉及内容越来越细，专业化程度越来越高；更多标准化管理与信息化相结合。

三、国内城市标准化管理总体上存在的不足

目前各地城市管理领域总体上标准建设还存在"缺、低、散、虚、粗"等问题[①]。如城市景观空间管理标准化体系中管理、服务、信息化等标准缺失，某些管理存在边界不清问题，导致出现多头管理或管理缺位现象。不同级别道路、区域、社区，管理标准都是一样，没有做到分区分级管理。绿地质量的评价标准、绿地建设和养护相关定额标准缺乏量化考核指标，多数情况凭感观判断和主观评价。具体而言，问题表现为以下几点：

1. "缺"：标准的完备性不够。缺乏城市文明行为的规范和失信行为有效约束，缺乏城市管理工作规范，包括城市管理相关部门权责划分、协作关系、工作流程、绩效评价、改进反馈等方面有待健全。从全覆盖角度看，部分领域、部分行业、部分空间、部分责任主体还没有纳入标准编制范围。

2. "低"：标准先进性不够。在城市设施的美观性、舒适性、便捷性方面，在公共服务的人性化、细致化方面，在城市运行的安全性、突发性方面，标准多数停留在全国通用、常规管理的水平。

3. "散"：标准的集成性不足。《城区网格化管理标准》《街道综合执法规范》《社区公共服务规范》等具有区域性、综合性、跨领域、跨部门、跨行业特点的标准规范，整合不足。

4. "虚"：部分标准形同虚设，既无实施条件，也无监管跟进。比如无障碍

---

① 张同林等. 城市综合管理标准体系研究：以上海市黄浦区城市管理情况为例[M]. 上海：上海社会科学院出版社，2017：25-35.

设施，盲道、扶梯、轮椅、残障人士专用车位等，存在无法有效使用或者随意占用现象。垃圾分类国家试点城市，标准不一，效果不理想。

5. "粗"：部分标准宏观性、原则性、抽象性有余，微观性、操作性、具体性不足。比如城管执法，针对不同领域的执法要求，执法人员的操作规范、法律用语没有详细规定。环卫保洁机械设备使用规范、作业标准有待进一步细化，经常看到洒水车跑冒滴漏现象。

第七章

精细化导向的市政公用监管智慧化

第一节　现实需求

一、市政公用行业市场化要求监管智慧化技术支撑

（一）高效监管——为提高监管效率提供技术保障

市政公用事业市场化是一种经济理性导向的制度变迁，它要求创新政府监管体系以适应市场机制运行规律，使"看得见的手"和"看不见的手"能够紧紧相握，市场化需要建立完善的政府监管体系作为体制保障和外围支撑。公用事业市场化改革也为新公共管理理论提供了实践机会。新公共管理理论提出"3E"（经济性、效率性、效果性）评价准则也正是市场化效率导向的体现。"3E"作为经济效益的评价准则，在实际运用中，自然离不开数学模型的描述、数据的充分掌握和先进技术的支持。要提高对市场化公用企业监管效率必然要求创新监管技术手段。新公共管理理论以工具理性思维方式为主导，以"理性经济人"的人性假设为逻辑起点，以职业化管理、项目预算、绩效评估、战略管理、顾客至上、绩效工资制为具体管理方法[①]，在运用于公用事业监管方面，有助于达到监管绩效化与结果可计算性之目的。

随着大量人口涌入城市，城市规模不断扩大，城市功能日益复杂化，给市政公用事业管理带来了诸多难题。传统的监管体制中，各个行业独立运营，并且垄断程度较高，系统之间的监管信息交流不畅，造成监管效率低下。利用新一代信息技术，通过分布在监管对象的物联网设备，可以自动监测监管对象的运行状况，通过政府、企业和个人的信息系统，实现公用事业海量监管数据的存储和收集，提高监管运营效率。通过城市高速网络、无线网络和移动通信网

---

① 何颖，李思然，新公共管理理论方法论评析[J]．中国行政管理，2014(11)。

络，可以帮助监管部门快速获取到监管信息，从而为多方协作远程操作成为可能，彻底改变了公用事业监管运作的方式。通过管理体制的创新保障，构建身份认证、目录交换、结算清分、信用评估等技术平台的体系性建设，确立信息系统之间的层次性。从而促进分布在城市不同角落海量数据的流转、交换、共享、比对，为应用提供良好的协同工作环境。通过数据的交换共享将极大推动城市治理运营的良性循环：主动发现问题—功能自协调—及时处理问题，提高监管信息交换效率。在互联互通网络、数据交换与共享基础上，通过整合式的协同服务平台，为市政公用事业监管提供更加智能、高效，响应更加灵活、及时的决策支持系统，使监管部门可以快速协调资源，做出正确的决策，提高监管效率。

（二）专业化监管——为加强监管专业化提供技术手段

公用事业运营的市场化必然带来社会化、规模化和专业化，这"三化"则要求行业管理的标准化、精细化。在具体监管实践中必然需要相应的技术手段提供保障，尤其需要信息化技术和决策技术作为支撑。将公用事业监管变粗放型管理为精细化管理，变多头管理为统一管理，是一种更有效的管理方式。这一管理变革实质上是监管科学化的过程。在实现监管"科学化"进程中，工具理性的思维方式始终是公共行政管理的方法论基础，它把行政看作是获得高效率的工具，政府在决策、计划、执行与管理过程中，以程序化、技术化、标准化为指导，追求监管的理性化与科学化。①

在政府公用事业市场化之后，企业成为设施建设、运营管理的主体，直接作用于项目本身，掌握着项目技术与运营数据等方面的信息，这种信息不对称容易造成道德风险和逆向选择。在数字化城市管理方面，包括地下管线与空间综合管理、地下污水监测、供暖、水质监测、三维全景监控、数据交换共享平台、城市公共基础数据库的建立、突发事件预警等，政府在监管过程中，角色也发生了转换，从直接管理变成了宏观管理，从对企业负责变成了对公众负责和社会负责。但是与技术资金雄厚的中标企业而言，政府的技术能力存在严重

---

① 何颖，李思然. 新公共管理理论方法论评析[J]. 中国行政管理，2014(11)：66-72.

的不足，造成监管不专业的问题。利用新一代信息技术，或者引入专业化的监管公司，可以解决政府监管专业化问题。例如某地的垃圾填埋处理厂监管过程中，通过引入专业化的监管公司，利用先进的监管技术手段，开发了运营监管办公软件，充分利用计算机网络，实现了科学的监控和管理。专业化监管过程中，实现了监管内容的精细化，不仅包括了对项目本身指标的实时监控，还可以掌握企业的财务、设备管理、技术、经济、环保等多项指标。此外，在城市污水处理企业的专业化监管中，通过设置在各个位置的监测仪器，监管部门可以得到入水口水质、出水口水质、絮凝剂投放量、耗电量等多项专业化指标，转变了以往污水企业利用信息不对称问题、谎报监测数据问题。因此，新一代信息技术，有助于政府在公用事业监管过程中做到专业化，为政府政策的制定和实施提供专业化的监测数据。

（三）行业发展的规范化要求——为适应行业发展的规范化要求提供技术支持

市政公用事业市场化主体必将是民营化和企业化，为形成有序竞争的市场秩序和充满活力的竞争环境，需要一定的法律制度加以引导、规范，法律制度的执行和落实则离不开有效的技术手段。民营化是市场化的主体实现形式，如果缺乏强有力的监管手段，公用行业的民营化必然陷入无序竞争状态。这样将会导致公用事业公益性功能无法保证，市场化改革也将走进死胡同。只有借助科学的监管手段，厘清竞争关系，量化监管绩效，规范竞争行为，才能使公用事业进入既保障公益性又实现赢利性的双赢格局。

市政公用事业改革目前一个重要方向是公私协作，监管职能的转变要求重构政府监管体系，同时也对政府职能边界和监管能力提出新的要求，现代技术的运用则有助于理顺公私协作关系，强化监管能力。例如在天然气管道管理过程中，管道施工也运营具有价值高、使用周期长、使用地点分散、管理难度大等特点。传统的设备管理方法上存在着数据分散、统计时间长、转移时在账面上不能及时反映、信息反馈不及时等问题，从而导致设备重复购买，运营成本加大。并且主要依靠人的记忆，对设备信息、编号、型号等进行登记入库，不同部门之间协调难度大，设备保养、维修和更换配件等都要登记。程序的烦琐、技术的落后，使人员在操作过程中为了方便，往往不按照程序进行，监管也存在严重的不规范。通过射频识别技术，可以加强对天然气管道及设备的施工及运营提供准确的、动态的、实时性的数据，使项目的运营与监管都规范化。此外，在公用事业监管中，通过技术的运营，减少了监管部门的权力寻租空间，不仅规范了公用企业的运营企业，也使监管部门的监管逐步走向规范。

公用事业的安全性监管要求行业监管的规范化。在城市化进程中，市民的社区意识和权利意识日益增强，进而对周边环境和设施运行的安全性异常敏感。个别企业的管理漏洞、运行失范、维护不到位导致的种种风险和危害加剧了居民对公用设施的邻避效应。因此，亟须加强对公用行业规范化监管。监管信息系统集成有助于为理顺公私协作关系、强化监管能力提供决策支持，不仅为监管主体提供问题解决整体方案，而且为监管对象提供精益服务。

二、市政公用行业监管职能的科学化要求监管手段的现代化

市政公用事业监管内容主要包括：市场进入与退出的监管、运行安全的监管、产品与服务质量的监管、价格与收费的监管、管线网络系统的监管、市场竞争秩序的监管等。监管内容决定监管职能，公用事业政府监管的职能包括价格（成本）监管、质量监管、市场秩序监管、公共安全监管。这些监管职能的履行需要可靠的监管手段方可得以实现。

（一）成本、价格监管手段的精确化

公用事业必须建立良好的成本、价格形成机制，确定科学、合理的价格以使广大群众受益。然而，现实的价格形成机制存在着诸多的问题：其一，公共服务和公共产品的真实成本难以确定。广大的消费者公众很难知道企业运营的内外部确切成本，因而就很难确定合理的价格。其二，公用事业的收费标准不够一致。究竟是以企业的边际成本还是以企业的平均成本作为收费标准还没有完全的定论。如果按照边际成本定价的话则将导致企业的亏损，因为大多数公共产品或公共服务的边际成本是递减的，因而不存在供需均衡点。其

三，公用事业投资规模大、周期长，利益计算具有不确定性。这为科学、合理的价格机制的形成增加了难度。其四，公用事业的价格机制不灵活。公共产品和公共服务的价格涉及广大社会公众的切身利益，不能随行就市，完全按照供需规律办事，这就决定了公用事业的价格机制缺少相应的灵活性。中国公用事业中，水、电、煤气、暖气等行业，最早都采用由供需双方直接交易的计量收费方式，但是这种方式的计量方式比较粗放。特别是在供暖行业中一般使用建筑面积或者使用面积进行计算，这种方式不能反映供热质量的计量方法不能代表用户实际享受供热这一商品的实际价值量。由于中国目前的供热系统具有温度不可调控性，不同位置的房间其室内温度往往存在着差异，有的居民只能享受到18℃的服务，却要负担与享受22℃的供暖服务的用户相同的费用，无疑，这种计价方式有失公平；第二，按使用面积收取的热费与热量消耗无关，这种热费与热耗相脱节的买卖关系，使采暖用户缺乏节能的意识和积极性。由于目前大多数室内采暖系统温度调控功能缺乏，外网也无法适应动态调节，使得用户不能根据自身实际需要对室温自行调节，因而当室内温度较高时，通常只能通过开窗散热方式进行调节，导致热量无端损失。此外，建筑物的保温隔热和气密性差等差别，也会导致用户享受到的实际价值与成本相差较大。成本与价格监管的滞后，影响着市政公用事业市场化进程，也影响到监管手段的科学化。因此要求对成本、价格监管手段的精确化，但是传统的技术手段，无法实现这一目标，因此对现代化的技术监管形成了巨大的需求。

（二）质量监管手段的科学化

市政公用事业的经济学特征决定了政府必须对市政公用事业进行监管，监管的内容涉及规划建设、行业的准入及退出、产品服务的质量标准、价格、税收及补贴等。在完全市场化环境中，企业从追求自身效用最大化的目的出发将寻求垄断。这种垄断一旦形成，靠市场行为是难以打破的。由于城市公用企业所提供的服务和消费的不可或缺性，垄断形成后，企业必将通过垄断价格追求垄断利润。由于这种垄断价格不考虑社会各个阶层的承受能力，因而将带来严重的社会问题。在监管完全失效的情况下，企业将按照利益最大化原则确定企业的规模和经营方式，城市公用企业的利润和消费者利益均得不到保证，进而影响城市的生产和生活秩序，阻碍城市经济的发展。因此对市政公用事业进行监管是世界上各种经济体制国家普遍采用的做法，但是对公用事业进行监管之后，企业为了超额利润，存在降低公用事业产品的质量的问题，因此要求产品质量保持在良好状态是政府监管必不可少的。公用事业项目质量监管要求科学化，一方面要严格落实岗位质量规范、质量责任以及相应的考核办法，鼓励经营者制定严于国家标准、行业标准和地方标准的企业质量标准，质量责任落实到参与生产的每个人。此外，还要要求质量的"可量化"标准，例如2006年修订出台的《生活饮用水卫生标准》，就将106项指标分成常规检测项目和非常规检测项目两类，其中42类常规项目，各地必须统一检测。公用产品的质量监管时应参照"可量化"标准得到检测检验结果，这种结果应该是"非黑即白"即十分确定的，不应出现不确定的评价结果。"可量化"标准具有说服力，既是特许经营者生产产品应达到的标准又是质量监管的标尺，避免了出现产品责任时经营者推卸责任，也规避了监管部门的偏爱、包庇行为。质量监管的科学化要求更加先进的监管技术，才能在监管体制内保证质量监管的效果。

（三）市场秩序监管手段的精准化

中国的市场经济体制从计划体制转型而来，特别是公用事业的特殊性，正处于市场化转型的关键时期，政府监管也受到很多客观条件的限制，市场秩序失序现象严重。首先，存在着市场主体秩序混乱的现象，对于大多数公共事业企业而言，都还属于国营性质，部分存在特许经营权。对于国有性质企业而言，地方党政机关和权力机关，直接参与到市场经济活动中，既从事市场经营活动，又从事市场监管活动，成为政企不分的非正规市场主体。此外，还存在部分个体私营企业通过上缴"管理费"挂靠集体、国有企业甚至个人挂靠，导致市场经营主体身份模糊不清。其次，市场课题秩序也存在秩序混乱问题，目前主要表现为一些违反国家法律法规的非法市场客体的进入，为市场提供限制进入的产品和服务。例如很多地方都存在私油、私气，甚至还形成了区域性、集团性、大规模性的严重问题，冲击着合法的市场主体，也损害了经营者和消费者的权利。再次，商品交换是市场经济的基本特征，市场主体每时每刻都面临着各种各样的交换活动，营造良好的交易环境对市场主体的发展非常关键。但是在公用事业市场化过程中，由于法律和制度的缺失，市场交易行为混乱。公用事业提供的产品都是需求弹性较低的商品，价格的变动影响着大多数人的生活，但是价格的制定将消费者排除在外，特别是在水价、电价、天然气价格的制定过程中，企业具有很大的自主权，造成居民生活成本的上升。最后，市场秩序混乱还表现为市场竞争秩序的混乱，公用事业部门具有垄断经营的性质，但是由于体制原因，中国公用事业市场竞争体制不完善，导致出现市场竞争秩序混乱问题，特别是公用企业经营者限制竞争行为、商业贿赂、搭售或附加不可理的条件、串通招投标行为等。市场秩序监管不足，增加了交易成本，降低了公用资源的配置效率，损害了合法经营者和消费者的利益。

因此，应当对所有市场参与者进行全面监管，通过建立全国性的数据中心，将城市各个部门的数据进行联动，对企业经营性质、法人代表、经营数据、宏观数据等进行汇总，对用户端设备进行电子标签标示，实行产品责任追溯制度，从源头到用户实行动态数据化管理，杜绝扰乱市场行为。运用现代化技术手段，有助于对市场违规者进行及时有效地警示，对严重违法者进行快速精准打击。

（四）公共安全监管的动态化

随着中国城市化进程的加快，城市数量和规模不断扩张，人口的高度密集、工业化生产集聚、城市面积不断扩大、社会阶层日趋开放以及各种不确定因素增加，给城市的发展带来了极大的不稳定因素，也给城市公共安全监管带来了巨大的威胁和挑战。目前中国城市公共安全问题具有更大的爆发性、连锁性、衍生性和交叉性，传统和非传统的公共安全事件日趋频繁，例如兰州水污染、上海外滩踩踏事件、各类突发性暴力伤害事件、疫情传染等，严重地威胁到城市的运行和发展。传统的公共安全事件监管中，存在诸多问题，例如人工参与功能单一且效率低下、对事件没有任何感知和预测、各部门协调步调不一致、紧急应对措施杂乱、信息中断后无法联系和难以获得有效的动态信息等，这些问题的存在一方面在于监管体制落后，另一方面也说明技术存在不足。例如在城市河道监管中，虽然已经建成了视频监控装置，但是仍然采取了人工监视屏幕的方法。这种方法效率低下，只能做到事后监管，无法在事件发生的第一时间发现问题，更不能在事件发生之前有所预测。智慧城市通过更加透彻的感知、全方位的连通和高度的职能化，使城市具有自感知、自预防、自应对危机的特性，实现更加安全的城市感知，无论是抵御自然灾害，还是防御和处理认为灾害等，利用新一代信息技术，可以实时收集观测点的数据，针对公共安全事件，可以实现零距离感知。针对人工监管的弊病，通过图像智能识别程序，借助广泛的捂脸网设备，实现零距离感知，做到事先预防预警、智能回馈信息，科学分析决策，果断采取救援，无缝隙沟通协作等，实现公共安全监管的动态化，确保城市居民生命和财产安全。

三、市政公用行业监管创新需要现代技术支持 [①]

（一）为市政公用事业监管模式创新提供技术支撑条件

技术进步改变了城市公用行业的技术经济特征和市场结构，也加大政府监管的难度和复杂度，亟须监管模式发生变革。首先，技术进步会使原来的自然垄断业务失去自然垄断性。例如，通信卫星和微波等无线技术使长途电信服务不再具有自然垄断性。其次，技术进步会增加原有垄断服务的可替代性，从而降低原有垄断者的市场势力。例如，铁路运输业原本在陆地运输领域具有垄断地位，但技术进步使得公路、水运、管道运输对大部分铁路运营构成了有效的竞争压力。最后，技术进步会使不同产业之间的传统边界变得模糊甚至趋于消失，业务融合使得市场结构发生改变。

公用事业设施网络性在ICT条件下可借助新技术进行监管创新：

1. 监管主体的创新。目前的监管体制中，政府和相关的监管部门是市政公用事业监管的主体，其他人群参与较少。一是由于体制限制，其他主体的监管

---

① 杨雪锋，石洁星. 智慧化技术对城市公用事业的支撑与变革[N]. 中国城市报，2015-07-27.

意见很难被收集；二是由于技术限制，即使其他主体协助监管，现有的分析技术也无法对大量的、多渠道的信息进行及时处理。借助于市政公用事业监管平台，给其他主体统一的反馈途径。利用数据挖掘技术，对反馈的问题进行分类汇总，提高监管效率。

2. 事后监管转变为事前事中监管。传统的公共事业监管中，大都在事件发生之后进行管理，虽然制定了监督和处罚措施，但是仍然属于事后监管，仍然给城市的运行造成了影响。借助于物联网和云计算技术，通过对收集的数据进行实时分析，通过警报值的设定，可以做到事前监管。例如在城市内涝监管中，通过对现有的城市积水情况、未来的雨情分析，事先做出决策，避免出现大规模内涝问题。

3. 监管范围创新。在传统监管模式中，根据事权划分，行政机构对辖区进行管理。但是对于一些跨区域的行业而言，例如河道监管中，污染源的污染范围往往超越了自身所处的辖区，建立在属地管理基础上的监管体制面临事权分割的挑战，不仅关系到依法行政的落实，也关系到监管的效率。借助于ICT技术，可以建立一个统一的监管平台，并且与区域外的更大的平台相链接，发挥监管平台的中枢作用，分配好各个区域内的事权，破解属地管理中的难题。

智慧市政公用事业监管可以重塑政府管理模式，包括公共组织结构扁平化、政府管理模式弹性化、政府管理效率提升；实现组织决策创新、组织方式创新和组织结构创新（沈姗姗，2014）。

（二）为整合市政公用事业监管职能提供系统集成方案

市政公用事业的监管内容决定了其监管的职能，主要体现在价格成本监管职能、质量监管职能、市场秩序监管职能以及公共安全监管职能等方面。市政公用事业政府监管需要在整合监管职能的基础之上产生绩效。基于此，不仅要让智慧城市技术运用于市政公用事业政府监管各个方面，包括市场进入与退出的监管、运行安全的监管、产品与服务质量的监管、价格与收费的监管、管线网络系统的监管、市场竞争秩序的监管等等，从而实现成本和价格监管手段的精准化、质量监管手段的科学化、市场秩序监管手段的科学化以及公共安全监管的动态化，而且要把这些信息进行互联、职能进行整合、手段进行重组，这些都需要一个平台进行集成。

市政公用事业管理过程中，在条块分割的管理体制下，政务服务事项按行业、行政划分后碎片化严重，权责清晰、标准规范、统筹协同的政务服务体系难以形成，由此带来政务信息资源孤岛普遍存在，政务服务的运行、管理和决策成本较高。此外，由于政务服务手段单一，服务事项的设立分布以委办为主，以公众需求为导向的多元化融合服务有待提升。同时，政务服务的内部运行和外部服务信息化支撑水平均偏低，各级发展水平不均衡。随着城市发展，公共事业部门由于业务发展快，业务量增长迅速，IT系统性能持续下降，对其进行性能优化也成了当务之急的事情。通过系统集成，建立同业务审批、融合行政服务、信息资源共享、全程效能监察四大平台，具有审批职能的各部门之间实现业务协同，跨部门信息实现共享，行政审批实现全过程、全覆盖，创新服务方式、整合服务渠道，增强公众服务体验，不断提升行政服务能力和水平。此外，通过系统集成，建立全市统一的监管平台，快速掌握全市监管部门的故障和报警状况，并能根据报警的关联性进行分析，帮助运营和维护人员进行快速定位故障。

（三）为克服信息孤岛效应、推进市政公用事业政府监管的整体性治理提供技术支持

中国智慧监管建设由于新一代信息技术和国家政策的推动在全国各地迅速推进，并且形成各具特色的发展模式，但是当前研究中还存在一定的误区，主要表现为：① 对市政公用事业的智慧化监管还没有形成系统化的界定，主要表现为概念的滥用，由此引发认识上的混乱；② 重技术而轻管理，过分强调技术在智慧监管中的作用，而与技术改进同步进行的政府管理模式却鲜有研究；③ 将智慧监管等同于智慧监管技术，认为只要建成了智慧监管的基础设施，就等于实现了智慧监管，原因在于对智慧监管还没有一个全面认识。

智慧城市的建设要对各种需求做出更快、更加智能的响应，提高城市管理的效率（巫细波，2010），"以人为本"和服务民生是市政公用事业智慧监管的核心原则（许庆瑞，2012），使城市居民都享受到安全、高效、便捷、绿色

的城市生活，最终实现全面的"智慧民生服务"（《杭州市智慧城市建设总体规划》）。中国公用事业监管中，环保部门早在1999年就推出了污染源监控系统，并且制定了一系列的数据传输、信息交换标准规范，建立了企业、污染源、监测点、仪表等对象及关系模型，为管理层提供总量控制和减排评估等管理系统。智慧环卫、智慧固废、智慧水务等在全国多个城市已经开始试行工作（江晨，2014；田雨，2014）。此外，智慧城市逐渐在城市交通、食品安全、燃气、电力等多个公用事业部门中得到推广。但是与区域内及区域外其他城市的协同与联动机制研究较少，造成区域间的"信息孤岛"现象普遍存在。[①]

城市化进程加快日益暴露出市政公用事业管理的许多问题，很多城市在管理机制、管理模式和水平方面都远远达不到中国城市发展的速度，并且不能满足市民对城市环境等方面的需求[②]。这些问题需要通过信息全面感知、互联互通，为推进整体性治理提供信息支持。

四、智慧化技术对市政公用行业监管创新的支撑功能

信息化与城市化，推动着城市的快速发展，信息技术与城市的融合，也推动了市政公用事业监管不断创新。大数据时代，监管手段要能为监管主体在精准监测、及时反馈、快速决策、趋势预测等方面提供支持。[③]

（一）信息功能

社会经济和城市的高速发展，信息已经成为经济和城市发展的推动力和关键要素。利用信息要素改造城市发展，提升市政公用事业监管水平，已成为世界各国提高城市综合竞争实力的重要途径。建设高效、可持续的智慧城市信息服务体系，对于提升市政公用事业监管水平，推动城市管理信息化和智慧化的快速发展具有非常重要的现实意义。新一代信息技术的信息服务功能具有六个特点：① 把城市里的公共设施通过物联网、互联网、传感设备等联系起来，能

---

① 杨雪锋，未来. 智慧城市当"慧"而又"惠"[N]. 中国城市报，2015-05-25.

② 宋刚，邬伦. 创新2.0视野下的智慧城市[J]. 城市发展研究，2012(9)：53-57.

③ 杨雪锋，石洁星. 智慧化技术对城市公用事业的支撑与变革[N]. 中国城市报，2015-07-27.

够随时随地地采集、传递、处理信息，时时感知、监测城市的运行；② 通过互联网与物联网的高度融合，可以把城市中的海量数据整合起来，形成一个整体，使城市协调运行；③ 通过对信息技术的使用，不仅能够收集、传递信息，还能够对信息进行分析，自动化对城市运行进行控制；④ 大力发展全社会的力量在智慧城市基础设施和信息技术等方面的创新活动，推动城市的快速发展；⑤ 建立在智能化的基础设施基础上，每个关键系统和相关者协作，使城市高效运行；⑥ 信息资源是支撑智慧城市运行的关键，信息服务平台把整个城市的信息、数据、应用、服务等整合起来再分配，达到节约成本、拓展应用的效果。市政公用事业监管是一个庞大而复杂的工程，需要具有战略远见，还要建立在充分考虑考虑各个领域之间关系的基础上，为市政公用事业监管提供创新的信息服务功能。

（二）预警功能

城市规模的扩大要求城市管理体制不断创新，传统的城市管理中，部门分割严重，信息共享机制缺失，导致公用事业无法实现提前预警，等到发现问题时，基本都已经造成了严重损失。因此现代城市管理需要有提前的预警措施，使用信息化、智能化的基础设施作为城市管理的支撑。通过基于SOA架构的智慧城市应用平台，能够将应用系统抽象成为一个个粗粒度的服务，采用面向服务的EBS平台进行系统整合，能够解决智慧城市建设过程中的"信息孤岛"问题，提高部门间的协作能力，通过信息共享，提高部门之间的预警能力。在城市内涝管理过程中，利用物联网技术，通过有线和无线网络，对城市雨量信息进行采集。利用云计算技术，借助洪水管理模型对大数据进行处理，可以模拟出城市各地内涝情况，提前发出预警通知。在天然气监管过程中，利用物联网设备、视频设备和红外线摄像机，实时对监管对象进行监控，一旦出现泄漏，及时发出预警信号，使工作人员有充分的时间进行检修。再如城市的交通管理中，通过视频设备以及智能识别程序，可以实施监控城市中道路的运行情况，及时对城市拥堵情况进行预警通知。通过城市交通服务平台，向车主发出通知，避免城市拥堵。通过新一代信息技术的运用，综合运用射频识别、视觉采集、红外感应、无线定位、激光扫描等技术，对城市各类要素进行智能感知、识别、定位、跟踪、监测和管理，及时有效地甄别城市风险信号，促进城市预警机制的创新。

（三）决策支持功能

政府决策过程是一个完整的、动态的、开放的过程，包括政策问题的前期收集、问题信息的审核、问题成为公共政策议题，解决方案的初步拟定、方案的制定与完善，政府的执行与反馈等相关程序。就公共事业的监管而言，新一代信息技术拥有更加先进的技术手段和前卫的发展思路，使政府的决策过程更加的科学高效。首先，在决策制定的主体中，政府掌握着主动权，企业、组织和个人，很难进入到政策的制定过程中，或者即使能够进入到决策制定过程中，政府也往往会将自己的价值考量建立在忽视其他主体的能动作用上。当决策出现错误时，政府不得不重新审视民众的诉求。但是利用新一代信息技术，能够使其他主体充分参与到决策制定中，不仅降低了民众参与的成本，还提高了民众参与的效率。其次，在信息获取与决策咨询过程中，传统政府机构横向职能交叉多，信息逐级传递，不仅导致具体做事的人少，而且中间增加的传递过程使信息失真、办事效率低下。大数据技术依托于海量数据，通过新一代信息通信技术，政府实现了电子智能化办公，提升了政府应对庞杂的城市建设问题的功效，为政府决策的制定提供科学支持。再次，在决策的监督过程中，传统城市中，由于技术设备落后和不完善，网络媒体没有能够形成一种影响社会的能量，而且对政府决策表现出极大的不信任。在智慧城市中，政府决策的制定更加的透明化，打破了政府在决策监督环节中的领导权，避免了官员的隐性监督问题。最后，在决策的执行和效果反馈环节中，当政策实施的主体和客体都发生了重大改变，在缺乏技术实时完整传达信息时，传统的执行和反馈过程效率低下。但是通过强大的数据仓库的决策支持系统，执行者能够根据以往的经验进行路径转换，并且可以实时获得反馈信息，以便于执行者对政策进行后期的价值考量。因此，新一代信息技术的运用，能够创新决策支持机制，提高政府决策制定、执行、监督和反馈等各个环节的效率。

（四）应急保障功能

应急保障作为贯穿于应急管理全过程的物质基础和智力支持，是对包含物力、财力的硬性资源，和包含人力、信息技术及制度建设的软性资源两个层面上的综合管理。中国现行的应急保障管理受到传统"管理"思维的影响，政府作为绝对的唯一管理主体，以行政命令和纯社会动员为主要手段，权责划分不清，条块分割严重，信息、资源流通不畅造成交叉管理的盲点，有管理而无系统化管理。目前中国各行政区域、部门都有其各自的应急保障体系，依据其各自的经济实力和行政支持度的不同，应急保障体系也存在巨大的差异性，优劣、完善程度不同，缺乏全国统一、整合、动态协调的应急保障网络。这不但造成区域间、部门间、行业间的重复资源建设，提高成本，且面对大规模、影响程度极大的突发事件时，条块分割的状况也大大阻碍了应急保障资源的横纵向调动，造成人为性应急延误，降低了应急保障的能力。以应急物流交通为例，目前，中国各地、市、国防动员委员会都建立有相应的交通战备办公室，但各交通战备办公室只对本地、市的交通道路、运输专业人员和运输机具的数、质量等情况有规划和管理，不能对辖区所属专业人员、器材物资、运输机具进行区分配置和组建交通战备保障力量，更不能与全国其他地区，特别是邻近地区的保障体系相联结，难以形成保障资源的互补互给和紧急调运。通过建立健全网络信息共享平台，将网络各参与主体的各种资源信息进行整合归纳到统一的平台，以网络技术、通信技术等技术手段和传媒组织为联结方式，建立信息公开机制，实现信息的自由、交叉流通，以避免因信息不畅而造成的重复性建设及资源配置不合理，造成因信息拥有的不公平而引起应急管理的滞后、失序和高成本运行所带来的应急资源和被救对象不必要的损失。

第二节　市政公用行业智慧化技术集成

智慧监管技术众多，如何智慧化的集成各种智慧监管技术，将其应用到市政公用事业政府智慧监管的行业当中就成为智慧监管能否完美实现的关键因素。

一、智慧监管的需求分析与顶层设计

"十二五"以来，各地政府纷纷加大智慧城市建设的政策引导和资金支持力度，网络基础设施建设和信息管理应用取得了长足的发展。但是，城市信息化的发展对市政公用事业政府监管的监管效率、专业化手段和行业发展规范提出了新的要求，迫切需要解决如下问题：城市"感知"节点远远不够，无法满足精细化管理需要；城市各部门业务系统呈现信息孤岛态势，跨部门协同能力较弱；城市管理海量数据处理和分析能力不足，无法满足城市管理综合监控和智能化决策的需要等。因此，需要通过新的视角、新的思路、新的技术手段和更加全面系统的方法来加以解决和实现。

智慧化的市政公用事业政府监管原则主要考虑以下三个方面：

1. 以人为本——以人为本的民生服务。"以人为本"是智慧城市建设的核心理念，同时也是市政公用事业智慧监管的核心原则。其内涵是以城市生态系统中的"人"为焦点，最大限度地为城市中的"人"提供医、食、住、行、游、教等方面全面细致的服务，使城市居民都享受到安全、高效、便捷、绿色的城市生活，最终实现全面的"智慧民生服务"。

2. 集约高效——集约高效的行业体系。面对日益严峻的国际挑战和资源环境约束，未来在市政公用事业政府监管行业的监管方式上应以信息技术与传统监管模式融合为手段，加快提升市政公用事业政府监管智能化水平。从国外已有的经验来看，智慧城市的建设与发展，将催生出一批新的行业监管模式，同时也将促进现有监管行业快速发展，智慧城市的发展将以市政公用事业政府智慧监管为准则，从而推动整个城市的良好运转。

3. 科学合理——科学合理的规划管理。在城市中，至少包含了市民、工商组织、政府部门、公共设施（交通、通信等）、环境资源（水、能源等）等核心系统，这些核心系统相互联系并且交互利用。在城市化进程飞速发展的今天，以上系统不仅受到了来自各自内部的挑战，还面临着相互关联的挑战。如频繁的商务活动将加重公共设施系统的负担，公共设施系统的运行将占据大量的环境资源，市民的素质会影响公共设施的利用效率等。

二、基于 SMART 模型的智慧监管技术体系框架

"智慧"一词本用于形容人对事物有迅速、灵活、正确的理解能力和处理能力。将其注入城市的概念中，便也使城市具备了人的思维能力，增强了城市系统的自适应与自调节的自组织能力，提升了其运行过程中系统本身的稳态，总而言之，"智慧"让城市变得更聪明了。

（一）SMART概念模型

市政公用事业政府智慧监管可以从SMART理论模型的五个层面出发，通过运用物联网、云计算、大数据等先进的信息技术（T）和利用现有的与开发的资源（R），建设完善各领域各类应用平台（A），提升城市的管理质量与水平（M），为公众提供更加智慧、便捷的服务（S），如图7-1所示。

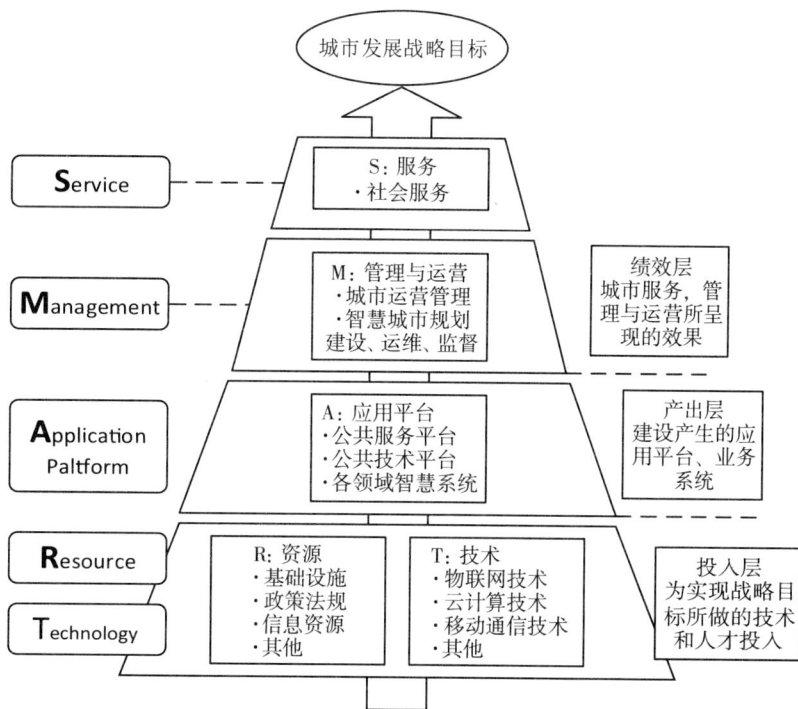

图7-1　市政公用事业政府智慧监管SMART概念模型

资料来源：根据罗文主编的《智慧城市诊断评估模型与实践》（人民邮电出版社.2014年）改编。

（二）SMART技术框架结构解读

上述概念模型可以用SMART技术框架描述，SMART的五个字母正好代表了信息社会背景下城市发展的五大关键要素，即服务（Service）、管理与运营（Management & Maintenance）、应用平台（Application Plat）、资源（Resource）与技术（Technology）。SMART概念模型从下向上反映整个市政公用事业政府智慧监管的建设路径，即以资源、技术投入为基础，建设生产各类应用平台，通过平台广泛应用于市政公用事业的各个方面，推动城市治理综合能力与社会服务水平；SMART概念模型从下而上展示市政公用事业政府智慧监管的发展路径，即以不断提升社会服务水平为建设目标，以提高市政公用事业政府智慧监管能力为重要任务，以应用平台的广泛使用为主要手段，以信息技术水平为监管水平提升的主要推动力，以社会资源的丰富和完善为重要基础，全面推进市政公用事业政府智慧监管综合水平。

（三）SMART技术框架要素分析

市政公用事业政府智慧监管SMART概念模型的五个层面分别对应五大要素，即服务、管理、应用平台、资源和技术。从层次结构看，服务位于顶层，体现出城市发展的战略目标；管理紧跟服务，反映二者联系；应用平台作为支撑手段，保障管理活动的有效进行；资源和技术则是应用平台改造升级的重要基础和支撑手段。五大要素形成合力，推动市政公用事业政府智慧监管水平持续提高。

服务的产生源于需求，而需求的发展很大程度也受到市政公用事业政府监管水平的影响。从电子城市、数字城市，再到智能城市、智慧城市，公众服务需求层次也逐步实现从量变到质变的飞跃。

管理与运营是政府、厂商、科研机构等多个主体参与规划、运营、维护和监管的一个完整过程，该过程具备资源集约、公正透明、协同配合、决策支持、监督评价等特征。

应用平台具有统一性、开放性、安全性等典型特征。狭义的应用平台主要指各个领域实现智能处理的信息系统，而广义的应用平台还包括面向企业和个人的、整合领域内部资源或跨领域资源的、能提供统一管理服务的软硬件环境。

资源可以分为自然资源、基础设施资源和信息资源三大类。其中，自然资源是限制监管水平发展的重要因素，基础设施资源是市政公用事业政府监管的物质基础，信息资源则是市政公用事业政府监管的重点资源。

技术在SMART概念模型中的主要作用是提升应用平台的运作效果。在诸多技术手段当中，下一代互联网技术、新一代移动通信技术、云计算、物联网、智能网络终端以及宽带网等信息技术最为关键。

三、智慧监管实施路径及效果评估

在SMART概念模型的基础上，还需构建市政公用事业政府智慧监管综合运营系统，以实现市政公用事业政府监管的智慧化集成。

（一）构建智慧监管系统

市政公用事业政府智慧监管综合运营系统是一个信息整合平台及协同服务平台。该系统面向城市管理者，从市政公用事业政府监管角度出发，将原有和新建的各类业务系统依据统一的标准进行接入，实现市政公用事业运营管理信息资源的全面整合与共享、业务应用的智能协同，并依托于市政公用事业信息资源数据库，为城市管理者提供智能决策支持。通过市政公用事业政府智慧监管综合运营系统的建设，城市管理者能够及时全面了解城市运营管理各个环节的关键指标；以智能分析预测等手段，提高管理、应急和服务的响应速度；逐步实现监管模式的转变，由被动式管理向主动式响应转型；并以高效率的跨部门智能协同提升城市管理和服务的水平，从而不断向"智慧化"的市政公用事业运营目标迈进，如图7-2所示。

（二）智慧监管实施路径

市政公用事业政府智慧监管依托市政公用事业政府智慧监管综合运营系统，并以全面透彻的感知、宽带泛在的互联、智能融合的应用、以人为本的可持续创新为建设方向[①]。

---

① 罗文. 智慧城市诊断评估模型与实践[M]. 北京：人民邮电出版社. 2014：95.

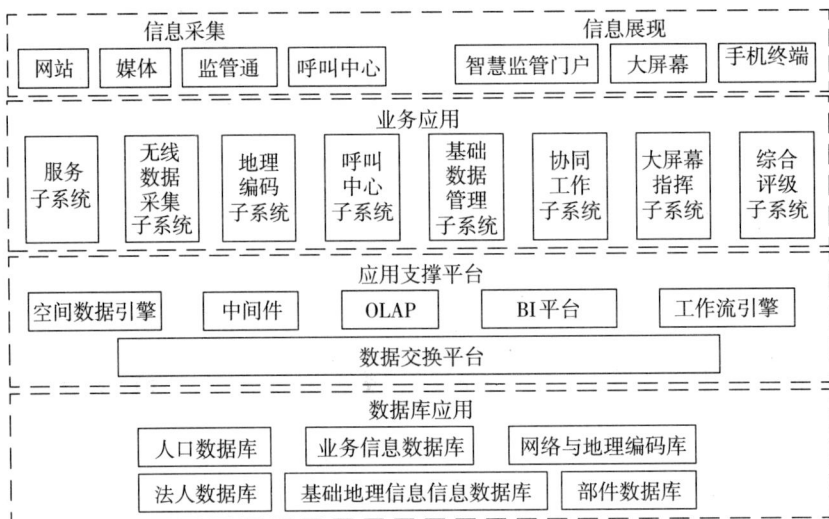

图7-2　市政公用事业政府智慧监管综合运营系统

资料来源：罗文. 智慧城市诊断评估模型与实践[M]. 北京：人民邮电出版社，2014. 改编。

1. 完善顶层设计

智慧监管应当根据各个行业的性质、功能、特点和历史事先做出顶层设计，建立长远发展的制度保障，包括监管基础设施建设的目标和任务，以便在监管过程中有章可循、循序推进。还要完善监管内容，构建和落实各个监管部门负责的业务范畴，以方便在监管过程中的分工和协调。前期的规划设计中，要统一建设步伐，明确城市各个部门所承担的责任义务，以便智慧城市建设中的分工合作及利益协调，避免自建体系、各搞一套。同时，建设智慧城市应兼收并蓄各部门已有的信息化成果，以最大限度地整合资源，避免低水平的重复建设。在条件尚未成熟阶段，可以在部分行业和领域先行试点，等时机成熟之后再以点带面进行推广。

2. 丰富应用内容

公用事业政府监管市场化是推动监管事业健康发展的前提，政府应当依托市场的"无形之手"，充分发挥市场对资源的配置作用，通过价格、竞争等市场手段来创造多样化、个性化的监管应用。在这个过程中，政府首先要做好自身定位，处理好政府与市场的边界，监管的主体与客体，还应当走出"政绩工程"的误区，为智慧监管创造良好的外部环境，使智慧监管真正成为惠及民生的"德政工程"。其次，要强化企业的市场主体地位，由企业来主导和开发应用内容，在资本逐利化的过程中，政府制定必要的监管措施，规范市场行为。最后，应用要以人为本，充分考虑市民的感受，及时对市民的需求进行必要的反馈，引导市民正确认识和使用智慧监管应用。

3. 技术人才保障

智慧监管是信息技术的创新和应用，是以物联网为核心的新一代信息技术对公用事业监管进行智能化改造的结果，智慧监管建设必须依托于技术创新和战略性新兴产业的发展。首先，要优化技术创新的环境，加强技术开发、应用实验、评估监测等方面的平台建设，着力推进企业与高校、科研所的产学研合作，增强企业之间的合作，优化智慧监管技术创新的软硬件环境。其次，要以智慧技术创新为依托，衍生全新的产业形态，促进产业结构升级。智慧监管技术的发展有利于孕育基于知识和信息的新兴支柱产业和先导产业，催生战略性新兴产业集群。最后，还要加强技术研发关键人才的培养，为智慧城市发展提供智力支持；要充分整合研发力量，针对智慧监管建设的关键技术研究，培养壮大一批掌握先进智慧监管技术的专业人才队伍。

4. 智慧信息整合

通过智慧化的资源整合，连通各个公用事业行业之间的"信息孤岛"，切实解决监管过程中的资源分散、系统分建和管理分治的格局。首先，要在技术上实现行业标准的统一与规范。目前中国公用事业智慧监管技术上缺乏国家标准，在诸多领域仍然采用了国际标准。因此要统一的信息化架构标准，实现跨系统技术集成与资源共享，发挥政府、企业和行业协会的积极作用，推进信息技术基础标准、信息资源标准、网络基础设施标准、信息安全标准、应用标准和管理标准等应用规范和技术标准体系建设。加强国际合作，积极参与国际标准制定，提升中国在物联网、云计算、3S等智慧监管相关技术领域的标准制定的话语权和主动权。其次，在管理上，完善城市综合管理运行体系，构建城市部门之间横向融合、纵向贯通的合作机制。即横向上与同等级的部门之间保持密切融合的业务合作关系，纵向上与政府其他级别的部门之间，甚至省市之间保持持续贯通的沟通合作关系，以此打破智慧城市建设中行政分割、管理分治的不利局面。

（三）智慧监管效果评估体系

基于对市政公用事业政府智慧监管综合运营系统的设计和智慧监管的实施路径，市政公用事业政府智慧监管效果的评估指标可以从监管信息采集、监管信息管理、监管服务三个方面进行考察，如表7-1所示。

市政公用事业政府智慧监管效果评估指标及说明　　　表7-1

一级指标	二级指标	指标说明
监管信息采集	智能终端使用情况	数据采集的数字化水平，能否借助智能终端对现场信息进行快速、准确地采集与传送
	数据采集共享	同一信息采集后能否快速提供给所需部门
监管信息管理	监管信息整合质量	对市政公用事业监管部件（如供水管道、燃气管道、垃圾中转站等）相关信息整合的完整度、准确度、及时性
	监管信息流畅度	市政公用事业监管监督员、社会公众、市级平台市政公用事业监管问题的"受理—审核—定位—处理"等流程的流畅程度
	协同管理水平	市政公用事业监管各部门在事情处理过程中能否实现协同管理
	管理手段信息化	空间网格、地理编码、工作流、WebGIS等技术对信息管理过程的支撑情况
	监管信息人性化	是否支持用户通过Web网络、智能终端等在线修改市政公用事业监管部件信息
监管服务	服务渠道多样化	用于发布市政公用事业监管信息的渠道种类
	信息发布的实时性	发布信息的延时控制在合理范围内（不超过5s）
	信息内容的丰富性	提供满足多种需求的市政公用事业监管信息服务（如城市供水管道、燃气管网、垃圾中转站信息等）
	监管信息服务满意度	问卷调查市政公用事业政府监管者对已提供的市政公用事业监管服务的平均满意度

资料来源：罗文. 智慧城市诊断评估模型与实践[M]. 北京：人民邮电出版社，2014：96-97.

（四）智慧监管技术应用

市政公用事业政府智慧监管综合运营系统的实现依托于智慧监管技术。智慧监管技术在市政公用事业政府监管中的应用途径多种多样，具体表现在供水、供气、固废处理等多个领域。这里以基于三维GIS的城市地下管网规划辅助系统和基于RIA开发模式的城市水务管网预警三维展示系统为例。

1. 基于三维GIS的城市地下管网规划辅助系统

传统的市政管线的规划设计及审批主要依靠多专业叠合的二维"平面图+剖面图"，图面繁乱，不够直观，对于多管交叉的复杂部位表达不够充分，且难以进行全面的分析。而三维技术恰好能弥补这些缺点，在地下管网的展示及规划管理中更具优势。

（1）系统建模工具简介

三维GIS是模拟、表示、管理、分析客观世界中的三维空间实体及其想过过信息的计算机系统，能为管理和决策提供更加直接和真实的目标和研究对象。三维GIS突破了空间信息在二维平面中单调展示的束缚，可以更加准确真实地展示现实环境，为信息判读和空间分析提供了更好的途径。某些特定的分析功能，如地质分析、日照分析、空间扩散分析、通视性分析等高级空间分析功能仅能在三维GIS中实现。

（2）系统设计与实现

结合城市地下管网规划编制、审批、决策的业务需求，在成熟的自主三维GIS平台CityMaker上开发针对管线的功能模块插件，最终将地上、地面、地下数据无缝集成在统一的三维GIS系统中，可以实现对城市地下管网数据的管理规划分析和应用分析[①]，如图7-3所示。

2. 基于RIA开发模式的城市水务管网预警三维展示系统

城市水务管网预警三维展示系统可为城市水务系统应急辅助决策提供可视化场景和数据应用支持，而现有水务管网预警系统功能简单，开发技术陈旧。为满足城市水务系统应急辅助决策对二维和三维数据展示与分析的需求，可以以RIA开发模式为载体，运用ArcGIS、Skyline、TerraSuite、Flex和Java等系统技术框架与建设流程，设计城市水务管网预警三维展示系统，从而服务于城市水务管网方面的防灾、减灾，以及辅助决策。

---

① 陶迎春，郑国江，杨伯钢. 三维城市地下管网规划辅助系统研究[J]. 测绘通报，2013(10): 95-98.

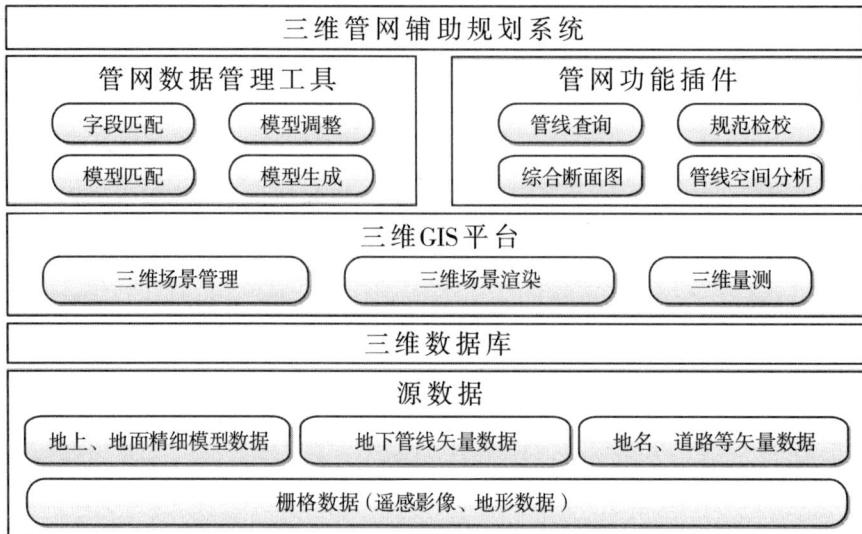

图7-3 三维GIS城市地下管网规划辅助系统架构图

资料来源：陶迎春，郑国江，杨伯钢. 三维城市地下管网规划辅助系统研究[J]. 测绘通报，2013(10)改编.

（1）系统建模工具简介

RIA是Rich Internet Applications的缩写，翻译成中文为丰富的因特网应用程序（Macromedia中文网站翻译为Rich Internet应用程序），是集桌面应用程序的最佳用户界面功能与Web应用程序的普遍采用和快速、低成本部署以及互动多媒体通信的实时快捷于一体的新一代网络应用程序。目前WEB领域和桌面软件领域正逐步向RIA靠拢，预计三、五年后RIA的时代将会完全到来。

（2）系统设计与实现

城市水务管网预警三维展示系统的建设目的是实现城市水务系统应急辅助决策信息的展示与应用。因此在该系统中，建立二维和三维GIS分系统，分别实现二维图层与三维场景的显示与应用，以及二维与三维分系统视窗间的联动。二维分系统包括图层显示控制、双向查询与定位、空间量算、地统计分析、网络分析、地图制作、地图输出，三维分系统包括风暴潮场景漫游控制、双向查询与定位、三维地形分析、三维通视分析、三维最短路径分析，如图7-4所示。

依据系统功能设计，以及系统建设的技术新颖、系统跨平台丰富用户体验等原则，可以设计城市水务管网应急展示系统中二维地图展示、三维地形与场景建模及场景发布的技术架构[①]。

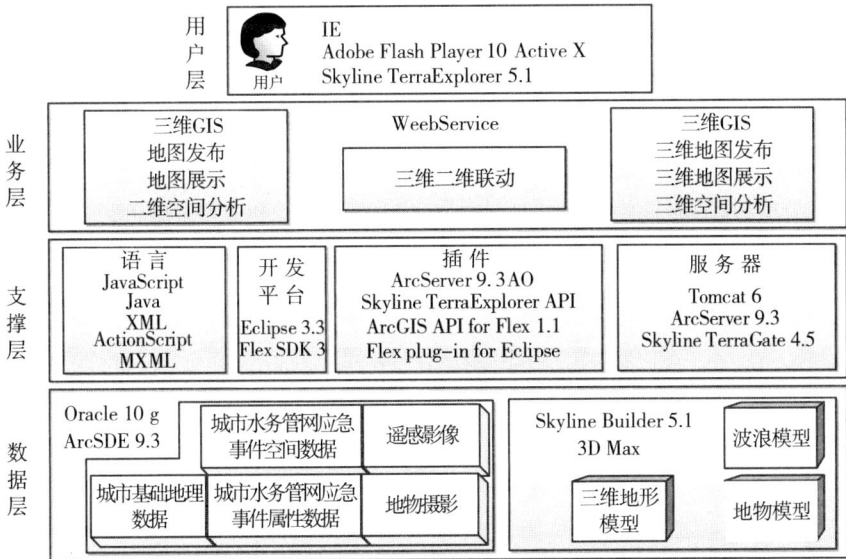

图7-4　城市水务管网三维展示系统的技术架构

资料来源：根据袁小华等人的《基于RIA和Skyline的城市风暴潮灾害三维展示系统》（《计算机应用与软件》2012年第1期）改编。

四、面向对象服务体系（SOA）应用分析

面向对象服务体系（简称SOA）是在互联网环境下，各行业构建信息化基础设施和促进信息资源开发利用的有效方法，也是实现城市管理机构跨部门、跨系统信息共享和业务协同的技术方案。当前，SOA被认为是智慧监管的重要支撑技术之一。

（一）SOA架构

1. SOA相关概念

SOA（面向服务的体系结构，Service Oriented Architecture）是一种架

---

① 袁小华，郑宗生，金永福，等. 基于RIA和Skyline的城市风暴潮灾害三维展示系统[J]. 计算机应用与软件，2012(1): 109-112.

构模型，可根据需求通过网络对松散耦合的服务（即应用程序的不同功能单元）进行分布式部署组合和使用①②。SOA可以看作是B/S模型XML/Web Services技术之后的自然延伸，但与B/S模型和Web Services技术存在区别③。与B/S的区别在于，SOA更着重强调软件组件的松散耦合，并使用独立的标准接口④。与Web Services的区别在于，SOA并非一种具体的技术，而是一种软件架构思想与模型；Web Services是一种通过Internet HTTP Protocol来连接服务的SOA，是实现SOA的核心技术，但SOA并不局限于Web Services⑤。

2. SOA与市政公用事业政府智慧监管

市政公用事业政府智慧监管是智慧城市监管的重要组成部分，是以信息服务为基础，为人们的衣食住行提供便利，以提升人们生活水平为目标的现代智能服务系统。而SOA就能帮助服务需求者轻松快捷地了解城市信息，提高办事效率。对于城市管理者而言，SOA是支撑其进行城市顶层设计的重要方法，具体表现在以下三个方面。

（1）敏捷的服务提供

敏捷的智慧服务可以支撑和快速响应市政公用事业政府智慧监管的业务需要。服务的敏捷性包括两个方面：一是服务能在业务提出变化之后的一个恰当时间段内响应这种变化；二是服务所做出的变化能够恰当地反映出业务的需求。

SOA是服务支撑体系的重要组成部分。通过服务的统一管理与调度，实现基于授权的应用服务调用，提供智慧信息和专题分析的共享调用，适应市政公用事业政府智慧监管相关单位信息共享与服务支撑的需要，支撑各部门的智慧应用建设。

（2）深度的数据共享

随着城市管理工作内涵的不断扩充与丰富，市政公用事业政府智慧监管对

① 罗静，党安荣，毛其智. 基于SOA的数字城市规划集成平台框架研究[J]. 计算机工程与应用. 2008(23)：8-11.

② Thomas Eri, et al. Web service contract design and versioning for SOA[M]. Beijing: TelecomPress, 2010.

③ 杨丽娜，彭玲，池天河等人. 基于SOA的数字城市公共平台设计与实现[J]. 测绘科学，2014(6)：230-232.

④ Natis Y V. Service-Oriented Architecture Scenario[M]. New York: Gartner Group, 2003.

⑤ Gartner Group. 2004. SOA and Web Services: Two Complementary Talents[EB/OL]. [2010-05-05]. http: //www. gartner. com/DisplayDocument? doc_ cd=114358＆ref=g_ SiteLink.

数据共享的要求也不断提高。这就要求智慧监管从技术支撑上采用标准化、松耦合、可扩展的基础架构，以适应不断变化的业务需求。

SOA在基于松耦合的服务架构解决异构应用间的信息共享、基础及协同方面，有着天然的优势。采用SOA的设计思想，将大量数据进行整合，基于数据标准及服务，实现城市数据的深度共享，连接政府部门、企业和个人。让城市数据可以为政务、交通、医疗、商业、个人生活提供更有效的支撑，使数据更加"智慧"，使城市更加"智慧"。

（3）广泛的业务协同

市政公用事业政府智慧监管过程中资源之间协同工作模式，以SOA为基础支撑，将业务构件从各部门业务系统中抽取出来，提高各部门业务构件的可复用性；融合业务流程中间件调度各业务服务构件、人工活动和业务流程等，用编排的方式将各业务组件组成一个个业务流程，并使其能够用来建立更为复杂的组合流程。

在市政公用事业政府智慧监管过程中，各部门系统间的业务协同可以分解为两个关键步骤，一是业务构件与业务系统隔离，二是业务构件间的关联、协同和互动。

（二）系统总体分析

从技术层面来看，市政公用事业政府智慧监管包括四个层面：一是深度感知，即通过深度感知全方位地获取市政公用事业系统数据；二是广泛互联，即通过广泛互联将孤立的数据关联起来，把数据变成信息；三是高度共享，即通过高度共享、智能分析将信息变成知识；四是智慧应用，即把知识与信息技术融合起来应用到市政公用事业各个相关部门形成智慧。

从城市管理的需求看，市政公用事业政府智慧监管工作可以细化为以下目标：①建立市政公用事业政府智慧监管系统的软硬件运行平台，完成并整合市政公用事业政府智慧监管系统的各个分子系统；②在系统运行平台上部署智慧监管信息系统软件，完成市政公用事业政府智慧监管系统的整体实施和集成；③建设市/区级监督中心、指挥中心，实现整个监管行业相关部门的考核和督察；④建设基于市/区级监督平台和指挥平台，统一建设全数据交换平台；⑤整合现有全电子政务信息资源、推动信息共享和充分应用，改善市政公用事业政府监管协调联动不足的现状，提高智慧监管水平和监管系统运行效率，增强监管系统对各种突发事件的应急能力。

（三）系统设计与实现

基于SOA视角，市政公用事业政府智慧监管系统模型应包括：物联感知、网络通信、数据及服务支撑、智慧应用四个层次要素，标准规范、安全保障、运营与运行管理三个支撑体系，以及服务对象和城市环境两类外部交互对象。在此模型中，横向层次要素的上层对其下层具有依赖关系；纵向支撑体系对于四个横向层次要素具有约束关系。最底层的城市环境是市政公用事业信息的采集来源，最顶层的服务对象具体包括了社会公众、企业用户和政府管理决策用户，不同的访问渠道将以服务对象为中心，统一于一体，实现多渠道统一接入，如图7-5所示。

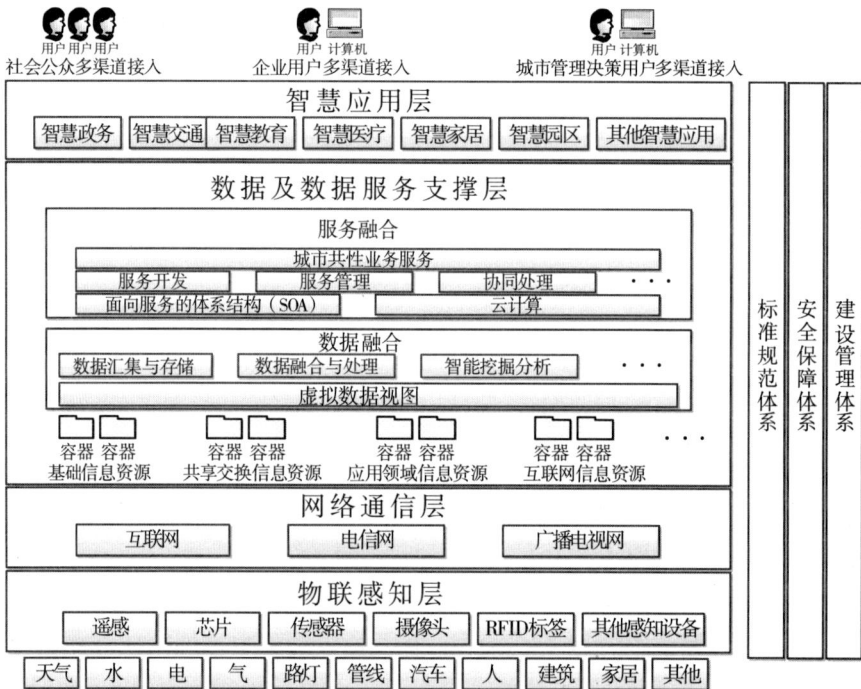

图7-5　市政公用事业政府智慧监管系统模型图

资料来源：全国信息技术标准化技术委员会SOA分技术委员会.智慧城市实践指南：SOA支撑解决智慧城市核心问题：共享与协同[M]. 北京：电子工业出版社，2013:21.

第三节 市政公用主要行业的智慧化监管

在智慧监管技术大范围应用于市政公用事业政府监管的背景下，市政公用事业的各行各业对智慧监管的实施过程具有不同的要求。

一、供水行业智慧监管

"智慧供水"是利用现代化通信、物联网、遥测遥感等技术，按照"覆盖到面、监测到线、控制到点"的原则，实现城市供水的水质水情监测、水资源管理、水利政务、饮水安全等主要业务的多层次、全方位的水利现代化、信息化、智慧化，其建设内容包括以下几个方面：

1. 智慧供水信息基础设施建设，要求在城市安装所需的水雨情监测设备、水质监测设备、流量测量设备、压力传感设备以及设施控制设备等，整合完善信息采集设施；完善信息传输网络；建设供水管理云计算平台。

2. 建立供水管理和防汛指挥决策支持系统，以信息技术为基础，实时采集区域内的各类水资源相关信息，以现代水资源管理理论为基础，以计算机技术为依托对区域内的水资源进行实时调度、优化配置；以远程控制及自动化技术为依托对区域内的工程设施进行控制操作；实时监测区域内自来水输水管线、污水和雨水排放管线、输水排水设施的健康状况，及时发现渗漏、破损、淤积及设备损坏等异常情况。

3. 建立水雨情实时监测与预警系统，实时采集雨量、水位、水量、流量、输排水管线压力等信息，为水务部门实施水资源合理调配、异常事件预警预报和突发事件应急处理提供科学的决策依据。

4. 建立水质实时监测与预警系统，在全市各江河湖泊、河港沟渠、水库、入水口、取水口、污水排放口安装各种自动水质测量设备，实时监测水质变化情况，并对污染超标等异常事件提供智能化预警预报。

5. 建立饮用水取水口入侵防护系统，通过RFID、GPS、高清视频、振动光缆、高压脉冲等前端感知设备实现饮用水、水源地等重要取水口的保护，满足居民饮用水资源的绝对安全。通过"智慧水资源"建设，调度周边的水资源，有效提高水资源利用水平。

二、污水处理行业智慧监管

对于污水处理行业智慧监管，可通过综合运用数字环保和物联网技术，围绕建立与完善"科学的减排指标体系、准确的减排监测体系、严格的减排考核体系"的要求，构建多元化、智慧型环保感知网络系统。污水处理行业智慧监管的具体要求如下：① 整合环境信息资源和数据，建立环境信息数据库；整合所有环境信息资源和数据，建设环境监测数据标准体系，实现管理应用、信息共享和信息服务一体化功能，提高环境数据管理、分析和利用水平，与办公自动化系统等其他平台实现方便对接。② 建立环境信息综合分析中心。环境信息综合分析中心由四大分析系统构成，区域排放总量核算系统、环境质量综合评价系统、环境辅助决策系统和环境应急预测预警系统。③ 加快城区污水收集系统建设与标准化改造，新开发区域全部实现污水管网、泵站配建，全面提高城乡信息化水平。④ 建立水质实时监测与预警系统，在全市各江河湖泊、河港沟渠、水库，入水口、取水口、污水排放口安装各种自动水质测量设备，实时监测水质变化情况，并对污染超标等异常事件提供智能化预警预报。

基于物联网的污水处理行业监管中，包括感知层、网络层和应用层三部分。感知层包括所有监测点所需要的专业监测设备，数字电表、数字水表、流量计、重金属离子传感器以及各种气体所用到的专业传感器。感知层要求传感器及其接口设备具有高速、数字化、高精度作为其主要特征。网络层包括所有可用于数据传输的网络，3G/4G网络、GPRS网络、Wi-Fi网络及工业以太网将用于将感知层的数据接入后端的应用层。传输层上实现物理链路的互通性，交互协议的稳定性，数据传输的实时性、安全性将成为该层的主要特征。管理层主要完成对采集到的各类传感器数据进行快速处理、系统化分析、直观化展示以及海量存储等功能。应用层主要为了实现动态监测和预警，从而预防各类事故的发生，提高应急事件处理效率，及时发现问题、处理问题和解决问题，如图7-6所示。

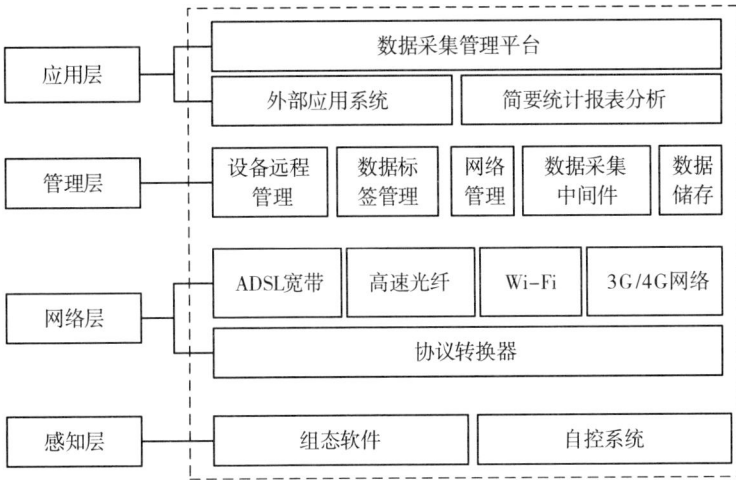

图7-6　污水处理企业智慧监管框架

资料来源：王文珍. 基于物联网的污水处理智能监控系统[J]. 化工自动化及仪表，2013(2)：247-249.

三、天然气行业智慧监管

天然气行业的智慧监管需要利用多种供气行业适用性技术。对城市天然气行业智慧监管，具体可应用以下行业适用性技术，管道智能检测及分析、OTDR光缆自动检测系统的应用（基于虚拟仪器的OTRD光缆自动检测系统的开发和应用）、管道泄漏检测和预警集成系统（开发基于分布式光纤传感器、低频声波技术的管道泄漏检测系统，应用基于管道水力模型在线计算的泄漏检测技术，开发将以上三种技术和OCDR光缆自动检测集成为一体的管道泄漏检测系统）、基于物联网的天然气管道安全监控及应急指挥系统（通过智能传感器、通信网络等组成的物联网，构筑一套管道安全监控系统）、天然气管道全息平台系统（基于GIS系统多维数据集成的管道全息平台）。

具体而言，天然气监管主要有以下六个方面：① 管线泄漏检测方面，通过将定位终端与管道泄漏检测设备对接，可以读取并上传检测作业的全程数据，同步加载精准坐标，通过管理软件实现泄漏趋势分析、管网风险计算和动态风险评估预判等。② 管线防腐检测方面，通过与管道防腐层检测仪对接，可以精确记录和上传每次防腐层检测的结果以及位置数据，直接定位防腐层破损点的精准坐标，对检测结果进行统计分析，为埋地管道的保护、更换等维修措施提供翔实准确的数据支持。③ 调压设备监测及诊断方面，通过在燃气调压箱等设备上安装带有精准定位模块的智能监测终端，可以远程实时采集调压设备的压力工况数据，实现对设备状态的自动诊断，提前预警设备故障并提前处置。④ 管线巡检管理方面，在日常巡线人员的工作手机上，通过精准定位盒，使管理平台监控的巡检轨迹清晰稳定，大幅提高了管线巡检的到位率。在埋地管线探测方面，通过与探管设备对接，可为探管找点等作业提供并记录精准位置坐标，大幅度提高管线探测作业的效率。⑤ 车用LNG/CNG储罐监测方面，通过安装有精准定位模块的智能数据采集系统，可以实时监测LNG/CNG储罐的准确位置，以及储罐压力、温度、浓度、液位等工作状态。⑥ 管线应急抢修监测方面，只要在应急抢修现场的气体浓度监测设备上配备精准定位移动终端，便可向指挥中心实时上传准确的现场泄漏数据、作业数据和现场视频，提高应急指挥调度的准确性和及时性。

通过物联网传感器和视频智能识别装置，当天然气管线出现损毁时，自动向调度中心发出警报。调度中心在接到警报之后，确认事故位置，搜索距离事故地点最近的巡检员。巡检员在接到事故处理信息后，迅速赶往现场，通过手持巡检终端进行拍照确认，将事故详情通过移动互联网上报到调度中心。然后调度中心派修理工到现场进行修复，待修复完成之后，利用终端向调度中心进行完工备案，如图7-7所示。

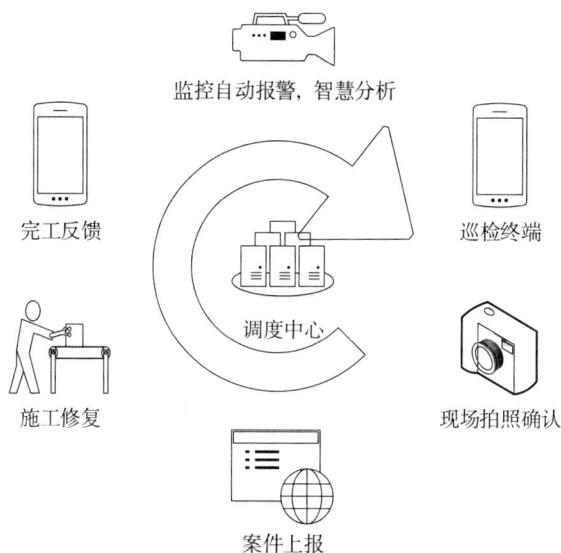

监控自动报警，智慧分析

完工反馈

巡检终端

调度中心

施工修复

现场拍照确认

案件上报

图7-7　居民管道天然气监管流程图

资料来源：张恒，代红亮. 物联网技术在燃气抄收、监控及安全管理的应用与实践[J].
城市燃气，2015(5)：40-44.

四、固废处置行业智慧监管

通过对固废行业的流程分析（图7-8、图7-9），以及对传统固废处理方式优缺点的梳理比较（表7-2），固废处置行业的智慧监管需要应用物联网、互联网和云技术等现代技术，以及固废行业自身的适用性技术。对城市固废处置行业智慧监管应做到：完善和优化固废排放监测监控系统，完善和优化固废监测监控设备，大力推进环境治理设施的建设，开展环境治理设施及监测监控设备的运营服务，以保障环境监测、治理体系的正常运转，提升城市环境管理能力。

```
                    ┌─────────────────┐
                    │   固废处理产业    │
                    └─────────────────┘
```

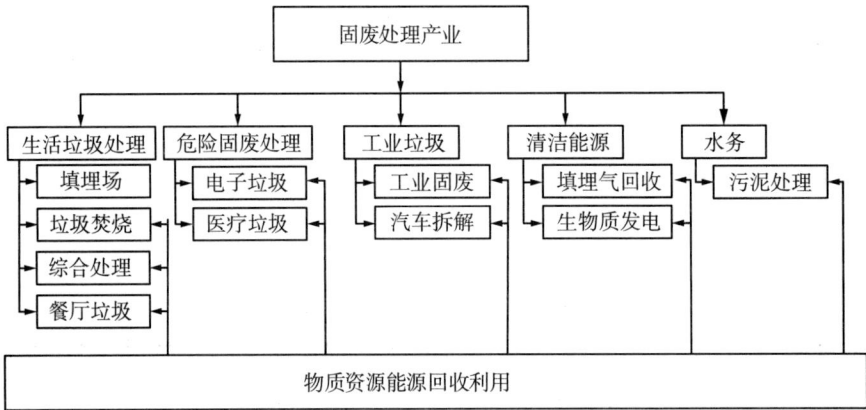

图7-8　固废处理产业流程图

资料来源：李莹莹. 基于循环经济理念的固废综合处理产业园建设研究[D].
成都：西南交通大学，2014.

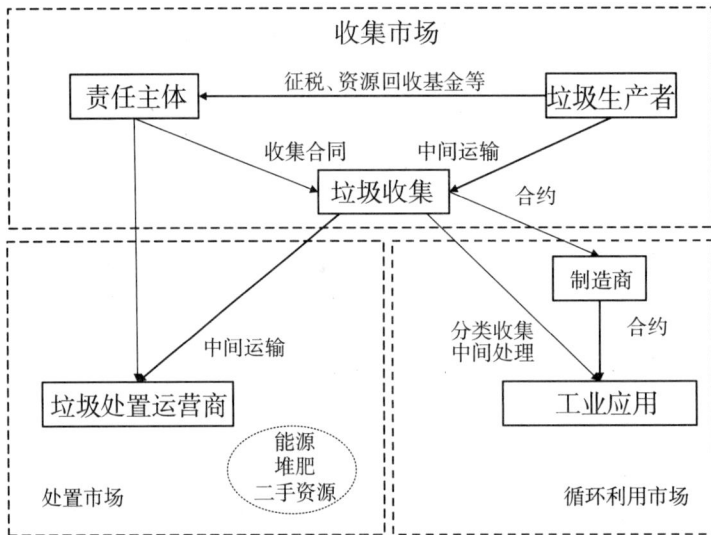

图7-9　生活垃圾的收集、回收与处置市场

资料来源：李莹. 基于循环经济理念的固废综合处理产业园建设研究[D].
成都：西南交通大学，2014.

在垃圾运输过程中，利用智慧化监管平台，有效地规范垃圾运输流程。通过M2M（即Machine-to-Machine，即机器和机器连接）理念，运用RFID

电子标签实现垃圾车辆及垃圾桶"身份"标识。企业通过管理平台，实现在线申报垃圾量，由管理员进行审核之后录入系统，建立监管企业的电子档案。垃圾车在收运过程中，将RFID电子标签嵌在垃圾桶上，垃圾清运过程中，人员使用电子标签手持机快速读取专用桶数据，并且在垃圾车上安装车载称重系统以及固定式RFID终端，可以实时读取标签中的相关信息，并且实时传输至服务端。通过垃圾清运车辆携带的GPS定位装置，管理中心可以实时查看车辆当前的位置和走向，同时实现抓拍、垃圾车视频以及定位等功能，完善收运信息，将垃圾监管的范围从终端处置延伸到现场收集、运输监管全过程，从而辅助对垃圾收运进行规范管理。

不同垃圾处理方式的优缺点比较　　　　　　　　　　表7-2

方案名称	优　点	缺　点	应用领域
堆放	无	占地明显、资源浪费严重，容易造成环境二次污染与病菌传播等	无奈的选择
填埋法	技术成熟、操作简便、处理量大、投资和运行费用低	减容减量化效果较差，资源化水平低，占用大量的土地资源，厂址选择困难等。垃圾渗滤液会污染地下水和土壤，臭气污染大气环境，垃圾发酵产生的甲烷气体既是火灾及爆炸隐患，排放到大气中又会产生温室效应，需要进一步处理	适用于所有类型垃圾，人口密度较低的地区
堆肥法	可以杀灭垃圾中的有害细菌，可提供有机肥	存在产品质量与市场问题，占地面积大且臭气严重，产品可能污染土壤，特别是一些重金属在土壤中富集将随食物链进入人体，需要进一步处理	适用于易腐有机质含量较高的垃圾
焚烧法	减容减量化程度高，处理周期短、占地面积小、选址灵活、燃烧时产生的热量可发电	若管理不当，则会产生二噁英等有害气体，对环境造成二次污染，也需要进一步处理	人口密度高的国家和地区

资料来源：罗文. 智慧城市诊断评估模型与实践[M]. 北京：人民邮电出版社，2014：96-97.

　　在垃圾填埋的监管中，通过建立在各自动监测设施实时运行数据的基础上，实现垃圾填埋场运行及作业情况的综合监管，物联网设备具有自动采集数据，实时传输、强大的信息管理、信息综合分析和作业提取功能，以及表格、图形、图像等显示输出功能，实现填埋作业管理的信息化和精细化。① 在填埋场的视频监控管理中，由于填埋场面积大，运行设施关键点多（作业平台、地磅出入口、渗滤处理站、中间覆盖区等），通过视频监控系统，可以远程可视化掌握填埋场全貌，对一些突发状况能够进行及时处理。② 堆体沉降管理监控，通过填埋场堆体沉降系统运用传感器、数据模型等技术手段建立沉降和容量分析的三维架构，通过对堆体沉降的监测，实时了解堆体各区域的稳定性，有效提高填埋场库容和扩容率。③ 结合填埋作业需求，通过三维仿真模拟，在库区设置采集点，收集填埋场场区垃圾位移等数据，通过数据分析对比来模拟填埋场的生产运行，并且根据分析结果调整库区填埋作业，确保垃圾填埋的安全生产。

在垃圾焚烧终端的监管中，通过将监管信息系统与终端地磅称重系统的连接，实现焚烧厂称重数据的远程在线监管，监管部门可以实时监控掌握各区进入到终端的垃圾量，通过系统在线查询、统计分析，结合各垃圾处置终端运行情况，及时调整各终端的垃圾进场量，合理科学的分配。在垃圾焚烧过程中，通过采集生产设施的关键参数，结合企业生产工艺原理，实现工况过程监督，可以有效控制在焚烧过程中对环境造成的二次污染。① 炉温的实时监测，通过曲线图方式，动态展现焚烧炉炉温变化情况，并自动以炉温阈值数据，防止温度的极端变化影响运行工况和尾气的环保处理。② 辅助喷油监管通过配备辅助燃料系统智能监控主机，对实时状况进行远程监控，并对在炉温低于规定温度下未启动辅助燃料情况进行在线预警，并可通过信息方式发送到相关责任人。③ 辅料投放量监管，通过对垃圾焚烧过程中石灰、活性炭、氨水投放量精确化监管和统计，确保投放量满足工况及环保处理要求。在焚烧排放监控系统中，通过对焚烧烟气CEMS系统进行数据采集，监管部门在第一时间可以掌握焚烧过程中12个重要指标（包括：烟尘浓度、烟气湿度、HCl浓度、SO_2浓度、NOx浓度、CO浓度、NH_3浓度、CO_2浓度、HF浓度、烟气温度、烟气压力、烟气流量）的实时排放情况，通过对烟气数据的监测情况，及时调整焚烧场内各焚烧炉运行工况，确保垃圾焚烧烟气达标排放。

第八章

城市精细化管理的
行为逻辑与实施策略

第一节 城市精细化管理的行为逻辑

一、精细化管理的假设

管理是一个组织通过整合各种资源，采取一定的方法，实现组织目标的活动，管理包括"管"和"理"，其中，"管"是监督和控制，"理"是指导和服务，其内在含义就包含了强制性和引导性两方面内容。还有人认为，"管"是管好事情，"理"是理清关系，这表明管理行为的复杂性和管理内容的丰富性。精细化管理意在以更高的要求实施管理活动并达成组织更高的目标，这种精细化要求体现在管理主体、管理客体、管理行为、管理过程、管理方式、管理条件等方面。理解精细化管理，首先要明确其逻辑起点。

管理学家麦格雷戈说过，在每一个管理决策或每一项管理措施的背后，都必有某些关于人性本质及人性行为的假设。管理学中的人性假设是指管理者对员工内在需要和工作态度的看法，它是基于人的自然属性引申出某种社会场景和特定管理情景中对人的行为的普遍认知。理论上有如下几种人性假设：

（一）以个人动机为关注点的人性假设："动机人"

管理学的人性假设主要有四种：基于市场经济机制的"经济人"假设，成为泰罗科学管理理论的逻辑起点，梅奥的霍桑实验提出"社会人"假设成为行为科学管理理论的逻辑起点，马斯洛的需求层次论则提出"自我实现人"假设为工作激励理论提供新的依据，艾德佳·沙因提出"复杂人"假设推导出权变理论，威廉·大内提出"文化人"假设，成为企业文化理论的逻辑起点。

上述人性假设均关注人的行为动机，可归纳为"动机人"。该假设是基于早期经济环境和企业管理活动对人的工作态度的认知，由于关注点过于单一，对人的行为解释力不足，由此设计的激励机制和管理措施产生的效果很有限。

（二）以行为和环境的协调为关注点的人性假设："决策人"

第二次世界大战以后，工作环境趋于复杂和组织行为对个人影响的日益强化，经济环境、竞争环境和政策环境以及组织内部的技术结构日益复杂，考虑到这些经验事实，巴纳德"决策人"的人性假设，此后由西蒙提出"有限理性"假说加以完善并建立理性决策模型。"决策人"假设的基本观点为：① 每个人都是自主决策的行为主体，而决策不是一个"不可分解的基本单位"而是"视为由前提推出结论的过程"，决策前提包括价值要素和事实要素。② 决策前提的引入既与决策者本身的素质有关，也与决策者所处的环境有关。③ 组织并不代替个人做决策，但是组织可以通过提供相关的事实前提和价值前提以影响个人决策。

"决策人"假设把人的行为放在特定的组织背景和技术条件下，并充分考虑人的工作能动性来进行分析。它不对人的活动目的及相应手段作永恒不变的先验设定，而把目的和手段看成可在一定条件下加以调节的变量。其着眼点不是单个人的工作积极性，而是群体合理决策中的行为协调以及人和工作环境的匹配，强调了激发工作能动性的重要意义、应然条件和可能途径。它不同于"经济人"和"社会人"等既往人性假设，过分关注劳动者自身因素，而是强调创造条件、提供信息激发员工积极性。

"决策人"假设提示一个组织要充分关注其生存环境并寻求适应环境的组织决策并使之与组织中个体决策相协调，而且还要注意充分运用自身的信息优势，在信息的采集、存储、加工、传输和使用过程中择机向员工提供适当信息来激发其工作积极性[①]。

"决策人"假设比较看重组织决策前工作环境对管理活动影响的程序化和规范化，注重管理活动的信息化和知识化，强调组织的稳定、有序。这些观点忽视了员工的创造性，特别是信息单向传递，令员工处于被动接受信息的地位，不利于其主观能动性发挥。

（三）以人的创造性为关注点的人性假设："知识人"

随着知识经济的到来，信息技术的冲击催生了以知识创新为特点的"知识

---

① 杨学军，苟小东. 不同人性假设对提高管理绩效的意义[N]. 西北农林科技大学学报(社会科学版)，2005(5)：86-88.

人"假说。

"知识人"假说的主要观点是：① 人既是认知活动的主体，也是功利活动的主体。在知识经济中，认知活动所获得的知识直接成为功利活动的资本，因而先行知识的获取以及在此基础上的知识创造将成为人的首选需要。② 人是带着各类先行知识进行组织活动的。这些先行知识具有明显的个体差异性。③ 3彼此差异的先行知识既制约着人的目的设置和手段选择，更制约着人的知识创新能力。

"知识人"假说认为，人的行为既具有利己的动机，也具有公益性和社会性，是权衡利害关系的理性行为。它承认人性的复杂性、多样性和变化性。该假说反映出信息经济时代出现的诸如知识管理、战略管理、跨文化管理、虚拟管理等新的管理实践和管理理论，当代管理呈现出人性化、柔性化、系统化等特征，为人本管理理论的建立奠定了基础。"知识人"假设的提出，告诉我们提高管理绩效的可能途径转向以激发人的知识创造为核心，以此角度设计具体的激励措施，通过激活员工的创造热情和创造能力，才能从根本上提高管理绩效[①]。

从上述人性假设的演进历程可以看出，不管是林林总总的"动机人"，还是后来的"决策人"和"知识人"，只有全面系统地理解和把握人性假设，把三者结合起来，系统设计激励措施和管理活动，才能充分调动人的积极性、能动性和创造性。

（四）精细化管理的人性假设

人的天性都是追求个性自由、不愿受到约束的；对于不感兴趣的事情缺乏足够耐心。精细化管理的一般性假设可概括为：管理对象是不守规矩的人；管理对象是不够认真的人；精细化是个人因素和工作条件共同作用的结果；精细化是管理活动持续精进的过程。

精细化管理并非无病呻吟或吹毛求疵，其源于管理活动的现实必要性。精细化管理的目的在于让不守规矩的人守规矩，让不认真的人认真做事，通过激发个人正能量和改善工作条件来提高精细化管理水平，精细化是规范化和创新性互促共进的结果，也是一个随着管理水平提高而不断优化、随着发展需求变

---

① 张素峰. 知识人假定与管理理论新发展——兼谈我国企业管理创新的基本思路[J]. 中共天津市委党校学报, 2004 (1): 50-55.

化而持续精进的过程。

　　对管理对象的精确认知有助于精细化管理的有效开展。城市精细化管理是精细化要求在城市管理工作中的具体实践，遵循管理活动的一般规律，具备管理决策的基本特征。与企业管理不同的是，城市管理更多是通过提供公共管理、公共服务和公共安全等公共产品来开展的非营利行为，其动机不完全具有"经济人"特点；不过，作为个体而言，利己的动机仍然存在。因此，城市精细化管理也需要整合既往的人性逻辑，在因循上述一般性假设的基础上，把握公共品供给规律和供需关系特点，设计针对性工作机制，制定相应的策略。

二、精细化管理的器、术、理、道

　　精细化管理不仅是一种管理理念、管理文化，还是一种管理技术、管理方法。其中，理念是先导，文化是灵魂，技术是支撑，方法是钥匙。如果说管理文化是"道"，是组织运行之"道"，那么管理理念就是"理"，是管理活动之"理"，管理方法是"术"，是打开管理黑箱之"术"，管理技术是"器"，是与"术"相匹配、相结合的管理之"器"。

（一）精细化管理文化

　　精细化管理文化，是因为它把常规管理引向深入，实现管理服务活动的有序开展，达到目标效益最佳化。精细化管理文化贯穿管理活动全过程，它表现为两个方面：（1）内化为管理规则：精细化管理崇尚规则意识，规则包括程序和制度，要求管理者实现从监督、控制为主的角色向服务、指导为主的角色转变，更多关注服务对象的需求。（2）外化为管理模式：精细化管理不是运动式管理模式，而是永续精进的过程，是自上而下的积极引导和自下而上的自觉响应相结合的常态化管理模式（图8-1）。该图显示出精细化管理是规则、持续精进活动和职业化为一体、内化和外化交叉的过程。

　　文化，即以文化人。文化既是过程，也是状态。作为过程的文化，重在"化"，把口号化为精神，把精神化为行动，把行动化为力量和效益；作为状态的文化，重在"人"，这里的"人"不仅是个体的人，更是群体的人，即整个组织或团队所蕴藏的一种魂、一种精气神，这种魂能够把个体的行动和力量凝聚成为集体的行动和力量。在城管文化建设中，需要把精细化管理文化植入城管文化之中并使之成为核心元素。从精神、制度、器物等层面进行建设，并最终内化于心、外化于行，转化为城市精细化管理的具体实践，并成为整个城市的气质和性格。

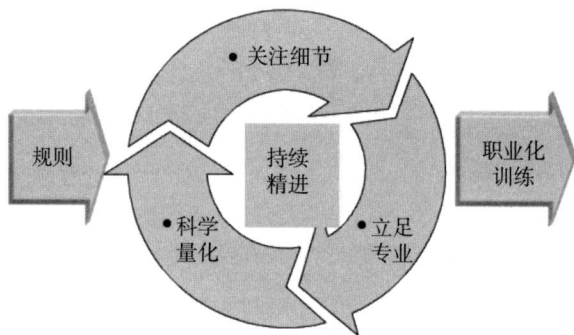

图8-1　精细化管理图示

（二）精细化管理理念

精细化管理理念体现了组织对管理的完美追求和对工作严谨、认真、精益求精的思想贯彻；理念具有先导性、引领性。方向比努力重要。理念把握准了，就不会犯方向性错误。先进的理念只有得以落实，管理机制才能顺畅，管理效率才能提高，管理效能才能增强。

精细化管理就是让不守规矩的人守规矩，让不认真的人认真做事，让不聪明的人变聪明。如何做到这些？需要理念引导和文化熏陶，让员工具有规则意识、责任意识和职业精神；需要技术培训和方法训练，让员工掌握操作程序、作业标准，学会运用常用方法和技术解决普遍性的具体问题；需要通过团队学习和业务竞赛，分享管理诀窍和工作体会，领会缄默性知识，积累实践经验，破解非常规性的复杂问题，也就是让不聪明的人聪明起来。

帮助员工树立精细化理念的具体方式有：

（1）会议：早晚会、座谈会、宣贯会。

（2）活动：观摩、竞赛、演讲。

（3）宣传：看板、报刊、手册。

（4）学习：内部工作交流、专题讲座、业务培训。

（5）网络：网站、短信、手机平台。

（三）精细化管理方法

精细化管理方法就是建立科学量化的标准和可操作、易执行的作业程序，以及基于作业程序的管理工具。常见的精细化管理方法有价值工程方法、PDCA持续改进原理、科学管理、ABC分类管理法、目标管理、WBS分解、生命周期理论、5S现场管理、六西格玛管理、精益管理、木桶原理、二八法则等。要能够熟练运用这些方法来优化流程、创新方法、改进工作。上述管理方法大部分是企业管理常用方法，也有一般性管理活动通用方法。城市管理既有政府对城市公共服务和基础设施的行业监管，也有行业自身的运行管理。新公共管理理论倡导的顾客导向、竞争机制、绩效管理等观点给城市管理带来启发，城市管理需要引入企业精细化管理方法来提高管理效能。比如运用价值工程方法测算市政公用设施投资效益，运用PDCA原理分析公共服务质量的持续改进，运用运筹学计算生活垃圾收集清运成本和效率，等等。

（四）精细化管理技术

工欲善其事，必先利其器。掌握技术是关键。管理技术通常指根据管理实践经验和管理科学原理总结发展起来的运用于管理活动中各种操作方法与技能。精细化管理技术就是要运用标准化、程序化、数据化、科学化的手段，使管理的各单元精确、高效、协同运行。城市管理标准、程序、规程是城市管理从业者必须掌握的基本业务技能；计算机网络技术、数据分析技术等常用技术分析方法是管理人员必备的能力，也是为领导提供科学决策依据、把握城市管理规律、主动分析城市管理问题的基本要求；信息化科技装备设备的使用是一线工作人员必备的操作技能。通过反复使用和训练，养成"用标准管事""用制度管人""用数据说话、用数据分析、用数据决策""带着标准去检查"等良好的工作习惯和管理思维。

三、精细化管理逻辑分析

精细化管理存在两个关键约束性法则：① 木桶法则（固定的短板），即工作的效率由流程和程序中最慢的、最不稳定的环节决定；② 变动性法则（移动的短板），即流程和程序的变动性越大，工作效率越低。

"魔鬼藏在细节之中"。精细化管理逻辑可以表述为：发现点的问题，寻求面的解决；问题出在岗位，答案藏在流程；岗位阻截流程，操作培训到位；员工训练无效，团队文化跟进。[①]其中蕴含着细节与全局、岗位与流程、个体与文化的辩证关系。

精细化管理正常状态为：工作有依据，干活有工具；内容可复制，凡人能操作；平时可训练，他人能替代；过程可控制，结果能衡量；理论得应用，工具能创造；技能有提升，管理得发展。以城市精细化管理正常"稳态"为依据，对城市精细化管理状态进行诊断，分析存在"病态"病理，开出相应"药方"。

围绕精细化管理对象的复合型特征，对城市精细化管理相关难点进行解析，将社会科学"软"的手段与人工智能"硬"的方法相结合，让"不守规矩的人守规矩、不认真的人认真做事、不聪明的人做聪明事"；结合城市精细化管理三大要领"注重细节、立足专业、科学量化"，充分运用智慧化方法，对精细化过程进行控制，在文化建设基础上，提出城市精细化管理长效机制。

---

① 汪中求，吴宏彪，刘兴旺. 精细化管理：精细化是未来十年的必经之路[M]. 北京：新华出版社，2005.

第二节　城市精细化管理的基本要素与实践精髓

一、城市精细化管理的基本要素

城市精细化管理内涵丰富，具体可表述为：以建设和谐宜居城市为目标，以城市管理过程精细化、城市管理手段精致化、城市管理目标精准化、城市管理成果精品化为总要求，基于泛在化、融合化、智敏化的智慧城市技术平台，依托区、街、社三级联动的网格化管理手段，实现城市治理精细化。由此可见，城市管理精细化涵盖管理主体、管理客体、管理过程、管理条件等多个方面。

对照精细化管理目标和思路，基于整体性视角，城市精细化管理至少包含六大要素：共识化的精细化管理理念和文化，能动化的精细化管理干部和队伍，规范化的精细化管理制度和标准，精准化的精细化管理技术和装备，顺畅化的精细化管理体制和机制，现代化的精细化管理手段和载体。以此为基础，构建城市精细化管理体系，并细化各项内容，建立城市精细化管理状态和水平评价体系，以便于整改、调整和提高。

著名的管理学家德鲁克在《卓有成效的管理者》一书中说过，优秀的管理者要"做正确的事而不是把事情做正确"（do right things，而不是do things right）。精细化管理就是管理者让员工把两者完美结合。在具体操作上分门别类，对城市管理各职能部门管理工作，建立评价模型，细化绩效考核标准及环节并进行科学分析，具体分析要素包括：

岗位——告诉员工该做的正确的事。

程序——告诉员工如何正确地做事。

标准——告诉员工正确做事的程度。

制度——防止员工做错事的规定。

执行——按上述规定进行的检查和考核五大要素。

华为公司的管理哲学就是：高层砍掉手脚，中层砍掉屁股，基层砍掉脑袋。揭示出公司治理结构和管理思维，也是对各层级干部的能力要求，高层的决策能力、中层的协调能力、基层执行能力。就精细化而已，高层要做正确的事，谋划并制定精细化的方向；中层要告诉基层要做哪些正确的事，指出精细化的重点和要求；基层要领会如何做正确并执行到何种精确程度。

二、精细化管理实践精髓

信息技术的广泛运用特别是智慧城市建设为城市精细化管理提供强大的支撑力，同时也产生巨大的推动力。其基本要求是：基础信息化、信息数据化、任务清单化、工作程序化、管理制度化。城市精细化管理的重点是标准化、数据化、流程化、信息化。其中，标准化是前提，数据化是依据，流程化是主线，信息化是支撑。标准化在本书第六章已经做了详细的分析，这里主要解释一下流程化的意义。流程是自然科学的还原论哲学在日常管理活动中的体现。

何为流程？流程是企业组织为实现决策/业务的某一特定目的所采取的一系列有控制的步骤、活动与方法集合。流程由1个管理目标（特定目的）和 N 个工作步骤以及每个步骤的责任主体（组织）、工作任务（活动）、工作记录（有控制）、工作标准（有控制）、工作方法6个方面构成，即"1＋6"结构标准化流程。

流程化的作用有：提高业务的标准化和秩序化；控制在业务活动过程的风险；提高整体运行效率，防止低效率和资源浪费；体现运营的规范性、稳健性。

网上流传甚广的德国市政工人换井盖的故事可谓城市精细化管理中流程化的经典。德国以制造业强国，制造业以工匠精神闻名。换井盖是市政养护最常见的工作，但是这种司空见惯、看似非常简单的体力劳动，却可以做得"像绣花一样精细"，像安装精密仪器一样精确，则不是一件简单的事情。德国市政工人在操作过程中，把换井盖划分为18到工序，每一道工序的动作要领包括操作样式、工具、原材料、装备、刻度尺等各种设备。这18道工序分别是：① 围蔽等准备工作；② 切割；③ 凿除；④ 取出旧井盖；⑤ 凿除；⑥ 安装调节环；

⑦ 涂沥青；⑧ 放置安装限位井圈；⑨ 填充沥青；⑩ 夯实沥青；⑪ 调节安装限位井圈高度；⑫ 摊铺沥青；⑬ 垂直取出安装限位井圈；⑭ 放入井盖；⑮ 压实；⑯ 检测水平；⑰ 换芯；⑱ 压实。严密的工作流程保证了井盖的施工质量，也折射出工人的工匠精神。

据了解，南京市市政部门也认真学习德国的换井盖经验，并开发出防沉降井盖施工工序，需要16步①。这种可调式防沉降井盖能做到防止响声(减少噪声)、防撬动、防盗、防沉陷、防止位移，在精细化上略胜一筹：① 这个普通的井盖外面多了一个圈，加上沥青的作用，能跟地面紧紧相连，如此一来，就能将所受压力分散给地面一部分，减少井盖自身压力，起到防沉降、防位移作用。② 这种井盖还会配备内锁，可以防止被盗。③ 井盖下面有橡胶垫"缓冲"，能有效减少噪声。此外，南京还在一些道路上试点给窨井盖安装了防坠网。精细化，永无止境。南京的做法是在工匠精神方面的一大超越，体现出"绣花"功夫。

精细化管理的原则是化繁为简、专注细节、细节入手培养习惯，流程管理控制细节。根据管理实践，归纳出精细化管理的思想精髓，即复杂事情简单化，简单事情标准化，标准事情流程化，流程事情定量化，定量事情信息化。网上流行一句话：复杂的事情简单化，是聪明；简单的事情复杂化，是高明。这实际上蕴含着事物繁简转化的辩证法。要做到持续自如地进行繁简转化，靠的就是标准化、流程化。

落实精细化要求的两种技术形式就是标准和流程的手册化、信息化。手册化便于携带、便于学习、便于查找、便于比对；信息化，便于检索、便于存储、便于复制、便于传播。2018年5月，上饶市城管执法局立足实际，制定出台便于城管执法人员携带、学习、查阅的《上饶市城市管理执法手册》口袋书，使得执法人员在具体的工作中能够"一目了然"，有法可依，执法有据，推动城管执法规范化建设，落实精细化管理工作。杭州市城管局编制城市精细化管理电子词典，为实施精细化管理提供学习工具和操作指南；胶州市综合执法局编写简写版的法规，在网上办案系统中嵌入执法事项的相关法条，供执法人员随时

① 南京换窨井盖16步 精细程度不输德国[N]. 现代快报，2015-04-18.

学习、规范执法文书写作之用。这些做法不仅是把复杂的事情简单化，而且把常规工作精细化。

第三节　城市精细化管理的实施步骤

一、精细化管理的行为养成与过程控制

（一）精细化管理行为机理：从个体经验到组织行动

一花一世界，一树一菩提。细节和宏大之间是相通的。个体的美好细节成就团队的业绩，从而造就组织的伟大。城市精细化管理成果反映出城市的品质，这种品质是一种整体性感观。从细节之美到整体之美的变化过程源于个体的实践向组织的集体行动的转变。其演化过程描述如下：

首先是精细化管理个体实践的团队化：将个人工作经验积累改造为团队积累，沉淀优秀元素，并开展团队学习，实现个人经验团队化。各基层站所、班组经常性开展经验交流，比武竞赛，分享个人工作体会，把个体的经验转化成团队共同的财富。也可以建立城市管理讲习所，优秀干部、业务骨干当小教员，开展内部学习。

其次是精细化管理具体经验的知识化：把具体的、零散的操作经验转化为可以复制、传播、交流的知识，并把这些知识以规则、规范、标准和制度等形式固定下来，制作成手册，供组织内成员学习和传承，并在工作中不断丰富完善、更新提高。

然后是精细化管理运行规则的惯例化：通过组织学习、业务培训、实操训练，把系统化的精细化管理知识内化于心、外化于行，知识变成理念，行为变成习惯，规则变成惯例。

最后是精细化管理组织文化的全员化：把精细化管理的理念从个人接受变

为集体认同，从个体行动变成团队行为，并把这种作风体现在工作的方方面面，从器物到制度再到精神，形成一种无处不在的文化氛围。

（二）精细化管理的过程控制

精细化，精在系统性，细在程序性，变在训练中，落实靠考核，持续靠文化。管理结果的稳定可靠以管理系统的建立来保证，管理结果的合意性以明确分解管理程序来支持。

精细化管理的过程控制可划分为三个阶段：

事前控制：目标明确；岗责、流程、程序清晰；训练到位。

事中控制：检查细化，执行促进、执行督导、执行检查。

事后控制：奖罚细化，及时反馈，及时纠偏。

二、精细化管理实施要领：以建管衔接为例

精细化的具体步骤可分为目标化、流程化、程序化、制度化及持续改善五大步骤：

（一）目标化

目标管理是一种结果导向的管理方法，通常用于考核排名，而且组织内部会结合目标进行一定的资源配置，特别是资金投入，因此这种管理方法具有指挥棒作用和激励功能。需要注意的是科学、合理、可行的目标设定才是有效的管理，否则会扭曲激励，错配资源，有损公平。

通过将工作目标分解到每一个人，细化到每一件事以实现精细化管理。目标分解的要领是：① 制定科学：内部条件决定可能，外部条件决定可行。② 分解量化：横向到底，纵向到边。③ SMART法则：目标分解的五个要求，即Specific(具体的)，Measurable(可衡量的)，Attainable(可实现的)，Relevant(相关的)，Time-based(有时限的)。④ 日清日高：早会提出，晚会总结；一事一结，一日一清。日积月累，久久为功。

（二）流程化

流程是事物运行自身的客观形式，是人为设置的职能、岗位、制度的决定

性因素。一切创新、变革都需要尊重这一客观规律，而不是相反。流程管理内容包括流程梳理、流程细化、流程优化、流程再造。

1. 流程梳理是流程管理的基础。要聚焦工作的重要流程，发现流程的价值与流程环节的问题，将各流程环节对应到部门及岗位后，转化为部门及岗位职能；同时，要注意流程梳理无法涵盖所有的职能，需要将职能梳理作为辅助手段，以保证部门与岗位职能的全面性。

2. 流程细化是流程管理必要工作，是精细化的核心环节。细化流程就是要"螺蛳壳里做道场"，指将需要精细化管理的工作流程进行细化拆分，每一步工作进行研究分析。细化流程还要有庖丁解牛的手法，将无用的工作流程剔除，进一步优化工作流程。

3. 流程优化指能够在各管理层级立即开展的流程管理改善。根据细分的工作流程，进行优化和升级，制定新的工作标准。新的工作流程标准必须贴合工作实际，切实提高工作效率，行之有效。要本着复杂问题简单化，简单问题流程化和规范化的思路，不断改进和优化关键工作流程，提高结构性效率。

（1）流程优化步骤是：描述流程，评估流程，优化流程。

（2）流程优化的工具包括两部分：一是流程问题思考工具，即5W3H分析法（5W3H分析法，又称"八何分析法"。运用5W3H分析法，进行对象分析、市场需求分析，解决计划编制的结构问题、方向问题、执行力问题。5W3H是描述问题的手段，其具体指的是：What，Where，When，Who，Why，How，How much，How feel。）二是流程优化工具，即ECRS分析法，即取消（Eliminate）、合并（Combine）、调整顺序（Rearrange）、简化（Simplify）。在进行5W3H分析的基础上，可以寻找工序流程的改善方向，帮助人们找到更好的效能和更佳的工序方法。

（3）目的：消除部门与部门、岗位与岗位衔接的无序与浪费。

（三）程序化

对于按照工作内在逻辑关系而确定的一系列相互关联的活动所实施的管理方式。程序化作业要求在实际工作中，严格按照细分的工作流程进行工作和生产，遵守时间上的先后顺序、前后衔接、层层递进，不允许搞额外的变通和偷懒，一般不涉及具体怎么做。

（四）制度化

规章制度只是打印出来的一张纸，但若规章制度制定得过多，对规章制度没有进行科学评估，缺乏对制度的行之有效的学习，加之破窗效应的存在及制度结构本身很粗放，制度规范很容易被破坏，难以执行落实。

精细制度指定要求涵盖规章制度的三个组成部分，即原则条款、实施细则、监督执行细则，三者的比例关系为1:2:3。

（五）持续改善

好的制度必须有必要的监督。制定了精细化的工作方法，就必须安排相关人员进行合理的监督和检查，并及时反馈，研究改进；对于工作流程中产生的问题，需及时研究办法，及时跟进问题，力求问题的妥善解决。改善需从"全员性、渐进性、持续性"三性出发，直击精细化管理改善所面临的问题，运用精细化管理经常使用的"五步改善工具"持续改善。

例如，城市建设管理中施工工地和基础设施移交前后过程容易出现管理空档期和管理盲区，需要做好建管衔接。首先确定精细化管理目标：实现市政、河道、环卫、绿化、亮灯工程项目等城市基础设施一体化接收，确保接收设施同步投入使用，并落实接收后设施的长效管理，提高精细化管理水平。其次，对建管衔接过程进行流程化，分为8个环节：方案审查、设施界定、图纸会审、建中监管、项目预验收、项目验收、项目接收、质量回访。然后进行程序化，这8个环节顺序固定，不可颠倒，一个步骤没有完成不得进入下一步骤。再进行制度化，实施分类管理、强化过程管理、优化管理机制。最后还要持续改进，建立建管融合"半月谈"机制，研究解决建管衔接过程中存在的相关问题，帮助建设施工单位解决管理上的问题，避免问题设施带到后续运行过程。

三、城市精细化管理操作规程

城市精细化管理的本质意义在于它是一种对战略和目标分解细化并落实的过程，是让城市战略规划能有效贯彻到每个环节并发挥作用的过程，同时也是提升组织整体执行能力的一个重要途径。

精细化管理是全面质量管理模式。全面化是指精细化管理的思想和作风要贯彻到城市管理的所有活动中。它包含以下几个部分：精细化规划、操作、控制、计算、分析。

1. 精细化的规划：就是根据管理目标而制定的工作计划和行动方案。它要求所制定的目标和计划都是有依据的、可操作的、合理的和可检查的。精细化的规划不仅包含根据城市发展的具体情况而制定城市管理工作中远期发展目标，还要包括根据城市管理阶段性工作目标而制定的工作计划。能够采用标准化、数据化、信息化、科学化的技术手段和管理工具，能够制定出无缝隙、全覆盖（全时段、全方位、全领域和全流程）、无死角的管理目标，而且能为目标制定出切实可行的计划。

2. 精细化的操作：是指城市管理中每一个行为都有一定的规范和要求。每一个员工都应遵守这种规范，从而让管理的基础工作更加正规化、规范化和标准化，为城市管理经验的可推广性、可复制性提供素材。

3. 精细化的控制：它要求管理运作要有一个流程，要有计划、审核、执行和反馈的过程。控制好过程，就可以大大减少工作失误，杜绝管理漏洞，增强流程参与者的责任感。在精细化管理理论看来，布置任务只是工作的开始，对执行不力者加强指导，加强过程控制（包括过程跟踪，执行反馈，及时奖惩）。

4. 精细化的计算：是管理者清楚认识自己管理情况的必要条件和最主要的手段。这就要求城市管理工作要做好台账，过程留痕，可复制、可追溯，完善档案管理，做好数据统计。

5. 精细化的分析：是进行精细化下一步规划的依据和前提。精细化分析主要是通过科学管理方法和现代信息技术手段，将管理中的问题从多个角度去展现和从多个层次去跟踪。同时，还要通过精细化的分析，去研究提高管理效率的方法。特别是充分利用大数据技术对城市管理各种问题进行分析、统计，摸准城市管理服务中的痛点、痒点、兴奋点以及体制运行的阻点、社会关注的热点，找到改进城市管理的关键点，由此来找到解决问题的办法。

实施精细化管理是提高城市管理效能的重要举措。城市精细化管理的操作需按照精细化的思路找准关键问题和薄弱环节，分阶段进行。每一阶段完成后，检查反馈，总结提高，持续改善。精细化管理的最佳境界就是将管理的规范性与创新性很好地结合起来，这就需要在规范化过程中积累经验，在目标指引下鼓励创新，在控制反馈中分析问题，不断循环往复，持续精进。

第九章

精细化导向的城市
管理指数研究

第一节　研究背景及研究框架

一、研究背景

（一）研究目的

城市的核心是人，城市工作做得好不好，老百姓满意不满意，生活方便不方便，城市管理和服务水平是重要评判指标。在城市管理评价中，这一理念贯穿始终。对城市管理指数的研究旨在为城市管理决策提供科学可行、简明高效的城市管理评价工具，提高决策效率和管理效益。所编制的城市管理指数能够反映复杂的城市管理活动和现象总体变动态势；能够分析城市管理各项职能运行中发展变化影响因素及其程度；能够预测未来中长期城市管理工作的发展趋势。

具体研究目标是：构建城市管理综合评价指标体系，适用于市城区、街道和社区三个层次的城市管理评价，并编制城市管理指数，全面、客观、量化地反映某一特定区域城市管理总体情况。

（二）研究意义

1. 应对大数据时代挑战，为城市管理科学决策、快速决策提供准确、可靠的信息和依据。指数作为一种指标，通常反映的是某一种经济社会现象发展水平的变化方向、趋势和程度，城市管理指数有助于为城市管理中科学决策、动态监控、及时跟踪等提供有效的技术支持。

2. 定量地评价城市管理水平，发现存在的突出问题，增强城市管理工作的有效性和针对性。提升城市管理水平，以科学管理促城市有序运行，为加快美丽城市建设、品质城市建设提供更好的管理手段。

3. 在城市功能日趋复杂化、城市快速发展背景下，为城市管理发展进行准确预测和科学规划提供判断依据。城市管理需要超前思维，城市管理指数的推出有助于对未来发展做出科学判断，为中短期规划提供必要的参照系数、评价依据和目标预测。

4. 适应社会治理创新发展需要，探索城市治理新思路和新方法。城市管理顺应人本管理、幸福城市、智慧城市等新型发展理念，创新城市管理指数有助于在评价方式、评价指标等方面更好地实践这些理念。

二、理论依据

（一）核心概念界定与解析

1. 城市管理

所谓城市管理就是在一定的法规制度、资金人员保障下，各类管理主体（机构）运用规范标准、经济、技术、公众参与、宣传教育、行政执法等手段，围绕城市运行和发展事项进行的决策引导、规范协调、服务和经营管理行为。从系统论角度看，城市管理是以城市这个开放的复杂巨系统为对象，以城市基本信息流为基础，运用决策、计划、组织、指挥、协调、控制等一系列机制，采用法律、经济、行政、技术等手段，通过政府、市场与社会的互动，对城市的运行、城市功能的发挥和城市的发展进行的"管"和"理"的双重行为。其功能就是对城市这个开放的复杂巨系统中众多子系统及功能要素综合在一起，通过多种手段，整体上不断提高城市的社会效益、经济效益和环境效益。[①]

本章所研究的城市管理是具体的城市管理职能及其实践活动，评价指数的研究以杭州为对象，基于杭州城市管理现状而展开。故其职责范围是杭州市委、市政府所制定的"三定方案"中对杭州市城管委赋予的各项职责。

2. 城市管理综合评价指数

本章研究的杭州市城市管理指数是城区城市管理指数，即反映市辖各区的城市管理状况，便于各区横向比较。在"两级政府、三级管理、四级服务"体制下，城区一级管理具有承上启下的作用：既要严格贯彻执行城市

---

① 宋刚，唐蔷. 现代城市及其管理——一类开放的复杂巨系统[J]. 城市发展研究，2007(2)：66-70.

管理总体发展战略规划，同时也要对辖区下级城管工作的进行组织、协调与监管[①]。

城市管理组织实施是个复杂的系统工程，既包含管理体制、管理主体、管理手段、管理环境（保障）基本要素，也包括系统的行业运行、功能拓展和特色创新等动态特征。与市级城市管理职能不同的是，城区城管既有一定的决策权，也有高度的执行权，是在既定体制下，通过整合本级城管要素，优化本级城管系统，实现城区城管工作目标。

城区城市管理指数反映的是上述城区城市管理系统运行水平。同样地，城市管理指数也可运用于街道，计算出街道城市管理指数。

本章所研究的城市管理指数是以《杭州市"十二五"城市管理发展规划》和杭州市城管委关于《2014年度各区政府（管委会）城市管理目标考核细则》为基础和政策依据，通过理论分析，在大样本调查和实地抽样调查基础上编制和计算的。

3. 城市管理指数的内在要求

城市管理系统的复杂性要求评价方式方法的科学性。科学性意味着内容专业性、评价标准化、结果数量化、过程可复制、方法易操作。

城市管理系统的综合性要求评价范围不仅需要对专业管理进行评价，还需要涵盖对职能交叉、边界模糊地带进行评价。

城市管理系统的动态性要求评价内容不仅包括常规性、重复性管理活动考核，还要包括对功能拓展、能力提升的发展性管理活动进行评价。

城市管理系统的内部差异性要求评价尺度要把握好基本考核标准的统一性和区域城市管理性状的差异性之间的关系。

（二）理论基础

城市管理是对城市基础性公共空间进行科学管理的活动，其根本目的在于充分利用城市资源，维持和促进城市发展，以持续提高城市居民的生活质量，谋取城市居民的公共利益。因此，需要改变单纯的自上而下的刚性权威体制、

---

① 本章研究成果是2015年"杭州城市管理指数研究"课题研究报告，文中的概念、政策话语均保持原貌。

单一的评价主体和评价方式，摆脱传统城市管理所处的困境，从理论上寻求和探索新的、更为有效的现代城市管理模式。

1. 人本管理理论

城市居民作为城市的主人，不仅是城市的管理对象，更是城市管理的积极参与者，拥有依法参与城市管理决策、实施、监督全过程的权利，所以城市管理必须树立以人为本的理念。人本管理指以人的全面的自在的发展为核心，创造相应的环境、条件，以个人自我管理为基础，组织共同愿景为引导的一整套管理模式，其宗旨就是要激发广大市民的主动性、积极性、创造性和参与性，同时加强广大市民的自我管理。自我管理是一种有效地体现人本管理宗旨的管理环节和手段，是城市人本管理的核心所在。

2. 新公共管理理论

"新公共管理"的基本观点是应当"通过政府与市场、政府与社会关系的重新界定来解决政府面临的困境；打破政府对公共服务的垄断，全面引入市场机制，私人企业、非营利性公共组织、半独立性公共公司、政府机构等各种类型的组织都可以提供公共服务，在公私之间形成竞争"。该理论提出了多种模式，其中以下两种供城市管理借鉴：①"市场式模式"，该模式强调整个管理过程要围绕提高效率进行；应借用私营部门的管理模式来重塑政府；②"参与式模式"，该模式认为"要创造一种从各方面鼓励参与与沟通的机制，而不是仅仅凭借由上而下的方式来从事管理活动"，同时倡导公众对公共决策的直接参与，设想公众可以通过事前的控制而不是事后的公示来介入公共决策，有权进行申诉，甚至他们本身就能投入到政策选择及提供服务的过程中。

三、基本思路

（一）指导思想

1. 城市管理评价宗旨

服务于全市共建共享"生活品质之城"的城市发展目标，致力于"城管上水平，百姓得实惠"城市管理目标，着力于本区城管事业发展。

2. 城市管理评价理念

贯彻新型城镇化战略，推进以人为核心的城市化，体现人本思想，坚持"以人为本、以民为先"的理念，构建"和谐城管"；反映科技发展趋势，展现智慧城市建设成果，以科技强管提升城市管理绩效，提高城市管理政府监管能力；低碳低耗管理和绿色环境管理，建设"美丽杭州"；突出宜居城市建设，努力打造"清洁、亲水、清净、绿色、无视觉污染"的"国内最清洁城市"；建立与杭州城市发展水平相适应的先进城市管理体系。

3. 城市管理评价关注点

城市管理评价关注点最核心的有：① 强化专业监管；② 注重优化发展；③ 倡导特色创新；④ 重视市民参与。

城区城市管理指标体系构建将努力体现上述要求。

（二）城市管理系统的四维评价体系

立足城市综合管理、系统管理，以复杂性科学角度全方位审视作为开放的复杂巨系统的城市管理：从参与角色上，城市管理的主体包括城市政府（包括城区、街道各级政府以及城市管理相关部门）、市场（包括企业等市场经济各个主体）和社会（包括居民小区、民间组织、媒体和学术机构等）；从管理层次上，城市管理包括市级、区级、街道、社区、网格等多个层次；从时间维度上，城市管理包括前期规划管理、中期建设管理与后期运行管理几个部分；从逻辑维度上，城市管理包括预测、决策、组织、实施、协调和控制等一系列机制；从专业维度上，城市管理包括市政基础设施、公用事业、清洁卫生、市容秩序、景观绿化、固体废弃物管理、照明管理、河道管理等众多子系统，而每个子系统又包含许多子系统，整个系统呈现出多主体、多层次、多结构、多形态、非线性的复杂巨系统特性。基于时间维、逻辑维和知识维，从复杂性科学的视角提出的城市管理三维分析模型有利于我们进一步清楚认识城市综合管理。

因此，城市综合管理也就是从复杂巨系统的角度统筹城市管理三个维度，对市政、公用、交通、市容、环境等全领域，决策、执行、监督等全方位，城市规划、建设、运行全过程的系统管理、综合管理，以期实现城市管理的整体效益，发挥城市的整体功能，如图9-1所示。

根据城市管理三维结构，界定城市管理综合评价的主体、对象、内容及其边界。对应于知识维，把专业监管作为行业性评价内容；对应于时间维，把城市管理功能拓展及跨部门协调性工作作为发展性评价内容，对应于逻辑维，把城区阶段性重点工作和区域个性化成绩作为特色创新评价内容。在此基础上，增加主体维，即把市民评价作为重要组成部分。

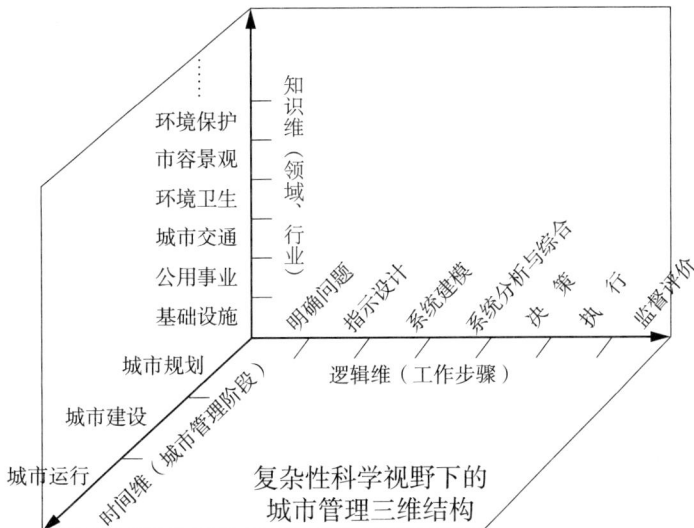

图9-1　城市管理三维结构图[①]

（三）城市管理评价内容及其内在逻辑

根据系统论的稳定性、协调性、发展性原理，可以把城市管理评价内容分为行业运行、功能拓展、特色创新三个部分，分别进行单项评价。按照"属地为主、块抓条保"的运行机制，构建以三个方面为一级指标、各自细分的评价指标体系。

"行业运行"主要是对"条"进行评价，强调专业职能运行的稳定性，评价指标来源以常规性考核指标为主，为体现"纵向到底"的工作格局，评价指标要求技术性强，操作性强。

---

① 宋刚. 复杂性科学视野下的城市管理三维结构[J]. 城市发展研究，2007(6): 72-76.

"功能拓展"主要是对"块"进行评价，强调各城区内部作为一个相对完整的城市管理系统，通过协调区内各管理主体，整合城管要素，发挥整体性功能。评价指标来源以工作总结和城市管理目标考核自评表为主，为体现"横向到边"的工作格局，评价指标要求考核内容覆盖面广，考核要素关联性强，能够反映制度建设、管理效能、系统整合的特征。

"特色创新"是在"条"稳定运行和"块"功能拓展的基础上，通过两者有机结合、良性互动推动"点"上突破，以城市发展理念更新为先导，以城管战略发展目标为驱动，以体制机制创新为条件，发挥城区城管工作主动性和创造性，在实践中不断凝练特色，探索新路。"特色创新"可从重点工程推进情况、民生实事落实情况、工作手段方式创新等亮点来挖掘评价指标，具有典型性、实用性和可推广性等特点。

在逻辑关系上，"行业运行"是城市管理的基础性、常规性工作，"功能拓展"则为城市管理全方位提供条件并引领未来发展方向，两者分别实现"条抓块保"；"行业运行"通过专业性考核提高行业运行能力，"功能拓展"通过效能性考核提高城管系统管理效率，两者有机结合，实现"特色创新"，通过"点"上突破和典型示范推动城市管理事业动态发展，如图9-2所示。

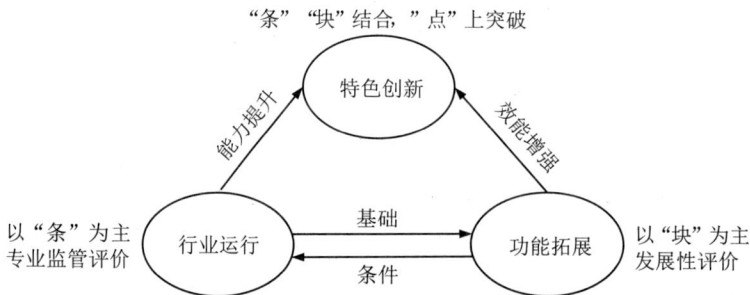

图9-2　城市管理评价内容的逻辑结构

基于此，城区评价指标体系将从日常运行、功能协同、特色创新三方面构建城市管理评价体系，并体现当前杭州城市管理的指导思想。

（四）加入市民评价维度的城市管理系统性评价

城市管理评价内容的三维逻辑与主体维度的市民评价一起构成综合评价体

系。维度也可称为模块，维度位居评估模式的中间层次，是对评估范围的类型划分，通过维度区分，可以使评估层面更加条理、使评估标准更具有可比性。划分维度主要从大的结构方面考虑，使之具有普遍和典型意义。在知识维、时间维和逻辑维上就加入主体维，使评价体系更全面，也使评价工作更符合人本理念和城市治理新趋势。

在图9-3中，环形作为主体维度嵌入评价体系，评价主体包括政府和市民。市民评价主要反映的是对城市管理状况的主观感受。

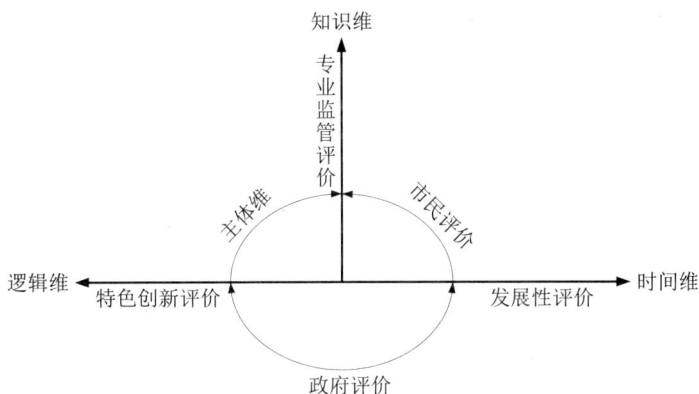

图9-3　城市管理水平评价四维结构图

四、指标体系

（一）评价指标体系构建原则

城市政府在实施城市管理的过程中，对实际执行结果进行考核评价是其中的重要一环，也是关键一环，而城市作为一个复杂的复合系统，存在着复杂的社会结构、经济结构和生态环境结构。为全面、客观、公正地评价城市管理水平，就必须建立一套能全面反映管理绩效各个方面特征指标的科学评价指标体系。实践证明，在确立城市管理绩效评价综合指标体系时，务必遵循以下原则：

1. 以人为本原则。城市管理最终的出发点和归宿都应该在于人，为人的全面发展提供一切有利条件、结构、机制和环境。因此，在实施绩效考核时，要尽可能地选取那些与人关系密切的内容，着重体现与人的日常生活相关的要素，反映城市居民对生活及环境的主客观感受。

2. 系统性原则。城市管理水平评价指标体系是个有机整体，要能反映和测度被评价系统的主要特征和状况，全面地包含城市管理水平的各个要素。指标体系不可能包罗万象，但影响城市管理水平的主要因素不可欠缺，应该体现内涵的系统性和完整性。

3. 科学性原则。在制定评价指标时，要考虑到指标数据的简明扼要，条目名称要简单易懂，数据要易查易算，各项指标要尽可能规范而实用。指标要精选，严格挑选那些主要的和具有关键性的指标，宁缺毋滥，以较少指标真实地反映城市发展的基本状况。同时兼顾国内外城市之间的可比性。

4. 典型性原则。要注意选择和设计核心指标，不同的指标反映城市管理水平的不同侧面和内容的变化特征。要重点选择设计反映城市管理变化规律的核心指标，考虑指标对城市管理发展变化的重要性以及作用的贡献程度。要考察评价指标变动的代表性，对于某类具体变动特征的反映，可能存在多个相互替代的指标，选择具有较强代表性的指标，可以减少工作量，降低误差和提高效益。

5. 可操作性。其关键要考虑两点：① 评价指标设计必须考虑其指标值的测量和数据采集工作的可行性；② 在选取评价指标时注意搭配好主观指标和客观指标的比例关系，尽可能采用现行的统计指标，减少主观指标和设计新指标。

6. 发展性原则。① 要有弹性。评价指标需要具有及时捕捉城市管理各方面要素变动方向且可信度较高功能的指标，即在城市管理内容发生变化时，能明显地表现出这种变化的征兆或特征的指标，否则评价指标就失去了意义。② 要有动态评价。动态评价就是把某城市与其自身的过去进行比较，然后再对其进步幅度与其他城市的进步幅度进行比较，以此来判定该城市的城市管理进步速度。动态评价有利于调动相对落后城市的积极性。

7. 静态评价与动态评价相结合原则。静态评价是对城市管理的现有水平进行评估，反映特定时间和空间所存在的现实状况。静态评价是对某一城市与其他城市进行比较，以便了解该城市管理状况的客观排名和所处位置。由于自然条件和历史原因，各个城市的人口数量、经济基础、城市功能和发展水平等是有差异的。动态评价就是把某城市与其自身的过去进行比较，然后再对其进步幅度与其他城市的进步幅度进行比较，以此来判定该城市的城市管理进步速度。动态评价有利于调动相对落后城市的积极性。

（二）总体要求

1. 评价工作的要求

城市管理从考核转向评价，引入第三方，逐步实现用评价取代考核的大部分内容。评价内容包括四个部分：专业监管类指标，有13个指标，考核到区级层面；发展水平类指标，体现发展趋势和区域功能差异；特色创新类指标，突出重点工作；感观类指标，主要通过市民评价反映社区、街道层面城市管理水平，要在评价体系中占较大比重。

2. 指标体系的要求

（1）指标体系的构建体现宏观管理的要求。一级指标能够体现整个城市管理的总体状况和发展方向，能够包容各个城区的差异性，能够涵盖城管工作之外的社会管理与城市管理的关系及其效应。

（2）一级指标具有包容性和延展性。增加一些发展性指标，反映与专业内容相关但又超出专业范围的指标，比如功能的调整、规划的变更等对城市管理的影响，还有一些处于部门职能交叉重叠的领域、城市管理外围工作等均可纳入指标体系。要注意的是主城区和副城区的管理体制和管理重心不一样，要有一些个性化的指标。

（3）涉及局部的面上评价，指标还要可感知、更具体细致。比如社区居民对城市管理的评价需要更为具体的指标。

（4）关于指标体系，重点是每个指标的解释，包括指标的含义、意义、依据。指标的选择能够客观、科学地进行评价；同时也可以收放自如，可大可小、可粗可细；指标体系的构建要体现"条块结合、以块为主"。

（5）四类指标的具体要求。专业监管类指标中，二级指标提炼一个可量化的指标概念，在指标计算时，需要纳入数字城管的考核数据。发展性指标增加业态差异方面的评价。同时在指标体系中能够体现不同城区的差异性。特色创新类指标所增加部分的内容，参考近两年来市委市政府工作计划、"十二五"发展规划中关于城市管理工作的重点领域去提炼；二级指标选择应突出创新性和特色化，指标属性以客观性评价为主。市民评价指标，在问卷设计时，采用五级分制，用以增加区分度，便于后期的分析。

3. 指标的获取和运用

单个指标方面，有些指标反映"条"，有些指标反映"块"，因此，指标选择有不同的来源，有的来自城区、街道，有的来自专业中心。需要到城区、各中心去实地走访，通过调查、座谈，来确定二级指标。技术性指标通过各中心访谈得以确定，感观性指标和部分发展性指标通过到城区访谈确定。

指标体系具有包容性和适配性，留出接口，根据需要做出取舍，运用于不同层面的评价对象。指标的适用范围，既可用于城区，也可用于街道；指数主要对应于城区政府评价，指标体系对应于城区城管局评价。

指标体系要适用于全市10个城区，包括萧山、余杭、下沙、西湖景区。要有三个评价层次：市、区、街道。另外，"窗口"类地区也要有符合自身特点的评价指标，如车站、广场、特色街。还要注意三个层次指标之间的衔接。

（三）评价指标体系的构成

理论上，指标是一种反映事物性质的量化确定手段。联合国教科文组织指出，指标是"通过定量分析评价社会进行生活状况的变化"。实际上，运用指标作为管理手段，在实践中，并非所有指标都能够量化。而且，有些管理内容，在运用指标的管理手段进行反映时是不应简单地用量化方法的。也就是说，广义的指标，既可能是一种量化的手段，表现为一种可数值化的东西，也可能是通过一定的定性方法来确定，反映事物的一种价值。

维度是评估对象、评估行为的类型区分，规定了评估的基本面，指标则是评估的具体手段，指标可以看成是维度的直接载体和外在表现。通常，同一个评估纬度之下总有若干个评估指标，这些指标的形成是依据相关度、隶属度的程度而编排划定的。

城市管理指数由专业监管指数、发展指数、特色创新指数和市民评价指数四部分构成。其中，专业监管指标体系在城市生活垃圾处置、城市市容和环境卫生、城市河道、城市市政设施、城市公用事业、城市照明和城市管理信息化的"数字城管"等方面设定了7个二级指标；发展性指标体系在人本城管、绿色城管、智慧城管、高效城管和社会治理等5个方面设计了二级指标；特色创新指标体系包括"五水共治"、"三改一拆"、智慧城市、文明创建和美丽杭州等五个二级指标。

五、指数运用

（一）指标指数化

指标可以确定城市管理水平现在所处的状态、要达到的目标和引导如何达到该目标。数据是通过工作记录、测评、调查等方式取得，数据有语义型和字符型两种，语义型数据要经过技术处理变成字符型数据才可成为统计数据。指标是在数据、统计的基础上形成的，与指数相关，在无量纲化和权重赋值之后得出指数。它们四者之间的关系如图9-4所示。

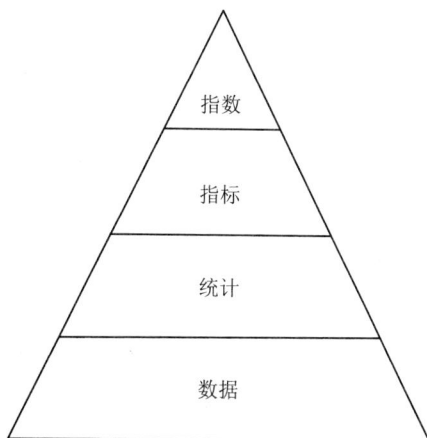

图9-4　指数化金字塔结构图

（二）评价的技术指标

城市管理水平评价技术指标包括等级划分、分值匹配和权重计算等内容。技术指标是一种反映指标重要程度，或者是达到指标要求程度的处理机制。同时，运用技术指标对指标进行定量化处理，以获得评估信息的相关要素又是指标体系顺利运作的程序保障机制。

1. 等级划分

指标的等级就是指按照指标在指标体系中的重要程度进行的一种由高到低或者由低到高的排列或者顺序。常见的等级运用方法有百分等级和等级鉴定法。在通用型指标设计中，每一个评估维度或评估主体设若干个指标，每一个指标分为很好、较好、一般、较差、很差五个等级。

2. 加权计算

每一个评估纬度或评估主体中各项评估指标之间的分值的可以通过加权计算。指标的权重是衡量指标在整个指标体系中所处位置重要性程度的数值表示。确定权重常用的方法有定量统计法、专家评定法、比较平均法、对偶比较法和层次分析法(AHP法)等。层次分析法的具体步骤有：建立综合评估的层次结构；构造判断矩阵；计算各指标的权重；进行一致性检验；提取评估要素，推导要素权重；通过分析评估要素，确定评估项目和评分标准；设定定性评估的指标状态等。

3. 分值匹配

所谓指标的分值，就是反映达到指标程度的大小或者多少的数值表示。这是技术指标中最重要的一种类型。其常用的方法有累积分数法、标准分数法、模糊综合评估法三种，城市管理评价指标采用标准分数法。该方法就是：将测评出来的原始分值转换成标准分数，即统一各种不同测评指标难度的测评结果的平均数和标准差，就可以把各种的测评结果的分值看成来源于具有同一指标难度的测评而进行比较。标准分数有多种不同的表示方式。

（三）指数计算方法

城市管理水平评价主要从四个方面展开：专业监管评价、发展性评价、特色创新评价和市民评价，根据评价情况分别产生四类指数，即专业监管指数、发展性指数、特色创新指数和市民评价指数。这四类指数最终构成城市管理评价综合指数（简称城市管理指数，Urban Management Index-UMI）。

前三类指数的测定按照下列指标体系的结构化数据计算得出，市民评价指数通过问卷调查结果计算得出。按照传统的做法是对四类指数进行加权求和。

1. *UMI*指数计算公式

本研究选择综合评价指数法对城市管理水平进行测算。综合指数法分为线性加权模型、乘法评价模型、加乘混合评价模型等形式。对于各项评价指标的重要程度相对均衡、指标值差异不大、各个指标相关性较弱的样本，可以采用线性加权模型进行计算。具体计算公式为：

$$UMI = \sum_{i=1}^{n} W_i \left(\sum_{j}^{m} W_{ij} P_{ij} \right)$$

式中：*UMI*为城市管理指数数值；n为城市管理指数的分类个数；m为城市管理第i类指数的指标个数；W_i为第i类指数在总指数中的权重，且$\sum_{i=1}^{n} W_i = 1$；P_{ij}为第i类指数的第j项指标无量纲化后的值，W_{ij}为第i项指标在第j类指数中的权重，且$\sum_{j}^{m} W_{ij} = 1$。

2. *UMI*指数数据的无量纲化处理

常用的无量纲化方法有多种，如极值法、阈值法、均值法、归一化法等。通过对上述几种无量纲化方法的比较和分析，本研究选择阈值法对原始数据进行无量纲化处理。

阈值法是一种线性无量纲化方法，具有单调性、差异比不变性、平移无关性、缩放无关性、区间稳定性等优良性质。阈值法对指标数据的个数和分布状况没有特殊要求，转化后的数据都落在0～1区间里，数据相对数性质较为明显，便于做进一步的数学处理，在实践中应用比较广泛。

3. *UMI*指数权重的确定

在指数测算过程中，指数测算模型可采用两种加权方法：① 加权计算方法；② 均权计算方法。本课题采用了加权与均权混合的方法。对于4个二级指标要素方面，在研究了对总指数重要性基础上，应用德尔菲法征求有关专家意见，在权重分配上有所侧重，对重要性比较大的专业监管指数与市民评价指数分别赋予30%的平均权重，对发展性指数与特色创新指数分别赋予20%的平均权重。对于二级指标下的三级具体指标方面，根据具体内容采用不同的权重方法。

第二节 专业监管类评价指标体系

一、指标体系构建的意义

（一）构建专业监管类指标体系在城市管理指数中的地位和作用

专业监管指数作为城市管理综合评价指数的重要组成部分，在综合指数中具有基础性地位，这是由专业监管活动在整个城市管理工作中的地位决定的。

1. 专业监管是城市管理的基本职能和基础性工作。它是保障城市运行的前提，为城市运行提供正常秩序和基础性公共空间。

2. 专业监管是城市管理的常规性工作。现代化的城市要求城市管理活动全天候、全时空地运转，这种要求的常规性和长效性需要专业监管得以实现。

3. 专业监管是城市管理现代化的基本要求。随着城市功能的日益复杂化，城市发展中的规划、建设、管理和运行四大环节都需要科学实施，专业化和标准化是基本要求，专业监管是科学管理的主要内容和核心功能。

基于上述三点，专业监管水平评价在城市管理水平综合评价中的地位相应体现出来，作为综合指数的一部分，专业监管指数具有基础性、主体性作用。

（二）专业监管类指标的应用价值

1. 加强职能监管。专业监管类指标的设立与运用的直接目标在于明确部门职责分工，界定部门职能边界，科学评估和有效提升各部门职能常态化监管，进一步为杭州城市运行提供正常秩序和基础性公共空间。

2. 提升服务能力。专业监管类指标体系能够有效评价各部门工作的落实情况、运行情况以及履行成效，有利于推动各部门正确行使权力，全面履行职责，从而提升社会管理和公共服务能力，更好地提高城市管理水平。

3. 推动发展创新。专业监管是城市管理创新发展的龙头、核心。杭州市在不断探索加强专业监管管理的同时，进一步细化部门职责要求，逐步实行职能精细化管理，从而不断提升城市管理的规范化、科学化水平，实现政府职能向创造良好发展环境、提供优质公共服务、维护社会公平正义的根本转变。

二、指标选取的依据

（一）理论依据

1. 可操作性原则。指标设计不仅能客观地反映城市管理专业监管的实际情况，也能及时捕捉专业监管各方面要素变化的征兆或特征，同时具有可采集性和可量化性，能够真正对各监管职能部门履行职责提供量化的依据。

2. 典型性原则。指标设计要重点选择能反映城市管理专业监管变化规律的核心指标，考虑指标对专业监管发展变化的重要性以及作用的贡献程度，这样才可以保证筛选得到的指标具有科学、高效性，从而提高评估结果的可靠性。

3. 可扩展性原则。由于城市专业监管能力的评估是一个动态过程，需要在其实施过程中不断修正、补充、完善指标体系，因此专业监管指标体系既要有反映目前城市专业监管状况的指标，也要有反映变化的动态指标，其具有动态可扩展性。

（二）政策依据

1. 杭州市人民政府，《杭州市国民经济和社会发展第十二个五年(2011—2015年)规划纲要》，2011年；

2. 杭州市人民政府城市管理办公室，《杭州市"十二五"城市管理发展规划》，2011年；

3. 杭州市人民政府，《"美丽杭州"建设实施纲要(2013—2020年)》，2013年；

4. 杭州市人民政府，《杭州市打造"国内最清洁城市"第二个五年规划》，2013年；

5. 杭州市人民政府，《杭州市打造"国内最清洁城市"五年规划》，2007年；

6. 杭州市人民政府城市管理办公室，《2014年度各区政府（管委会）城市管理目标考核细则》，2014年；

7. 杭州市人民政府城市管理办公室，《杭州市城市管理规划》，2005年。

（三）现实需要

1. 中国城市管理转型的历史性。中国正处于经济社会转型发展的关键期，城市化进程的快速推进和管理质量的提升面临前所未有的历史性机遇与挑战，亟须形成对城市管理的科学路径及合理评价的体制机制，谁能抓住机遇，谁就能走在前列。

2. 城市发展目标的提升和拓展。为了彰显城市特色和提升城市核心竞争力，杭州市的总体目标是到2016年要打造成国内外公认的"国内最清洁城市"，这对杭州市的城市管理提出了新的要求。面对新形势、新任务、新要求，各行业监管部门亟须转变管理手段、创新管理方式、提升管理效能。加强对部门职能履行的常态化监管，提升专业监管管理科学化、精细化水平，已经成为摆在城市管理各监管职能部门面前的一项紧迫任务。

三、指标体系的构成及其内在联系

（一）体系表的结构与层次、指标解释

城市管理是一项系统工程，某个单项指标发展的好坏并不意味着城市整体管理水平高低。因而，只能采用多指标综合评价。从城市管理部门的职能角度出发高度综合全面地探究城市管理的指标体系是具有深刻意义的。围绕各监管部门职能制定指标体系，能够定量评估部门职责的落实情况、职能的运行情况、职能的履行成效等情况，有利于推动部门正确行使权力，全面履行职责，进一步提升社会管理和公共服务能力，从而更好地提升城市管理水平。根据上述内涵和评价思路，专业监管类指标可划分为城市生活垃圾处置、城市市政设施、城市市容和环境卫生、城市河道、"数字城管"及城市管理信息化、城市照明、城市公用事业等7个一级指标。通过参考杭州市"十二五"城市管理发展规划评价指标和评价标准，并结合实际，拟定专业监管类评价指标体系（表9-1）。

专业监管类指标体系　　　　　　　　　　　表9-1

二级	三级	指标解释	最终权重	可用于城区评价	可用于街道评价
垃圾管理	生活垃圾分类目标完成率	生活垃圾实际分类率与年度目标之比	0.12	√	√
	垃圾分类设施覆盖率	安装生活垃圾分类设施的小区数量与辖区内小区总数之比		√	√
	生活垃圾现场处理率	生活垃圾现场处理量与产生量之比			
市容管理	城区综合序化度	城区综合序化度得分＝某区月度街面序化管理检查考核成绩＋某区月度市民群众投诉检查考核成绩	0.18	√	√
	户外广告规范设置率	按规范设置户外广告与户外广告总数的比例			
	市容美观度	公共空间空透性、广告与环境协调度		√	
环卫管理	城区清洁度		0.16	√	√
绿化养护管理	建成区绿化覆盖率	城市各类型绿地（公共绿地、街道绿地、庭院绿地、专用绿地等）合计面积占城市总面积的比率	0.10	√	√
	建成区地被完好率	地被完好面积与地被总面积之比		√	
亮化管理	亮灯完好率	亮灯完好数与路灯总数之比	0.10	√	
	节能环保灯应用率	节能环保型灯的应用比例		√	
河道管理	河道黑臭消除率	消除黑臭的河道条（段）数占原有黑臭河道总条（段）数的百分比	0.10	√	
	河道水质达标率	是指参与监测的河道断面中氨氮、总磷和COD等主要水质指标达到地表水环境对应标准类别的断面数量占所有监测断面数的百分比		√	√
数字城管	数字城管平均单件处置时间	指案卷从立案到结案所用的时间（h）	0.12	√	
	数字城管网格化率	划分为单元网格进行实时监管所占比例		√	√
行政执法	规范执法	案件办结率，即当季案件结案数/当季案件承办数	0.12		
	文明执法	执法投诉下降率			

（二）各部分相互联系及其重要性

杭州市城市管理的最终目标是打造"清洁、亲水、清净、绿色、无视觉污染"的"国内最清洁城市"，为了实现该目标，城市管理各监管部门需要进一步明确职能配置和监管的具体要求，出台细化量化职责任务的方式方法，为基层开展职能常态化监管工作提供指导和依据。

专业监管类指标体系依据城市管理职能部门具体工作，从城市生活垃圾处置、城市市容和环境卫生、城市河道、城市绿化、城市照明、行政执法和城市管理信息化的"数字城管"等方面设定了八个二级指标。这些指标各有侧重，有机互补，形成了当前专业监管类指标体系的主要内容。

四、指标体系的适用范围及应用要求

（一）适用范围

专业监管类指标选取充分考虑不同城区之间的差异，以及不同行政层级之间的差异，具有较强的适应性，基本能适应整个城市区域的管理评价，建议以区为主要考核单位进行评估。

（二）应用要求

1. 标准性与客观性。在考评过程中，各个具体指标需要按照规范的标准、方法进行计算，各个指标赋予的权重比例要客观，这样才能客观、公正地评价不同区域各监管部门履行职能的落实情况。

2. 共性与个性。指标构建时，充分考虑了城市管理各专业职能监管内容的共性，但不同区域由于发展条件和进度不一，会形成自己的固有特性，因此在考评过程中既要注意共性，也要考虑不同区域发展的个性特性。

五、专业监管类指标指数化

（一）指标数字化与指数化计算

在城市管理方面，专业监管类指标主要用于评价当前的城市发展状况，确定问题和差距所在，由此计算出来的城市管理综合指数对于完善行业监管政策、优化监管标准具有重要意义。

专业监管类指标体系主要包括三级评价指标值、二级指标值和一级指标值。

1. 三级评价指标值的计算。三级指标是评价城市管理指数指标体系的基础，其计算公式如下：

当指标为正作用指标，即指标值越大城市管理综合指数越高时，$Q_i = 1 - (S_i - C_i)/(S_i - C_{\min})$（$i = 1$，2，3…）

当指标为负作用指标，即指标值越小城市管理综合指数越高时，$Q_i = 1 - (C_i - S_i)/(C_{\max} - S_i)$（$i = 1$，2，3…）

式中：S_i 为某三级指标的标准值，C_i 为选取的某三级指标的现状值，$C_{\max}$ 为所选相关城区指标中最大值乘以1.05，$C_{\min}$ 为所选相关城区指标中最小值除以1.05。

2. 二级指标值计算。二级指标值（V_i）是根据其所属三级指标值的算术平均值计算而得，其计算公式为：$V_i = \left(\sum_{i=1}^{m} Q_i\right)/m$。

式中：Q_i 为某三级指标指数值；m 为该二级指标所属三级指标的项数。

3. 一级指标值的计算。一级指标指数（U_i）是根据其所属各二级指标值乘以各自的权重后进行加和，计算公式为：$U_i = \sum_{i=1}^{n} V_i W_i$。

式中：为某 V_i 二级指标的数值；W_i 为二级指标对应的权重；n 为该一级指标所属二级指标的项数。

4. 权重计算方法。

权重是衡量各项指标层和准则层对其目标层贡献程度大小的物理量。权重对于一级指标和城市管理综合指数的计算具有重要作用。城市管理中专业监管类评价的指标体系确立以后，为了准确衡量各评价指标的权重，本书运用层次分析法计算各个指标的权重系数。

层次分析法（Analytic Hierarchy Process，简称AHP）是美国匹兹堡大学教授萨蒂（A. L. Saaty）于20世纪70年代提出的一种系统分析方法。AHP将决策总是有关的元素分解成目标、准则、方案等层次，在此基础之上进行定性和定量分的分析，是一种能将定性分析与定量分析相结合的系统分析方法，是分析多目标、多准则的复杂大系统的有力工具。

层次分析法是多目标决策的一个实用方法，它以其深刻的数理背景、严谨的分析方法和简单实用的特点，通过定性分析和定量计算相结合，为难以定量的问题给出定量的处理方法，既考虑了各指标的权重，又避免了权重确定的主观性，具有较好的科学性和合理性。AHP 法的基本思想是：将一个复杂的无结构的问题分解为它的各个组成部分；将这些组成部分(或称元素)整理成为一种递阶层次的顺序；按照每个元素的相对重要性赋予其表示主观判断的数量值；然后综合这些判断以决定到底哪个元素有着最大的权重和如何影响问题的最终结果。

权重计算过程：

在层次分析法实施过程中，其关键步骤就是构造判断矩阵以求得权重，而判断矩阵一般是通过专家咨询获得。选定专家对各指标对专业监管类指标的影响程度的分析，将元素相对重要性进行比较，使任何两两指标间通过专家意见，形成一个判断值。将每个专家调查打分的结果输入层次分析软件，我们可以得到各指标间的一致比例和对总目标的权重。根据所得的数据，分别构建判断矩阵，每个矩阵的行列数为其元素的个数。

再次运用层次分析法软件，将建立的矩阵输入软件，分别计算出权重向量、最大特征根 $\lambda_{\max}$、一致性指标 CI、RI、CR，一致性比率均小于0.1，从而判断各判断矩阵是否具有满意的一致性。

城市管理专业监管指数计算公式为：

$$M_1 = \sum_i a_{1i} \times Z_{1i} \times 100$$

式中，M_1 为专业监管指数，a_{1i} 为二级指标权重值，Z_{1i} 为二级指标计算值。

（二）指数化意义

专业监管类指标体系主要是针对城市管理监管内容而设计的一套适用于政策制定、监测和评价城市管理水平的指标体系。该指标体系分别涉及城市的生活垃圾、基础设施、道路管理等方面。作为城市管理指数的基础和核心指标，能反映城市政府在治理污染、保护环境、公共服务方面的努力程度和效果，也能综合反映城市管理水平高低，并为城区城市管理水平之间比较以及提升城市科学管理对策研究提供重要依据。

这些指标通过翔实的和实时的城市自然环境和社会环境的数据，有效评价当前城市管理水平的发展状况，同时能够对个专业监管部门执行职责的情况形成大体判断，从中分析各部门在执行职能规定中存在的问题，并提出改进和完善的意见或建议。属于政府部门自身的，督促政府部门整改提高；需要相关政府部门配合的，落实配合协调机制，从而推动部门职能履行成效和城市管理水平全面提升。

由此可见，"没有政策就没有指标，没有指标也就没有政策"。政策和指标两者是紧密关联的，一旦政策制定而且付诸实施，相应的指标体系就开始设立，用于监测和评价政策，同时随着政策的改变而做相应的调整。

第三节　发展水平类评价指标体系

一、指标体系构建的意义

（一）构建发展水平类指标体系在城市管理指数中的地位和作用

城市是个动态发展的过程，随着城市社会经济的发展和居民生活水平的提高会对城市管理不断提出新的要求。因而城市管理不能仅限于现状管理，而是应将城市作为一个动态发展过程加以管理。在对城市管理状况进行评价时，不能仅满足于对城市管理现状常规性评价，而是应将体现适应于未来城市发展需要的城市管理内容纳入其中。

城市管理发展水平类指标是指能够体现未来城市发展与管理方向的一类指标。在整个城市管理指数指标体中，发展水平类指标代表着未来城市管理及其评价的方向，具有前瞻性和引导性作用，不断丰富着城市管理及其评价的内容，推动城市管理水平和层次的提升。

（二）发展水平类指标的应用价值

1. 定量评价。发展水平类指标的确定可用于定量评价城市管理发展状态和先进程度，可用于定量比较不同城市间城市管理层次的优劣。发展水平类指标评估值越高，表明该城市管理理念先进，管理层次水平高，城市管理适应未来城市发展需要，城市发展潜力大，未来竞争力强。

2. 科学考核。发展水平类指标的纳入，使得对城市管理的考核更加系统全面，并反映未来城市发展与管理的需求。与传统常规性考核相比，城市管理发展性考核，使得考核更具导向性和前瞻性。

3. 科学决策。发展性指标的制定可为城市管理者提供调整现有管理决策，制定更适于未来城市发展需求的方向性和前瞻性指导，使得城市管理不拘于现状管理和传统城市管理问题的解决，从而为推动城市发展制定更加科学的管理决策。

4. 提供参照。发展性指标的设置特别是体现科学发展理念的指标，经由评价的激励性作用，可促进城市管理走向更加科学性和可持续，使得城市管理"由突击型到长效型、由粗放型到精细型"，也为常规性管理提供创新的依据，为改进管理提供参照。

5. 前瞻未来。城市管理发展性评估可对当前城市管理中不利未来城市发展的做法形成有效约束和科学引导。及时发现现有管理系统中可能对未来城市发展构成的威胁和挑战问题，及时调整思路，增强预判能力，适应新的发展趋势。

二、指标选取的依据

（一）反映城市发展与管理的新理念

倡导低碳低耗管理和绿色环境管理，建设资源节约型、环境友好型城市；突出宜居城市建设，提高城市管理品质，努力为群众创造一个人与自然和谐相处的宜居环境，打造"清洁、亲水、清净、绿色、无视觉污染"的"国内最清洁城市"。坚持"以人为本、以民为先"的理念，构建"和谐城管"。以科技强管提升城市管理绩效，提高城市管理政府监管能力，建立与杭州城市发展水平相适应的先进城市管理体系。

（二）理论依据

城市系统具有动态发展变化性，这决定了城市管理及其评价需要反映其动态变化，即需要制定那些能反映城市发展变化要求的城市管理评价指标。按照城市管理指数构架总体思路，发展性指标是整个城市管理评价指标体系重要内容。城市发展水平类指标的构建将以城市发展理念更新为指导，体现城市及其管理未来的发展战略目标，以推动城管工作的不断创新发展。

人的幸福是社会经济发展的终极目的，城市管理最终是为了满足的人生存与发展需要，为了让人的"生活更美好"。伴随着，社会经济的发展，人们对城市城市生活要求越来越高，不仅包括传统的衣食住行物质满足，还包括情感、尊重、自我价值实现层面的追求。以人为本进行城市管理，让城市更加适于人类的生活、工作，从而获得更加丰富精神快乐体验，是未来城市发展大趋势，也体现着城市管理的终极目的和价值取向。

优良的生态环境是城市赖以存在与发展的基础，也是构成人们幸福生活的重要内容。生态城市是未来城市发展转型的重要方向，因而也是未来城市管理重要内容和实现的重要目标。实现人地和谐是未来城市管理的重要任务。绿色城管是实现城市可持续发展的重要保障。

建设宜居、生态之城需要强有力的人力与技术支撑。与此同时，城市管理工作日益复杂化需要依靠广大市民参与，发挥各方面的聪明才智。社会治理理念是一种新的社会管理理念。强调政府主导下的公众参与社会治理的重要作用，强调政府、社会组织、企事业单位、社区以及个人等诸行为者，通过平等的合作型伙伴关系，依法对社会事务、社会组织和社会生活进行规范和管理，最终实现公共利益最大化。社会治理成为未来城市治理模式的新方向。

城市是一个复杂的巨系统，且瞬息万变。因此，城市管理是个复杂的系统工程，需要实施处理海量信息，实现城市的精细化管理，这需要相应的强大技术支撑。智慧城管是在新一代信息技术支撑、知识社会创新环境下的城市管理新模式。它以物联网、云计算为代表的新一代信息技术为支撑，通过全面透彻感知、宽带泛在互联、智能融合应用，形成以市民为中心、城市社会为舞台的用户创新、开放创新、大众创新、协同创新，将以人为本的价值实现提升到一个新的高度，实现城市管理者、市场、社会多方协同的公共价值塑造和独特价值创造，实现城市管理从生产范式向服务范式的转变。

（三）政策依据

以人为本是我国新型城镇化的核心，《国家新型城镇化规划（2014—2020）》明确将"以人为本、公平分享"。作为城镇化的重要内容，城市管理必然要求将人作为根本目的，服务于城镇居民的生存发展需要。《杭州市"十二五"城市管理规划》提出了全省率先建成惠及全市人民的小康社会、共建共享"生活品质之城"作为总目标，提出坚持"以人为本、以民为先"的理念，构建"和谐城管"其本质也在于以人为本。

根据《国家新型城镇化规划（2014—2020）》要求，要把生态文明理念全面融入城镇化进程，着力推进绿色发展、循环发展、低碳发展，节约集约利用土地、水、能源等资源，强化环境保护和生态修复，减少对自然的干扰和损害，推动形成绿色低碳的生产生活方式和城市建设运营管理模式。今后绿色低碳城管必将成为我国城市管理的指导原则。《杭州市"十二五"城市管理规划》将倡导低碳低耗管理和绿色环境管理，建设资源节约型、环境友好型城市；努力为群众创造一个人与自然和谐相处的宜居环境，打造"清洁、亲水、清净、绿色、无视觉污染"的"国内最清洁城市"作为基本指导思想。

党的十八届三中全会《中共中央关于全面深化改革若干重大问题的决定》明确提出要"创新社会治理体制"，强调坚持系统治理，加强党委领导，发挥政府主导作用，鼓励和支持社会各方面参与，实现政府治理和社会自我调节、居民自治良性互动。党的十八大四中全会进一步明确，要深入开展多层次多形式法治创建活动，深化基层组织和部门、行业依法治理，支持各类社会主体自我约束、自我管理。《杭州市"十二五"城市管理规划》明确将民主民生作为城市管理的基本指导原则，即城市管理要充分重视民意，充分发扬民主的形式，引导社会各界和广大市民对城市管理工作的最广泛的参与，充分吸收老百姓的意见和建议，通过落实"四问四权"，以民主促民生的方法推进城市管理工作，促进社会和谐。

　　智慧城管是智慧城市建设的重要组成部分。为规范和推动智慧城市的健康发展，住房城乡建设部启动了国家智慧城市试点工作，并对评估通过的试点城市（区、镇）进行评定。为进一步推进智慧城市建设，2014年8月27日，国家发改委、工信部、科技部、公安部、财政部、国土部、住建部、交通部八部委联合印发《关于促进智慧城市健康发展的指导意见》，提出到2020年，建成一批特色鲜明的智慧城市，聚集和辐射带动作用大幅增强，综合竞争优势明显提高，在保障和改善民生服务、创新社会管理、维护网络安全等方面取得显著成效。《杭州市"十二五"城市管理规划》在其指导思想中，也明确提出要以科技强管提升城市管理绩效，提高城市管理政府监管能力，建立与杭州城市发展水平相适应的先进城市管理体系。

　　（四）现实需要

　　深入贯彻科学发展观，走新型城市化道路，构建和谐社会的重要时期，是深化改革开放、加快转变经济发展方式，是杭州市"十二五"期间乃至今后相当一段时期重要任务。为使杭州市城市管理继续保持"国内一流、省内示范"的水平，必须建立一套能体现科学发展观、新型城市化战略、和谐社会建设基本理念及未来城市发展要求的城市管理评估指标体系，以引导、规范、促进杭州未来城市管理保持全国领先地位。

　　1. 当前杭州市仍面临着诸多问题，如交通拥挤、停车难、城乡接合部环境、河道水质、垃圾分类处置、户外广告设置、城市立面管理等。这在较高起点上更进一步提升对城市管理工作提出了挑战。

　　2. 回应未来利益诉求的需要。虽然当前市民对杭州城市管理总体比较满意，但随着生活水平的提高，市民有更多的期盼，他们希望城市管理工作能够更进一步的创新管理理念，提升管理能力和服务水平，能够更进一步加大解决群众关心的问题的能力。以人为本，及时回应居民诉求应是杭州市未来城市管理的重要方向。

　　3. 应对未来城市竞争的需要。当前国内各地城市党委、政府对城市管理工作高度重视，国内城市间的竞争越来越激烈，城市间的竞争就像"逆水行舟，不进则退"。因此，要继续保持国内领先、省内示范的地位，对杭州城市管理必须要及时更新理念，制定体现未来城市发展的城市管理目标和考核指标体系。

三、指标体系的构成及其内在联系

（一）体系表的结构、层次

城市管理发展水平类指标体系如表9-2所示。

城市管理发展水平类指标体系　　　　　　　　　表9-2

一级指标	二级指标	三级指标（计量单位）	权重	适用于管理层次	
				城区	街道
城市管理发展指数	人本城管	I_1社区城管服务室配备率（%）	0.12	√	√
		I_2社区律师服务配备到位率（%）	0.06	√	√
		I_3城管文明执法满意率（%）	0.09	√	√
	绿色城管	I_4清洁能源使用率（%）	0.08	√	√
		I_8合同能源管理率（%）	0.06	√	
		I_6辖区污水处理率（%）	0.06	√	
	智慧城管	I_7物联网技术普及率（%）	0.06	√	
		I_8事务全程网上办理率（%）	0.08	√	
		I_9城市管理可视化程度（%）	0.06	√	√
	参与治理	I_{10}城管执法志愿者参与率（%）	0.04	√	
		I_{11}"三长"设立覆盖率（%）	0.08	√	√
		I_{12}城管网格覆盖率（%）	0.08	√	√
	高效城管	I_{13}城管财政支出比重（%）	0.05	√	
		I_{15}城管事务及时处置率（%）	0.03		
		I_{16}城管行政执法投诉率（%）	0.02		

注：指标$I13$为逆向指标，其值越大，表明城市管理效率越低。

（二）指标解释

1. 人本城管评估指标

（1）社区规范城管服务室配备率（I_1），即辖区社区建立规范城管服务室的所占比重（建立规范社区城管服务室的社区/总社区数×100%），反映城管机构向基层延伸以服务基层民众的程度。这里的规范城管服务是指所设服务是有充足的人员配备、完善的制度与硬件设施配套。可通过社区居委会及居民调查获得相关数据。

（2）社区律师服务配备到位率（I_2），即辖区社区中有签约律师为居民提供免费法律咨询、法律知识宣讲服务的所占的比重（有签约法律服务律师的社区/辖区总社区数×100%），反映城市管理为居民提供便捷法律服务的程度。可通过社区居委会及居民调查获得相关数据。

（3）便民服务细化度（I_3），即辖区统一制定的便民服务项目数，反映辖区城市管理便民服务的细化程度，以上年度区、街道城管机构制定的便民事项数量计算。这里的便民事项必须是本年度由城管机构制定并在全区推行的项目（含经济、公安、民政等方面的业务）。

（4）结对工作综合覆盖率（I_4），即"三进三亮"结对工作机制覆盖社区、企业、学校综合比例（本年度辖区内开展"三进三亮"结对工作社区、学校、企业/辖区社区、学校、企业总数×100%）反映城管工作服务基层的深入程度。可通过社区、学校、企业调查获得相关数据。

（5）无障碍环境覆盖率（I_5），即在辖区道路、各类场所内为残障人士建立无障碍活动服务设施的覆盖率，反映城市管理服务残障弱势居民的程度。这里的无障碍环境主要指物质环境即道路、建筑无障碍。按照国际通行标准，无障碍环境应包括如下几个方面：在一切公共建筑的入口处设置取代台阶的坡道，其坡度应不大于1/12；在盲人经常出入处设置盲道，在十字路口设置利于盲人辨向的音响设施；门的净空廊宽度要在0.8m以上，采用旋转门的需另设残疾人入口；所有建筑物走廊的净空宽度应在1.3m以上；公厕应设有带扶手的座式便器，门隔断应做成外开式或推拉式，以保证内部空间便于轮椅进入；电梯的入口净宽均应在0.8m以上。

（6）城管文明执法满意率（I_6），即居民对城管执法文明程度情况表示满意的居民的比重（对城市执法回答满意的居民/受调查居民总数×100%），反映城市管理终端执法人性化与和谐程度。这里的居民既包括常住居民也包括外来务工临时居住人口。该项数据可通过居民抽样调查获得。

2. 绿色城管指数指标

（1）清洁能源利用率（I_7），即清洁能源使用占整个城市运行中能耗中的比重，反映大城管中能源结构优度。这里的清洁能源包括核能及水力发电、风力发电、太阳能、生物能（沼气）、海潮能这些可再生能源。可从环保局统计资料获得相关数据。

（2）合同能源管理普及率（I_8），即辖区内与节能服务公司签约获得节能服务的企事业单位数占总高能耗单位数量的比重，反映节能模式市场化程度。可通过政府相关部门调查获取数据。

（3）人均综合用水量（I_9），以某年"辖区各类用水总量/辖区总人口"计，单位吨/人，反映城市综合用水效率。这里的总水量城市生产运营用水、居民家庭用水、公共服务用水、消防及其他特殊用水的总和，该指标可通过相关统计数据计算获得。

（4）城市污水处理率（I_{10}），即辖区内年度处理的生活污水、工业废水量占污水排放总量的比重，计算式是污水处理量÷污水排放总量×100%，反映城市污水得到治理的程度。该指标可通过相关统计数据计算获得。

3. 智慧城管类指标

（1）智慧城管投入比（I_{11}），辖区城管系统信息技术改造占总城管投入中的比重，反映城管工作对智慧城市建设资金支持程度。数据可从辖区城管部门财务部门获取。

（2）物联网技术普及率（I_{12}），即辖区城管物联网覆盖社区比重，反映城市管理智能化程度。这里的物联网技术包括无盲区电子监控设备系统、城管服务室人员城管通等信息收集与反馈设备配备情况。指标数据可通过社区调查获得。

（3）城管事务全程网上办理率（I_{13}），即各项城管事务中可实现通过网络全程办理的所占比率，反映城市管理互联网技术为民服务的水平。这里的网络全程办理是指居民从反映利益诉求到得到满意答复整个过程均在网上实现。通过城市管理网站查询可获得此项指标数据。

（4）城管信息系统共享率（I_{14}），即与政府其他相关职能部门业务信息系统的互联共享的比重，反映城市管理在信息技术层面协同度。可通过部门访谈获得该项指标值。

（5）城管可视化率（I_{15}），即主要城管业务采用空间信息系统进行可视化管理的比重。反映城管监测的技术水平。这里城管业务主要是指城市管理对其监管对象可视化监管工作。此项数据可通过城管部门领导访谈获取。

（6）信息采集系统完善度（I_{16}），即城管信息的专业采集、部门自查、群众发现完备程度与结合程度。反映智慧城管信息收集环节的完善程度。信息渠道多元信息越精确可靠。可通过辖区部门问卷调查获得。

4. 社会治理类指标

（1）企业共建共管参与率（I_{17}），即辖区企业参与城市共建共管的比例。反映辖区内微观经济组织层面参与城市管理的程度。可通过企业调查获得相关数据。

（2）城管志愿者参与率（I_{18}），即辖区贴心城管普通市民志愿者数量占总市民数量比例。反映普通市民参与城市管理的程度与积极性。可从相关统计部门获得指标数据。

（3）"三长"制管理综合覆盖率（I_{19}），即辖区河道、楼道、街道设立河道长比例、楼道长比例、街道长比例的等权平均值。反映城市公众参与城市管理的长效机制的程度。可通过城管统计数据获得指标值。

（4）城管网格覆盖率（I_{20}），即网格化管理覆盖社区占辖区总社区数的比重，反映城市管理智能化的方式的先进与规范化程度。

（5）城管业务市场化率（I_{21}），即公共服务业务政府采购、特许经营比重（两项投资额占总额比重）。反映城市管理业务借助市场力量，发挥微观经济组织作用的程度。可通过政府统计部门数据计算获得。

（6）决策公众参与度（I_{22}），即城管决策中充分考虑和吸纳了公众意见决策比率，反映城市管理决策层面公众参与的程度。指标数据可通过城市管理部门访谈获取。

（7）公众监督程度（I_{23}），即辖区内社区建立独立的城市管理公众监督机构的比重。反映公众对城市管理活动本身监督程度。可通过社区调查获得相应指标数据。

5. 城市管理效率类指标

城市管理财政支出比重（I_{24}），即城市管理各项财政开支占辖区政府年度总财政支出的比重，反映城市管理经济效率。这里的城管财政开支包括人员工资福利、机构运行成本，公用设施运行与维护成本。数据可通过政府与城管部门财务年度开支材料文件获取。

城管在编人员比重（I_{25}），即城市管理在编在岗人员占辖区总在编在岗公务员比重，反映城市管理人力资源效率。这里的城市管理在编在岗人员是指在城管机构财政供养的人正式编制人员。其数据可通过相关统计年鉴获得。

城管事务及时处置率（I_{26}），即城市管理运行过程中，各项事务在规定时间内完成的比例。这里的各项包括决策、管理、执行三个层面的管理事务。可通过城管机构调查获取。

城管行政事务办理投诉率（I_{27}），即城市管理行政执法事务被投诉的比率，是反映城市管理有效性的逆向指标，投诉率低表明城市管理越有效。这里的城管行政执法包括城市管理各专业领域城管执法。数据通过城管机构调查获取。

发展水平类指标共有五个一级指标、27个二级指标，考虑到指标的代表性和数据可获得性，表9-2仅选取15个二级指标，其余指标作为参考性指标，可根据实际需要计入附加分数。

（三）各部分相互联系及其重要性

以人为本，以最大限度地增进广大居民的幸福，是未来城市管理的根本价值取向和目标所在。绿色城管、社会治理、智慧城管是实现这一目标的根本途径。其中绿色城管，建设生态城市，实现人地关系和谐，不仅是生态文明建设的内在要求，也是建设宜居城市、实现居民可持续幸福的应有之义。倡导社会治理，鼓励公众等多元主体参与城市管理，不仅是提升未来城市管理的重要手段，参与过程本身也可直接提升广大城市居民的幸福水平。智慧城管理念为实现城市管理人本目标、发挥公众参与力量、建设生态城市文明提供了很好的技术平台。智慧城管通过适时便捷的信息网络技术手段可以及时获取、处理、反馈广大城市居民的利益诉求，同时也为广大居民为改进创新城市管理出谋划策提供了便捷的渠道。此外智慧城管发达监控设备和网络也为及时发现和解决城市生态环境问题提供了可能。

四、指标体系的适用范围及应用要求

（一）适用范围

不同层级城市管理机构在城市管理过程中职责分工不同，因而上述发展性指标在用于评价城市管理机构绩效时，其适用对象不同。就杭州市城市不同层级管理机构职责分工看，城区层面机构即区城市管理局职能在于城市管理政策制度制定、监督、协调等。街道层级的城市管理机构即城市管理科主要负责本辖区内具体城市管理业务。其职责重在操作实施层面。因此在上述发展性指标中凡属操作实施层面的指标才可用于衡量街道层面的城市管理评价，而属于宏观决策、协调、监管类指标适用于城区层面管理。考虑到街道层面城市管理是对上级城市管理决策一种实施或响应，街道是城区的基本构成要素，因而同一城区街道层面的城市管理可作为评估城区层面城市管理水平的指标。上述指标中可用于街道评价的指标如"发展性指标体系表"所示。此外在上述城市管理发展性指标体系中，有些多数指标所指已经在杭州有所实施；有些指标所指在杭州市还没普遍开展，但却代表了未来城市及管理发展过程必然趋势，如合同能源管理实施情况。

（二）应用要求

基于发展性指标使用范围的上述分析，在应用发展性指标评估城市管理水平时应区分不同指标所适于评估的对象。有些指标涉及的城市管理范围非街道层面所能做到的如污水处理率，不适于街道层面城市管理评价，有些指标所指是在城区层面推进的如律师进社区，城市管理信息共享、城市业务市场化，因而也不适于街道层面城管机构评估。

由于一些发展性指标所指在杭州市并没有普遍推行，还处于一种刚刚起步、示范阶段，如合同能源管理等，相当多数城区或街道还没实施，因而也不适于城区或街道城市管理现状的评价。

此外，杭州市不同城区或街道城市发展现状及未来发展功能地位不同，因而在用发展性指标体系评估城市管理时各层各项指标权重应有所不同。未来发展同类功定位评价可设置统一的指标权重且可比较，未来发展功能定位差异大，其评价值不宜比较。

五、发展水平类指标指数化

（一）指标数字化

为便于操作与统计分析，本发展水平类指标体系在设定时尽量将定性概念定量化表示（多采用比率形式），如为反映城市管理为居民提供法律服务便捷程度，采用社区律师服务配备到位率，以有签约法律服务律师的社区/辖区总社区数×100%计。并界定了相关概念的内涵与外延（统计口径），给出了相应的计算公式和数据获取途径。通过查找相关统计资料或调查访谈获得相关数据后可以对相关指标进行数字化表示。

（二）指数化方法

发展水平类指标指数化采用加权综合指数法。方法可分为如下三个步骤。① 将获取的分项指标值进行无量纲化处理，便于指标值间进行加总。② 采用层次分析法（AHP），对各层指标进行赋权，为消除个人偏好的影响，这里层次分析法将以专家群组打分为基础。③ 最后对各层指标进行加权综合获得城市管理发展情况分项指数。

$$M_2 = \sum_i a_{2i} \times Z_{2i} \times 100$$

式中：M_2 为城市管理发展指数，a_{2i} 为二级指标权重值，Z_{2i} 为二级指标计算值。

（三）指数化意义

发展水平类城市管理指数将作为城市管理综合指数的重要组成部分，体现当前城市管理理念的先进程度，并对未来城市管理起到激励引导作用。构建发展水平类指标并纳入城市管理考评体系中对改进未来城市管理及其考评具有极其重要的意义。首先，发展水平类指标体现的人本、生态、参与、公平、智能、高效等理念代表了未来城市发展基本方向，也是人类有效解决当前城市发展面临的诸多管理问题的必然要求。因此发展水平类指标构建本身将对改进未来城市管理起到积极的引导作用。其次，将发展指标纳入城市管理考评体系，将有效激励采取更加符合未来城市发展要求的理性措施，进而促进未来城市健康、可持续发展。因此发展水平类指标的构建对城市管理的考评是一次重大改进。

构建发展性管理指数，对改进城市管理考评工作具有如下重要启示：① 城市管理考核必须突破常规，以未来城市发展先进的理念为指导。考评的根本目的在于改进城市管理工作，促进城市发展。而常规城市考核通常基于传统思维和条框，难以从根本上促进城市发展转变。② 城市管理考核必须具有动态思维，能够洞察未来人类社会与城市发展新方向与新需求，并充分考虑变化了的社会经济发展条件，不断调整或设置考核指标体系。

第四节　特色创新类评价指标体系

特色创新是城市管理"活的灵魂"，如何科学评估和有效促进城市管理特色创新的形成与凝练，是城市管理的重要内容和任务。建立科学合理、行之有效的特色创新类指标评价体系在城管理评价中具有举足轻重的地位和作用。本书将从特色创新类指标体系构建的意义、指标选取的依据、指标体系构成及其内在联系、适用范围及应用要求和指标指数化等五个方面进行阐述。

一、特色创新类指标体系构建的意义

（一）构建特色创新类指标体系在城市管理指数中的地位和作用

特色指标指的是衡量和体现一个组织特色的相应数值和标准。所谓特色是指一个事物或一种事物显著区别于其他事物的风格、形式，是由事物赖以产生和发展的特定的具体的环境因素所决定的，是其所属事物独有的。其理解维度有两个：① 从历史纵向的维度出发，特色是与传统紧密相连的，没有传统就不可能有特色；② 从现实横向的维度出发，特色与功能紧密相关，没有功能也就不可能有特色。具体表现为4种形式：① 有区别于同类的特征；② 有明显高于同类的优势；③ 有突出的实践效果；④ 有应用、推广价值和示范作用。

特色创新类指标是城市管理指数不可或缺的重要组成部分，能够促进城市充分挖掘和彰显自身的管理特色，进而形成"人无我有、人有我优、人优我特"的创先争优的良性发展局面。其主要作用有三个：

1. 标尺作用。特色创新类指标作为城市管理指数的重要组成部分，是城市管理考核的主要内容之一，其定量考评结果是衡量城市管理水准，以及实施奖励或惩罚的重要依据。

2. 引导作用。特色创新类指标是城市管理核心竞争力的重要体现，一定程度上代表着城市管理发展的未来方向，具有长期性和战略性，必将对城市管理形成强有力的引导。

3. 激励作用。特色创新类指标的定期或不定期评价考核，好的特色创新类指标的示范引导，以及对优秀主体的各种奖励，将对城市管理产生积极的激励作用，促进其进一步优化。

（二）特色创新类指标的应用价值

1. 提升特色。特色创新类指标设立与运用的直接目标在于提升杭州市城市管理特色化水平，形成契合城市管理传统传承与现代创新、符合城市发展整体定位和阶段特性的特色化评价指标体系，进一步促进城市管理特色的凝练与提升。

2. 服务全局。特色创新类指标设立与运用的出发点和落脚点是为了"城市，让生活更美好"。这在很大程度上形成了与城市经济社会发展重大战略密不可分的关系，因此特色创新类指标要能够与浙江全省、杭州全市的大政方针、重大战略相结合，服务全局做好城市管理水平提升。

3. 探索经验。浙江历来是改革开放的最前沿，杭州作为浙江省会，承担着敢为人先的改革创新历史使命。杭州城市管理的实践与经验积累，不仅是为了让杭州城市管理水平更上一层楼，更是为了给浙江乃至全国城市管理提供经验参考。

二、特色创新类指标选取的依据

（一）理论依据

1. 动静结合原则。基于城市管理是一个动态发展、不断提高的系统。因此，特色创新类指标体系必须能够反映城市管理的现状、潜力，以及未来变化趋势。指标选取时静态指标与动态指标相结合，利用静态指标反映城市管理的现状水平，利用动态指标预测城市管理的发展前景。

2. 导向性原则。指标设计应在推进城市管理水平、促进城市特色化发展等方面加以引导，使评价指标建立在科学、可靠和可行的基础之上，建立在促进城市管理水平提升、城市特色化发展的基础之上。

3. 可操作性原则。指标设计不仅能客观地反映城市管理特色创新的实际情况，而且应该通俗易懂，易于取得较为准确的数据，能够较为准确地完成评估的任务，以真正做到为政府、企业、中介机构等在评价城市管理水平与趋势时提供量化的依据。

（二）政策依据

1. 中共浙江省委《关于认真学习贯彻党的十八届三中全会精神全面深化改革再创体制机制新优势的决定》，2013年；

2. 杭州市人民政府，《杭州市国民经济和社会发展第十二个五年(2011—2015年)规划纲要》，2011年；

3. 杭州市人民政府，《"美丽杭州"建设实施纲要(2013—2020年)》，2013年；

4. 杭州市人民政府，《杭州市打造"国内最清洁城市"五年规划》，2007年；

5. 杭州市人民政府,《"智慧杭州"建设总体规划(2012—2015)》,2012年;

6. 杭州市人民政府城市管理办公室,《杭州市城市管理规划》, 2005年;

7. 杭州市人民政府城市管理办公室,《杭州市"十二五"城市管理发展规划》,2011年;

8. 杭州市人民政府,《杭州市"三改一拆"三年行动计划(2013—2015)》,2013年;

9. 杭州市人民政府,《杭州市生态文明建设规划（2010—2020）》,2011年;

10. 杭州市人民政府,《杭州市"清水治污"专项行动方案》, 2013年;

11. 杭州市人民政府,《杭州市城市防汛排涝三年行动计划（2014—2016）》,2014年。

（三）现实需要

1. 杭州城市管理转型的历史性。适应我国正处于经济社会转型发展的关键期, 城市化进程的快速推进和管理质量的提升面临前所未有的历史性机遇与挑战, 特别是随着杭州市"做大盘子"、提升品质、实现可持续发展的要求, 智慧经济不断拓展、区域定位更加清晰, 亟须形成对城市管理的科学路径及合理评价的体制机制, 谁能抓住机遇, 谁就能走在前列。

2. 杭州城市管理基础的扎实性。杭州作为中国重要的历史文化名城、全国文明城市, 在城市管理上形成了大量可资借鉴的重要经验, 为城市管理的特色凝练与创新提升奠定了坚实基础。

3. 城市管理自身外延的复杂性。城市管理涉及内容广泛, 不仅包括对空间、社会、经济、环境等诸要素的管理, 还涉及城市内部的民众服务项目, 以及生态系统运转、区域协同演进等一系列问题。这些既对城市管理提出的现实要求, 也为特色创新提供了宽广的土壤。

（四）经验借鉴

城市特色是由特色资源转化而来的, 系统的产生必须具有强大的扩散和渗透能力, 系统本身对外部流动要素又具有很强的吸引和集聚能力。[1]城市特色定

---

① 黄兴国, 石来德. 城市特色指标体系与评价[J]. 同济大学学报(自然科学版), 2006(8).

量指标体系如表9-3所示。

城市特色定量指标体系　　　　　　　　表9-3

一级指标	序号	二级指标	指标说明
贡献力	1	特色系统经济增加值占全市GDP的比重	特色系统对国民经济的贡献
	2	特色系统从业人员占全市从业人员的比重	特色系统对城市社会的贡献
带动力	3	特色系统的影响力系数	特色系统对前向产业的推动作用
	4	特色系统的感应度系数	特色系统对后向产业的拉动作用
辐射力	5	特色系统经济增加值占全省（国）相应系统增加值之和的比重	特色系统的能量优势程度
	6	特色系统主导产出对市外贸易地区覆盖率	主导产出的辐射广度
	7	特色系统主导产出省（国）内市场占有率	主导产出的辐射广度
吸引力	8	特色系统实际利用外资占全省（国）相应系统投资的比重	体现对外吸引力
	9	国际（区域）性企业总部、中介组织占全省（国）相应系统组织的比重	体现对外吸引力
	10	特色系统主导要素流量占全省（国）相应流量的比重	主导产业在全省（国）的集聚程度
主导性	11	特色系统主导产品的著名品牌占全省（国）的比重	体现对主导产品的市场支配能力
	12	与特色系统主导产业直接相关的国际性、全国性节庆活动和会议等占全省（国）的比重	体现对主导产业的支配能力
	13	特色系统主导产业的研究机构、技术中心占全省（国）的比重	体现对主导产业的技术支配能力
增长力	14	特色系统经济增长率与全市经济增长率的比例	特色系统与城市经济发展的协调程度
	15	特色系统主导产出增长率与全省（国）相应系统产出增长率的比例	主导产业与产业总体发展水平的协调程度
	16	特色系统主导产业生产率与全省（国）同行业生产率的比例	主导产业发展能力的优势程度
集中度	17	特色系统空间面积占城市面积的比重	特色系统的空间规模性
	18	特色系统企业数量占城市企业总数的比重	特色系统的企业规模性
	19	特色系统核心功能区地均产出与系统地均产出的比例	特色系统的集聚程度

一级指标	序号	二级指标	指标说明
市场化	20	专业市场等交易平台的系统主导产出交易额占系统主导产出的比重	特色系统产出交易的市场化程度
	21	与特色系统相关的中介组织占全市中介组织的比重	特色系统市场发育程度
	22	与特色系统相关的法规、制度占全市法规、制度的比重	市场化的保障水平

三、特色创新类指标体系的构成及其内在联系

（一）体系表的结构与层次

特色创新类指标(一级指标)包括T_1"五水共治"、T_2"三改一拆"、T_3智慧城市、T_4文明创建和T_5美丽杭州等5个二级指标，每个二级指标又包含3～5个三级指标。具体如表9-4所示。

特色创新指标体系　　　　　　　　　表9-4

一级指标	二级指标	三级指标（计量单位）	指标解释	指标权重	可用于城区评价	可用于街道评价
特色创新类指标	T_1"五水共治"	T_{11}治污水综合成效	市区垃圾河、黑臭河治理完成情况占计划完成的比例；市区生态示范河道创建完成情况占计划完成的比例	0.04	√	√
		T_{12}防洪水综合成效	市区防洪设施建设完成情况占计划完成的比例；市区实际防洪能力达标情况占总汛情的比例	0.04	√	√
		T_{13}排涝水综合成效	市区排涝设施建设完成情况占计划完成的比例；市区实际排涝能力达标情况占总汛情的比例	0.04	√	√
		T_{14}保供水综合成效	多层住宅"一户一表"入户改造工作完成情况占计划完成的比例；屋顶水箱封闭工作完成情况占计划完成的比例	0.04	√	√
		T_{15}抓节水综合成效	节水型居民小区创建情况占计划完成的比例；雨水收集利用项目建设情况占计划完成的比例	0.04	√	√

续表

一级指标	二级指标	三级指标（计量单位）	指标解释	指标权重	可用于城区评价	可用于街道评价
特色创新类指标	T_2"三改一拆"	T_{21}旧住宅区改造完成率	旧住宅区改造完成数量占计划完成数量的比例	0.04	√	√
		T_{22}旧厂区改造完成率	旧厂区改造完成数量占计划完成数量的比例	0.04	√	√
		T_{23}城中村改造完成率	城中村改造完成数量占计划完成数量的比例	0.04	√	√
		T_{24}违法建筑拆除完成率	违法建筑拆除数量占计划完成数量的比例	0.04	√	√
		T_{25}群众性事件二次发生率	群众性事件二次发生量占"三改一拆"行动数量的比例	0.04	√	√
	T_3智慧城市	T_{31}智慧城管	贴心城管APP覆盖率，即贴心城管APP覆盖人口占城市常住人口的比例；贴心城管活动的知晓率，即贴心城管活动知晓人数占城市常住人口的比例	0.05	√	√
		T_{32}智慧交通	停车诱导系统覆盖率；道路信息采集终端安装率	0.05	√	
		T_{33}智慧社区	社区信息服务覆盖率；社区老人信息化监护服务覆盖率；居民小区安全监控覆盖率	0.05	√	√
		T_{34}智慧公共安全	公共场所视频监控覆盖率；重大突发事件应急系统建设率	0.05	√	√
	T_4文明创建	T_{41}斑马线前文明礼让比例	斑马线前市区公交车礼让行人的比例；斑马线前本地小车礼让行人的比例	0.08	√	
		T_{42}城市管理志愿者活动	城市管理志愿者活动(文明劝导)的频率	0.06	√	
		T_{43}文明宣传普及率	社区书屋创建的比例；社区宣传栏创建的比例	0.06	√	√
	T_5美丽杭州	T_{51}生态环境综合指数	生态环境监测预警体系覆盖率；水环境功能达标率；空气质量达标率；治气治废完成率；控制扬尘比例	0.12	√	

一级指标	二级指标	三级指标（计量单位）	指标解释	指标权重	可用于城区评价	可用于街道评价
特色创新类指标	T_5 美丽杭州	T_{52} 生态文化工程建设进展	生态文化工程建设完成情况占计划完成的比例	0.04	√	√
		T_{53} 公共文化服务体系覆盖率	公共文化服务体系覆盖范围占建成区面积的比例	0.04	√	√

（二）各部分相互联系及其重要性

特色创新指标体系的5个二级指标主要代表当前杭州市城市发展管理中的重大战略而设定的，分别是浙江省委省政府高度重视的"五水共治"和"三改一拆"两大经济转型升级的重要抓手，杭州市适应经济转型发展要求所倡导的"智慧城市"建设，以及兼具城市市容市貌形象美和言行举止文明行的"文明创建"和"美丽杭州"，突出围绕和服务重大现实战略的导向性。五个方面各有侧重、有机互补，形成了当前特色创新类指标体系的主要内容。

四、特色创新类指标体系的适用范围及应用要求

（一）适用范围

特色创新类指标选取充分考虑不同城区之间的差异，以及不同行政层级之间的差异，具有较强的适应性，基本能适应整个城市区域的管理评价，建议以区为主要考核单位进行评估。

（二）应用要求

1.客观性与严谨性。明确各个具体指标的权重比例，制定严格翔实的评分标准，杜绝在评分体系中出现主观臆断。

2.统一性与差异性。尽管评价指标体系构建中寻求所涉及内容的全市全覆盖，但由于各区基础条件的差异和推进进程的不同，考评过程中既要注意统一性，也要考虑不同阶段的差异性。

3.表征性与根源性。城市管理评价的最终目的是为了提高城市管理水平，

因此在形成对特色创新类指标表征评价的同时，要更加注重观察和探究其背后的体制性根源，以期为破解问题根源、提升管理水平奠定基础。

五、特色创新类指标指数化

（一）指标数字化

为便于操作和简化程序，以十分制为基础，将指标数字化。

（二）计算方法

鉴于5项特色化城市管理呈现基本均衡的发展态势，专家问卷的复杂性和差异性，建议基本按照平均的方式进行分层；同时，考虑到美丽杭州建设中生态环境建设任务较重，适当调整比例，建议相对于上一级指标权重为3/5。

城市管理市民评价指数基本模型为：

$$M_3 = \sum_i a_{3i} \times Z_{3i} \times 100$$

式中：M_3为城市管理特色创新指数，a_{3i}为各二级指标权重值，Z_{3i}为二级指标计算值。

（三）指数化意义

特色化指数是城市管理指数的重要组成部分，对科学城市管理指数的构建具有重要影响。特色化指标对城市管理指标的主要意义有三个：

1. 凸显城市管理特色化。城市化不是城市一样化，城市管理也需要形成自身的特色，即在传承历史印记的基础上，形成自己鲜明特色，打造能"让人记住、留下印象"的城市形象。

2. 倡导城市管理个性化。城市管理的最终目标是为了让城市居民生活得更美好和舒心，因此，城市管理应以服务城市居民为基础出发点，形成符合当地居民需求、适应城市管理水平提升的个性化特征。

3. 促进城市管理品质化。城市管理特色的形成与个性的凝练，旨在切实提升城市管理品质，特别是体制机制的创新，核心目标是更加契合城市居民的生产生活需要，更加有助于提升生产生活的便利度和品质化。由此，特色创新类指标的设置与评估是彰显城市管理品质的最主要判断依据。

第五节　市民评价类指标体系

一、指标体系构建的意义

（一）构建市民评价指标体系在城市管理指数中的地位和作用

"十二五"以来，杭州市城市管理工作坚持以科学发展观为指导，围绕"打造东方品质之城、建设幸福和谐杭州"的总目标，坚持"以人为本、以民为先"的理念，坚决落实"城市管理让生活更美好"的主题服务，努力打造"清洁、亲水、清净、绿色、无视觉污染"的"国内最清洁城市"，积极构建"和谐城管"，不断创新，提高城市管理政府监管能力。

杭州城市管理工作在市委、市政府的重视和全市人民的共同参与下，按照"城管上水平、百姓的实惠"的目标要求，开展了"五水共治"、城市增亮、公厕提升等实事工程，解决了在城市管理工作中出现的一些问题，取得了一定成效，"十二五"规划实施总体上进展比较顺利。随着城市管理体制的调整，市政设施管理和城市公用事业改革的不断深入，品质杭州的城市形象逐渐确立。为适应科学发展和民生为本施政理念需要，杭州城市管理正在努力完善城市管理考核中逐步强化市民参与的社会评价机制。

概言之，构建市民评价指标体系就是为建立杭州市各城市管理部门公众满意度指数连续测评的科学体系和定期发布的运行机制做好前期准备，为提高杭州城市管理水平提供准确、可靠、及时、有效的决策依据。

（二）市民评价指标的应用价值

1. 定量评价

对市民评价指标体系采用定量评价是指采用数学的方法，收集和处理数据资料，对评价对象做出定量结果的价值判断，对评价对象的特性用数值进行描述和判断。定量评价具有客观化、标准化、精确化、量化、简便化等鲜明的特征，其定量分析结果可以简明地反映市民对于杭州市当前城市管理工作中的意见，为后期城市管理工作改进提供具有实践价值的参考依据。

2. 科学考核

市民评价指标体系考核的科学性具体体现在：① 可以保障城市管理效率与权利兼顾。追求城市管理效率是建立城市管理科学评估体系的核心，也是市民对城市管理的共同期望。效率与权利应作为城市管理评估的价值导向，在城市管理评估中不能仅从效率出发，同时还应注重公众的权利，实现效率与权利兼顾。② 强化城市管理与服务统一。城市管理就应该以市民为中心，以市民的需要为导向的，城市管理评估本身就蕴涵着服务和市民至上的管理理念。可见，城市管理与服务应作为城市管理科学评估的双重价值追求。实现城市管理是为了促使地方政府提供更好的公共服务，城市管理评估本身就包含着市民导向的服务理念。

3. 科学决策

科学决策是指决策者凭借科学思维，利用科学手段和科学技术所进行的决策，也是指决策者为了实现某种特定的目标，运用科学的理论和方法，系统地分析主客观条件做出正确决策的过程。市民评价指标体系的科学决策应用价值主要体现在程序性、创造性、择优性、指导性。

4. 有效监督

市民评价指标体系在有效监督方面的应用价值主要体现在：① 可以提高认识，引起重视。城市管理工作是一项长期艰巨的任务，对其实施量化评比，可以全面提高城市管理的针对性和有效性，真正达到以考评管、以考促管、以评促建的目的。② 保证自律廉政、公平公正。市民参与评价可减少随意性和"和稀泥"考核，阳光评判，公平公正，杜绝考评中的不正之风，对城市管理真正产生有效监督。

5. 改进管理

市民评价指标体系在改进管理上的应用价值集中体现在：① 可以促进城市管理方式从粗放转向精准。自从有了全球定位系统GPS之后，此项技术就被运用于各行各业。过去，我们在城市管理上实际上采用的是十分粗放的管理模式，对管理对象的空间位置不准确、时间不准确、责任不准确，管理只能是低效率的。新管理模式应通过多项数字城市技术的应用，实现对管理对象空间上、时间上和责任上的精确定位，使我们的城市管理由粗放转向精准。② 可以转变城管执法工作中粗放式、突击式和生硬式的管理模式，推进长效型城市管理模式的发展，完善城市管理工作的长效化，实现"人治"型向"法治"化转变。

二、指标体系的构成及其内在联系

（一）指标体系的结构、层次

市民评价指标体系如表9-5所示。

市民评价指标体系   表9-5

一级指标	二级指标	三级指标	权重
市民评价指标	社区城管水平	卫生情况	计入街道指数，占其10%
		垃圾分类、投放	
		车辆停放	
		消防通道管理	
		路面、排水设施	
		宠物管理	
		秩序管理	
	街道城管单项评价	卫生情况	计入街道指数，占其70%；同时计入城区指数，占其75%
		市容秩序	
		市政道路管理	
		河道管理	
		亮灯管理	
		绿化管理	

续表

一级指标	二级指标	三级指标	权重
市民评价指标	街道城管单项评价	工地施工	计入街道指数，占其70%；同时计入城区指数，占其75%
		公厕管理	
		城管执法	
	街道总评	街道居民总体印象	计入街道指数，占其20%
	城区印象指数	全市市民对各城区印象评价	计入城区指数，占其15%
	实事工程评价	"排涝水"工程	计入城区指数，占10%
		"治污水"工程	
		"抓节水"工程	
		"保供水"工程	
		便民服务	
		"三改一拆"工程	
		照明暗区整改	
		公厕改造	

（二）指标解释

具体见《杭州市城市管理市民调查问卷》《居民小区公共环境秩序》。

（三）各部分相互联系及其重要性

根据杭州市《2014年度各区政府（管委会）城市管理目标考核细则》，把作为市民满意度对象的城市管理工作主要分为两类。第一类，基本管理工作，主要包括：清洁城区、序化街面、绿化养护、亮化管理、道路管理、广告监管、垃圾管理、公厕管理、河道管理、停车管理、执法工作、数字城管。第二类，实事工程，主要包括：治污水、排涝水、保供水、抓节水、城市增亮、公厕提升。以上市民评价各个部分都是城市管理总体评价中的基本元素，体现出了其内在的系统性与完整性。另外，指标的选取具有非常高的科学性，因地制宜、因时制宜，考虑到了指标数据的简明扼要，条目名称的简单易懂，数据的易查易算，各项指标规范而实用。对于杭州市各城市管理部门的服务质量改进提供可靠、有效、准确的依据，以促进其持续不断地提高管理水平和服务质量具有非常大的现实意义。

三、指标选取的依据

（一）理论依据

目前的公共服务质量评价中，国内学者大多处于对公共服务质量评价的阶段，而国际上以公民满意和公民取向日益成为政府政绩考核主体的时代背景下，我国学者还很少从整合社会学、公共管理学和经济学多学科理论和方法的视角来系统的研究公共服务质量。当前西方国家对公共服务质量研究的趋势聚焦于对公民满意度的探讨。将公民满意度作为质量的指标回答了这样一个问题"为了谁进行质量改进？"通常人们认为在公共物品和公共服务领域，公民是质量的所有利益相关者中最为重要的。公民是公共物品和公共服务的终端用户，公民对质量评价是服务结果的指示标。

美国最早在"顾客调查"的基础上，通过类似的"市民调查"来搜集民意，以便于更好地分配公共服务资源。调查的内容包括：① 特定的服务质量，包括识别问题区域上的公民满意度；② 各种服务的使用者和非使用者的数量和特性；③ 不喜欢或者不使用特定服务的原因；④ 新服务的潜在需求；⑤ 居民在不同社区议题上的意见等。作为一项质量衡量标准，公民满意度是一种将公民的意见反馈量化的有效工具，它反映了公民是公共服务利益相关者中最为重要角色的事实。虽然它并不是唯一的衡量指标。但却是最为重要的指标。对于公共服务的提供者、大众媒体和广大公众而言，是一个颇具吸引力的衡量工具。

在公共服务质量评价的指标体系中，有部分学者将其看成是一种特殊的尚品，质量包括了产量、效率和使用者的反馈等。公共服务使用的反馈指标，主要衡量"顾客"，也就是市民在使用服务时的感受。游学者在借鉴顾客价值论的基础上，关于顾客价值的四维模型对公共服务质量进行了划分。还有学者利用

SERVQUAL模型对公共服务质量进行了划分，包括了有形性、可靠性、保证性和移情性四个评价维度。其中，有形性包括服务提供机构的物质设施、设备以及职员的外表；可靠性包括服务机构在服务过程中可靠地、精确地履行服务承诺的能力；保证性包括服务人员的知识和礼貌以及让顾客产生信任感和信心的能力；移情性包括服务机构关心、照顾其顾客、服务机构为其顾客提供个人化的关注。

当前，有多种技术及方法运用于公共服务质量评价，而这些评价技术原多用于商业领域的产品质量评价，其中包括Delphi法、DEA法、层次分析法（analytic hierarchy process）、网络层次分析法（analytic network process）、KANO模型、SERVQUAL模型和SERVPERF模型等。在实际运用中，根据评价服务的着眼点不同，评价公共服务质量的方法主要分为两类：即公众评价模式（公民满意度调查）和专业评价模式。公众评价模式的根本出发点是将公众视为公共服务质量利益相关者中最为重要的一方，公众理应享有评价公共服务质量的话语权。这种评价方法主要运用定性与定量研究相结合的方法，根据公众对公共服务的满意程度对公共服务质量进行评价。专业评价则是依据公共服务提供者或者第三方机构制定的衡量公共服务质量的标准，按照设定的指标体系和权重对公共服务质量进行定量的测评。由于现实中存在公共服务的接受者不具备某些评价公共服务质量的专业知识且较难获得政府公共服务的准确信息，或者公共服务专业评价标准的制定者无法确切判断出公共服务质量好坏的关键等缺陷，所以这两种方法在实际评价过程中可以混合使用，形成公民评价模式与专业评价模式相结合的二元评价模型。例如，在评价某项公共服务质量时，对公众满意度进行量化并赋予一定的权重与专业质量评价所得的结果进行加权处理后，得出该服务的质量得分，从而实现对该项公共服务的评价。

作为政府部门搜集民意的重要手段，同时伴随着公共部门在提供公共服务时越来越强调公民参与，公众评价模式受到的关注度不断提高—尤其近年来人们把"公民满意度调查"（Citizen Satisfaction Survey）作为识别公民偏好、了解公民预期以及评估政府绩效的有效手段，使公众评价模式逐渐成为连接政府公共服务供给与公民需求的桥梁。

（二）政策依据

市民评价指标体系构建的政策依据主要是杭州市《2014年度各区政府（管委会）城市管理目标考核细则》。另外，辅助性参考的政策文件包括：关于印发杭州市"十二五"城市管理专项规划的通知、杭州市"十二五"城市管理发展规划中期自评报告、杭州市"十二五"城市管理发展规划、各类考核办法、《关于规范城市管理日常监管问题抄告函制度的通知》、《关于印发〈杭州市打造"国内最清洁城市"第二个五年规划〉的通知》、《杭州市人民政府关于开展集体建设用地流转试点工作的实施意见》（杭政办函（2012）34号）市城管委三定方案等等。

（三）现实需要

构建杭州市民评价指标体系在现实中的需要主要体现在：了解构成杭州城市管理公众满意的构成要素、测定公众对于杭州市城市管理的满意程度、识别杭州市城市管理中的薄弱环节，并提出改进建议以及为建立杭州市各城市管理部门公众满意度指数连续测评的科学体系和定期发布的运行机制做好前期准备，为杭州市各城市管理部门的服务质量改进提供可靠、有效、准确的依据，以促进其持续不断地提高管理水平和服务质量等等方面。

（四）经验借鉴

1. 参考国内外城市指数和评价指标研究成果（具体见本书第二章）

2. 经验启示：

在评价方法上，分别采用了不同的方法，体现出评价方法的针对性和适用性。其中，定性与定量分析的结合使用，可以有效地避免单一评价方式造成的弊端。另外，通过专家打分法以及根据杭州城市管理的实践工作来确定各个层面指标的权重，可以保障指标结果的科学性、公平性、公正性。

各类指数及评价指标研究成果对杭州城市管理指数构建的思路具有很好的指导作用。在指标分类方面，可以有效地将考核指标的内容纳入其中，也可以尽可能地避免指标的重叠；在指标结构化方面，可以通过对考核指标的筛选，按照系统论理念以及满意度模型，确定核心考核指标，提升指标结构化的完整度。然后根据杭州城市管理实践工作，进一步细化指标。对于指标的量化，主要集中体现在问卷设置与处理上。在这个层面上，模糊综合评分法、因子分析法等等可以解决指标量化的问题。

　　数据获取及典型指标的选择。数据获取与典型指标的选择是双向决定的一个关系。数据的可获得性与否决定了指标选择的可取性，而指标的选择性与否又决定了数据获取的实际意义。通过参考各类指数及评价指标研究成果以及结合杭州城市管理实践工作，实现了数据获取和典型指标选择二者之间的均衡，最大限度上保障了指标体系的科学性及有效性。

　　各类指数及评价指标研究成果中的部分指标可吸收为本课题的发展性指标或特色创新指标。发展性指标或者特色创新指标由于随着特定环境的变化而改变，不像城市管理日常运营等方面的指标具有一定的稳定性。可吸收为本课题的发展性指标或特色创新指标主要来源于政策性文件、研究报告、前沿性的研究成果等等，对于杭州城市管理发展性指标或特色创新指标具有非常重要的作用。

四、指标体系的适用范围及应用要求

（一）适用范围

　　杭州市民评价指标体系的适用范围相对来说比较广，其评价的层次包括杭州城市管理总体层面、街道层面、小区层面；评价的内容也包括了杭州城市管理公共服务质量、实事工程、特色窗口、市民参与等等。市民评价指标体系以感观性指标为主，"让市民说话"，居民自评，让考核主体"看得见"、"拿得准"、"找对症"，真实反映街道、社区、窗口地区城市管理实际状况和工作水平；也让考核对象心悦诚服、便于落实、改进工作。

（二）应用要求

　　城市政府在实施城市管理的过程中，对实际执行结果进行评价考核是其中的重要一环，也是关键一环。全面、客观、公正地反映出市民评价的结果，就必须建立一套能全面反映城市管理绩效各个方面的特征指标的科学评价指标体系。为此，市民评价在实际操作过程中，务必要遵循可认知、易理解、可操作性原则，能够反映共性问题和突出问题。

五、市民评价类指标指数化

（一）指标数字化

市民评价指标数字化就是通过问卷调查获得市民的直观感受和总体印象，然后对问卷内容进行分类，基于满意度评价模型将市民评价体系分"公众认知、公众期望、感知质量、公众满意、公众信任、公众参与"6个二级指标、16个三级指标。另外，"公众满意度"问题设置较为全面、细致，均以各行业的直观感受为信息源。此外，利用该部分的评价选项答案反映"公众满意度"需要进行科学论证，比如按照肯定性选项数量的百分比作为区分满意度依据，如果90%的选项为是，则为很满意；80%～90%为较满意，60%～80%为一般，50%～60%为较不满意，50%以下为很不满意。

（二）指数化方法

市民评价指数化对象包括小区层面公共环境秩序水平、街道（乡镇）层面城市管理水平、窗口地区管理水平以及城市管理实事工程水平。其中，街道总体评价、街道分项评价、实事工程评价以及小区评价的好坏的程度结合以往杭州城市管理水平各类评价体系划分为很好、较好、一般、较差、差五个方面。评价结果以平均得分表示。平均得分的算法是通过赋予很好、较好、一般、较差、差五级水平各95、85、75、65、55的分值，然后借助于调查问卷统计数据计算出五级水平下每个评价内容的样本调查频率，最后对应相乘，获取平均得分。每一个市民评价指数化对象由典型的问题组成，每一个问题参考五级量表得分标准可以算出一个得分值。最后计算出所有典型问题的均值作为该市民评价指数化对象的最后总体水平得分值。另外，城区市民评价指数的计算方法由街道总体评价、街道分项评价、实事工程评价、小区评价四部分构成，通过赋予四部分特定的权重，就可以计算出城区市民评价指数的最终得分情况。

城市管理市民评价指数计算公式为：

M_4＝街道单项水平加总评价×75％＋城区印象指数×15％＋实事工程指数×10％

街道城管指数＝街道单项水平加总得分×70％＋街道印象得分×20％＋社区评价×10％。城区指数、街道指数计算方法和指标选择详见《市民评价分析报告》。

（三）指数化意义

市民评价指标体系是城市管理的直观感受，主要反映市民对城市管理基层工作的评价。市民评价的内容指标以常规性考核指标为主，指标来源通过问卷形式获得，体现城市管理"纵向到底"的工作格局。

市民评价指标指数化在政策意义方面，首先用于量化城市管理水平，并对城区、街道进行排序；其次，可以识别杭州市城市管理中的薄弱环节，并提出改进建议；再次，为建立杭州市各城市管理部门公众满意度指数连续测评的科学体系和定期发布的运行机制做好前期准备，为杭州市各城市管理部门的服务质量改进提供可靠、有效、准确的依据，以促进其持续不断地提高管理水平和服务质量。

第六节　结论与建议

一、精细化导向的城市管理综合评价指数计算方法

根据四类指数的重要性，分别赋予不同权重，然后进行线性加权求和即得城市管理综合指数。指数模型为：

$$UMI = \sum_i a_i \times M_i$$

式中：UMI为城市管理综合指数，a_i为四类指数各自权重值，M_i为四类指数计

算值。在城市管理综合指数中，专业监管指数、发展水平类指数、特色创新指数、市民评价指数分别占40%、20%、10%、30%。

二、主要结论

1. 城市管理指数是"四位一体"的综合性评价指数。跳出原有城市管理指数大多局限于专业监管评价的视野局限，充分认识和尊重城市管理及其评价的客观复杂性和影响的深远性，本课题组构建了融"专业监管类指标、发展水平类指标、特色创新类指标、市民评价类指标"在内的"四位一体"的整体性城市管理评价指数框架，缺一不可，具有全局性意义。

2. 要立足现实，扎实推进专业监管类指标评价。专业监管是城市管理现代化的基本要求，专业监管指数在城市管理综合评价指数具有基础性地位。立足现实，本课题组认为，专业监管类指标主要包括城市生活垃圾处置、城市市政设施、城市市容和环境卫生、城市河道、"数字城管"及城市管理信息化、城市照明、城市公用事业等七个二级指标。

3. 要着眼未来，科学设定发展水平类指标评价。随着城市社会经济的发展和居民生活水平的提高会对城市管理不断提出新的要求，城市管理发展水平类指标体现未来城市发展与管理方向，具有前瞻性和引导性作用。本课题组认为，基于现实发展与趋势，发展水平类指标主要包括人本城管、绿色城管、智慧城管、社会治理、高效城管等五个二级指标。

4. 要求同存异，着力探究特色创新类指标评价。特色创新类指标是城市管理指数不可或缺的重要组成部分，能够促进城市充分挖掘和彰显自身的管理特色，具有标尺作用、引导作用和激励作用，有助于形成"人无我有、人有我优、人优我特"的创先争优的良性发展局面。本书认为，从杭州城市管理演进历程与现实重大问题看，特色创新类指标主要包括五水共治、三改一拆、智慧城市、文明创建和美丽杭州等五个二级指标。

5. 要注重民声，充分挖掘市民评价类指标。市民评价指标体系旨在建立公众满意度反馈信息，为提高杭州城市管理水平提供准确、可靠、及时、有效的决策依据。本课题组认为，充分考虑杭州城市管理民生需求现实和不同区域需求差异，市民评价类指标主要包括社区城管水平、街道城管单项评价、街道总评、实事工程评价、窗口地区城管水平、市民参与水平、公共服务满意度、城区总体满意度等八个二级指标。

三、政策建议

1. 成立高层次城市管理评价领导小组。城市管理是一项关乎全局的复杂性、系统性工作，具有举足轻重的影响。建议由分管市委或市政府主要领导牵头，成立城市管理评价领导小组，作为市城市管理评价最高领导机构，确保权威性；下设办公室，负责城市管理评价具体工作。

2. 确立"三层－四维"的城市管理评价指数系统。城市管理评价是一把尺子，需要完善"专业评价、发展性评价、特色创新评价、市民评价"四维评价体系，对城市管理评价指数系统化、定式化和标准化，使各城区、各街道、各社区城市管理工作有据可依，建议适时发布"杭州市城市管理评价指数"。

3. 建立常态化的城市管理指数评价机制。建议按照市、城区、街道、社区不同层级职能分工，建立季度、年度的常态化城市管理指数评价与反馈机制，特别是强化城区的城市管理主体地位及其责任意识，将城区城市管理全面纳入四维评价体系，每年定期发布《杭州市城市管理白皮书》。

4. 形成动态化的城市管理指数调整机制。建议根据城市发展与市民需求变化，遵循不同指标稳定性差异，建立规范化的定期与不定期城市管理指数调整机制。

5. 深入探究差异化的分层评价指标体系。建议充分考虑不同城区、街道发展的客观差异，寻求总体平衡、可接受的差异化分层评价指标体系。

6. 充分发挥智囊机构和专家学者的作用。鉴于城市管理评价的复杂性和专业性，建议充分发挥宏观政策、专业技术和科学评估等不同领域智囊机构和专家学者的作用，有条件的情况下，可以考虑成立专家咨询委员会。

7. 健全城市管理评价考核、奖惩与反馈机制。评价的目的在于运用其进行考核、奖惩、反馈，进而使城市管理更上水平与层次。建议将城市管理纳入城区、街道政府年度考核指标。

第十章

上海市城市标准化管理现状分析及改进策略

第一节　上海城市标准化管理的主要做法

一、基本经验

上海是城市标准化管理的集大成者。近年来，上海城市管理重心不断转移，网格化综合管理不断深化，补短板工作大力推进，牢牢扣住市民需求，城市管理标准逐步建立，基本实现了行业管理的全覆盖，责任主体逐渐明晰，条块关系得到理顺，部门联动更加顺畅，智能化手段应用更加广泛，管理效率显著提升，逐渐形成城市管理的"上海样本"。上海城市精细化管理的核心理念是"三全四化"，即对城市实现全覆盖、全过程、全天候的管理，加快构建法治化、智能化、标准化、社会化的精细化管理服务体系。上海市城市管理落实"细致、精准、高效、可控"这些精细化管理的基本要素，在道路交通、城市公共服务水平与公共安全管理、制度建设、标准制定等方面为其他地区的城市精细化管理积累了上海经验。概括如下：

1. 在法治化建设中支撑标准化。《上海市城市管理行政执法条例实施办法》《上海市城市网格化管理办法》《上海市城市规划管理技术规定》对城市规划建设管理和行政执法都提出相关技术标准要求。《上海市城乡建设和管理"十三五"规划》明确提出推行行政审批标准化建设，推进城管执法机构标准化、规范化建设，施工现场质量标准化管理等目标任务。

2. 在网格化管理中体现标准化。制定网格化管理制度、标准、规范，实施"网格化＋"行动，建设城市网格化管理标准体系，完善网格化工作机制，实现三级平台规范化运行。创新大联勤模式，打造城市联勤社会治理综合标准体系。

3. 在规范化管理中实现标准化。对城市管理顽疾进行集中专项整治，对背街小巷进行全面整治改造提升。通过整治积累经验，逐步形成标准固化治理成果。

4. 在定量化考核中强调标准化。编制城市精细化管理标准手册，制定河道养护、工地管理、城管执法等领域绩效考核管理制度，建立起可量化的科学考评体系；强化第三方的测评监管，对市政市容环境管理全面推行第三方测评。

5. 在信息化应用中推进标准化。"十三五"规划建设城管智慧化四大系统，在城市管理精细化领域全面推广智慧应用，构建"五个平台"的城管执法信息化体系，实现装备基础标准统一，确保全系统执法装备数据信息兼容。

二、城市精细化管理"三年行动计划"

2017年，上海市实施城市精细化管理"三年行动计划"，制定行动目标：城市设施、环境、交通、应急（安全）等方面的常态长效管理水平全面提升，市民对城市管理的满意度明显提高，城市更加有序安全干净、宜居宜业宜游，生活更加方便舒心美好。提出工作思路：把握"一个核心"即以人为本，以"三全四化"为着力点，推进"美丽街区、美丽家园、美丽乡村"建设。"三全"，是指全覆盖、全过程、全天候。全覆盖，就是要把精细化管理要求覆盖到各个空间、各个领域和所有人群。全过程，就是要把精细化管理要求贯穿到城市规划、建设、管理全过程，实施全生命周期的精细化管理。全天候，就是要把精细化管理要求体现在一年365天、一天24小时的每时每刻。"四化"，是指法治化、社会化、智能化、标准化。其中，法治化是城市管理的根本保障；社会化，是城市管理的重要基础；智能化，是城市管理的重要手段；标准化，为精细化管理提供依据和标尺。"四化"中的标准化至关重要，既是行动计划的起点，也是其终点，更是在过程管理中反复运用并贯穿始终。

各城区认真落实精细化管理指导意见，相继制定三年行动计划，并着手编制适合本地区的城市综合管理标准体系。以"三个美丽建设"为载体，部分城区提出美丽庭院、美丽小区、美丽街区、美丽城区等不同尺度空间美化的标准。

第二节　部分城区城市管理标准建设情况

一、已有特色项目

（一）黄浦区：城市管理标杆城区和城市管理最过硬地区

黄浦区探索编制了城区综合管理的指导性标准。2015年全市率先发布《黄浦区城市综合管理标准》（1.0版）。该标准注重综合性、系统性，初步形成了区域城市综合管理标准体系的构成框架。对现行城市管理标准进行了梳理、归类和补编，划分为一般区域综合管理工作标准、特殊区域综合治理标准、重点行业管控标准三大类，形成"3+5+5+9"的标准体系。

2016年，在编制《黄浦区市政综合管理"十三五"规划》中，按照完备性、系统性、引领性、差别化的要求，制定并实施与黄浦窗口、名片、心脏地位相适应的具有较高水准的《黄浦区城市综合管理工作标准》（2.0版）及相关评价标准，与网格化综合管理处置标准相衔接，形成由工作标准、处置标准、评介标准三者合成的可操作、可推广的黄浦区城市综合管理标准体系；强化标准体系的权威性、导向性、约束性、推进性作用，指导推进黄浦区城市综合管理，厘清部门权责、操作流程，推进黄浦区城市综合管理标准化全覆盖，提高城区精细化管理水平。

黄浦区围绕"城市管理最过硬"目标，打造经典精品城区。推进最过得硬重点地区（风景区）、过得硬街道、过得硬道路和小区等的建设和打造，实现区域环境品质的整体提升。"十三五"期间，计划每年推进2～3个最过得硬区域或街道，40～50条段最过得硬道路，20～30个最过得硬小区，在全市市容环境社会公众满意度测评中保持前三。到"十三五"期末，12张名片全部实现过得硬地区，全区70%街道基本成为过得硬街道，70%（300～350条）的道路成为过得硬道路，70％的小区成为过得硬小区。

形成了城区网格化管理标准。编制了《上海市黄浦区城市网格化综合管理标准（试行）》。该标准由部件目录（5类97条）、部件管理标准（97条），事件目录（18类77项）、事件管理标准（77条）等四部分组成，对每个部（事）件的类别、问题内容、标准实施范围、责任单位、派遣平台、处置要求、管理依据做了明确界定或详细说明，内容规范、量化程度高、可操作性强。该标准在市里统一规定的标准目录外，还增加了公共设施、道路交通设施和园林绿化3个类别10条部件管理标准，以及街面治安、居民自治、历史建筑保护、市容环境、街面秩序5个类别27条事件管理标准，增强了城市网格化管理内容的完备性和问题针对性。配套出台了城区网格综合管理标准化的工作规范和考核办法。编制了《上海市黄浦区城市网格化综合管理工作手册（试行）》，对街道网格中心和网格工作站的工作职责、内设机构、人员配备、规章制度、运行机制、勤务模式、案件处置流程等做出详细规定。

总结梳理了顽症集中区域环境综合治理标准。专门制定了《黄浦区老城厢环境综合整治管理标准》，针对市容顽症痼疾提出非常严格彻底的治理标准，比如在总体标准中提出"四个必须"、"四个干净"等。

（二）徐汇区：打造衡复风貌样板小区

1. 主要做法：

① 永嘉新村改造升级小区环境。保护修缮23幢优秀历史建筑，整修房屋框架立面，落实每日定点巡查；实施住宅小区综合治理，改造公共道路设施，升级智能安防系统，加强物业精细化管理；落实生活垃圾分类减量，建设自动传感分类设施，协调做好上门收集、二次分拣和分类收运。② 优化提升治理能级。打造永嘉路578号公共文化艺术空间，举办"新村的老故事"永嘉新村特展等专题展览；做实社区党建联建平台，联合共建单位开展志愿、敬老等社区公益，协同社会组织推动社区更新、亲子服务等特色项目，支持居民组建议事机构和文艺社团，深化社区自治共治。

2. 徐汇区斜土街道整合资源聚焦重点提升精细化管理水平，实行事部件标准化管理。

部件类：日常可视的，可感觉的。如道路平整度，盲道设置。

事件类：三保（保洁，保绿，保安）；三违，违法搭建，违规经营（超范围经营，无规转行），违法设置广告牌、店牌；三拓，处理突发事件，防雷防汛，地震，公共卫生。

（三）嘉定区：大联勤标准体系

嘉定区研制完成了13项关键和急需的城市综合管理标准，对发现、上报、流转、处置、反馈等每一个环节的相关业务操作以标准的形式进行了固化，出台了《嘉定区城市综合管理标准体系》，建立了服务通用基础标准体系、服务保障标准体系、服务提供标准体系等三个子体系为基础的嘉定区城市综合管理标准体系。内容包括巡防队员装备配备及使用管理要求、工作人员录用管理和工作职责、信息指挥员操作规程、处置部门处置反馈规程、责任网格划分规则等。在构建综合性城市管理体系方面，嘉定结合全国文明城区指标体系，建立涵盖城市环卫保洁、园林绿化、交通秩序、经营秩序、市政设施等领域，覆盖城中村、老旧社区、背街小巷等区域的综合性城市管理指标体系。嘉定于2013年和2015年分别成功申报市级和国家级社会管理和公共服务综合标准化试点项目。在推进市级试点项目过程中，嘉定发布了《工作内容（事件、部件）规范》《处置部门处置反馈规程》《督查工作规范》等28项城市综合管理标准，初步建立了标准体系。在推进国家级试点项目过程中，在原有28项城市综合管理标准基础上，将标准化向12345市民服务热线、城市网格化管理等方面拓展，并新增8项标准。目前，全区12个街镇对城市综合管理标准的实施率达到100%。目前，嘉定区联勤网格化工作标准化体系已经通过"上海市社会管理与公共服务标准化试点"项目验收，并成为唯一一个成功申报国家社会管理和公共服务综合标准化试点的城市联勤社会治理综合标准化项目。

二、部分城区标准化建设规划

上海各城区制定精细化管理三年行动计划，推进城市综合管理标准体系建设，全面提升城市管理标准化水平，相继推出城市管理标准化建设规划。

（一）黄浦区

以"美丽景区、美丽街区、美丽家园"建设为重要抓手，全面推进城区管理精细化工作，把黄浦区打造成为上海城市管理最过得硬的地区和城市管理的标杆城区，城区品质更有持续力、吸引力、竞争力、引领力。

全面完善城区管理标准化体系。全面升级城区管理标准，对城区管理工作具体范围、职责、流程、标准等做出全面详细的规定，初步形成"2+N"（"一带一路一环"区域、老城厢区域2个综合标准+N个专项标准）城区综合管理标准体系。按照"三全四化"要求和分类分级原则，以"安全、有序、整洁、利民、美观、文明"为目标，制定完善"美丽景区""美丽街区""美丽家园"管理标准；针对现行管理标准存在的"缺、散、低"等问题，全面修订风景区、老城厢、市政设施、地面保洁、垃圾清运、绿化养护、灯景广告、车辆停放、工地、管线、地下空间、无违建创建、网格化管理等专项管理类标准，提升标准的规范性、体系化、集成度、引领力、约束力。健全城区管理标准化工作推进体系和制度机制，将管理标准与网格化处置标准、评价标准相衔接，严格按照标准要求，加强督查考核，切实抓好贯彻落实，重点加强风景区等重点地区以及老城厢、老旧小区、背街小巷等薄弱区域、薄弱环节的标准执行和措施落地实施。

率先探索城区管理的社会化评价机制，构建城区管理社会化评价指标体系；制定户外招牌精细化管理标准和导则，升级文明施工管理标准，推进民防工程安全管理标准化建设；优化网格化管理标准体系，推进管理类别标准化工作，修订《黄浦区城市网格化综合管理标准（2018版）》，拓展新增120余项管理子类，将管理类别细化为260余项；增设问题图例，量化损坏程度，明确发现立案标准、处置标准、结案标准。

（二）杨浦区

建立健全城市综合管理标准体系，落实对城市管理工作具体范围、职责、流程、标准和法律责任等的详细规定，作为精细化管理的标尺和依据。切实抓好贯彻落实有关工地、房屋、地下空间、数字化、薄弱区域、重要区域、交通、水务、市容景观等的管理类标准。主要提出以下要求：

1. 落实工地管理类标准。重点围绕工地噪声控制、光污染控制、扬尘控制、渣土管理、周边环境影响等方面，配合市相关部门制定标准，明确管理要求，并贯彻执行，全面提升工地管理规范化水平，应尽最大可能减少或消除对工地周边居民日常生活的影响。

2. 落实房屋管理类标准。对于居住小区，重点围绕公共区域秩序维护、公共区域清洁卫生、公共区域绿化养护、公用设施设备运行维护、机动车停放等方面，与街镇共同指导落实相关管理标准，全面提升居住小区在保安、保洁、保绿、保修和小区秩序等方面管理的规范化水平，建设居民满意小区；对于非居住物业，重点围绕公共区域秩序维护、公共区域清洁卫生、设施运行、外立面维护、机动车停放等方面，与街镇共同指导落实相关管理标准，明确相关管理要求。

3. 落实地下空间管理类标准。重点围绕地下空间消防设施、民防防护设施设备、环境卫生等方面，明确管理要求，落实管理责任，全面提升地下空间管理规范化水平，确保城区运行安全。

4. 落实数字化管理类标准。围绕网格化综合管理标准，明确各类部件、事件的管理要求。围绕服务热线管理标准，进一步明确包括"12345"市民热线、"12319"城建服务热线和"962151"城市管理服务热线等相关服务热线的服务规范要求。

5. 落实城市管理薄弱区域管理标准。重点围绕生态环境综合整治后的住宅小区、公共绿地、社区、各类园区等方面，落实相关管理标准，明确相关管理要求，巩固治理成果。

6. 加强薄弱区域、薄弱环节管理。重点加强对区域之间接合部、背街小巷、高架桥下等薄弱地区和薄弱环节的综合管理，着力提高地下管网、人行道砖、路灯、窨井盖等设施的完好率。

7. 落实重要区域管理标准。重点围绕商贸、文化、旅游、健身、主要道路、景观区域，落实管理标准，明确区域道路、绿化、水务、建构筑物、景观、环卫、环保、秩序、安全、服务等管理要求。

8. 落实交通管理类标准。在市政交通设施管理方面，重点围绕公路设施养护、城市道路设施养护、路桥设施使用等方面，明确落实相关管理要求，保持设施完好率；在交通运行管理方面，主要围绕公共客运服务、公共交通站点管理、公共客运应急管理、城市货运服务、停车服务等方面，配合市相关部门编制管理标准，明确管理要求，提高交通运行服务管理水平。

9. 落实水务管理类标准。重点围绕水闸管理、居民小区供水服务、公共排水设施管理、防汛信息服务标准、堤防管理等方面，配合市相关部门编制管理标准，明确管理要求，提高水务管理规范化水平。

10. 落实市容景观管理类标准。根据新修订的上海市《城市容貌规范》，重点围绕建（构）筑物、城乡道路、园林绿化、公共设施、户外广告与店招店牌、公共场所等方面管理标准，明确管理要求，提高城市容貌管理标准化水平。

（三）闵行区

1. 全面提升城市综合管理标准。建立健全与生态宜居现代化主城区相匹配的城市综合管理标准体系，对城市管理工作所涉及的具体范围、职责、流程、标准和法律责任等做出全面详细的规定，为精细化管理提供标尺和依据。按照可感知、可量化、易操作、易考核等原则，聚焦短板顽症，围绕消防管理、工地管理、房屋管理、地下空间管理、农村管理、城市管理薄弱地区、城市管理重要区域、交通管理、水务管理、市容景观管理、园林绿化管理、群租管理、违法经营管理、违法排污管理等重点领域，编制标准化管理制度规范。以标准化网格创建示范活动为牵引，推动标准实施、强化标准监督，注重系统优化，提高各专业标准系统性、协调性，提升标准化服务能力和水平。

2. 制定或修订工地管理类标准。重点围绕工地噪声控制、光污染控制、扬尘控制、渣土管理、废水管理、周边环境影响、交通工程文明施工等方面，编制相关管理标准，明确管理要求，全面提升工地管理规范化水平，尽最大可能减少或消除对工地周边居民日常生活的影响。

3. 制定或修订房屋管理类标准。对于居住小区，重点围绕公共区域秩序维护、公共区域清洁卫生、公共区域绿化养护、公用设施设备运行维护、机动车停放等，编制相关管理标准，全面提升居住小区在保安、保洁、保绿、保修和小区秩序等方面管理的规范化水平，建设居民满意小区；对非居住物业，重点围绕公共区域秩序维护、公共区域清洁卫生、设施运行、外立面维护、机动车停放、燃气安全使用等等，编制相关管理标准，明确相关管理要求。

4. 制定或修订地下空间管理类标准。重点围绕地下空间消防设施、民防防护设施设备等，编制相关管理标准，明确相关管理要求，落实管理责任，全面提升地下空间管理规范化水平，确保城市运行安全。

5. 制定或修订农村管理类标准。重点围绕村容整洁、农村基础设施使用管理、农村建筑风貌引导、液化气安全使用等，编制相关管理标准，明确相关管理要求，全面提升农村地区管理水平。

6. 制定或修订数字化管理类标准。重点围绕城市网格化综合管理标准，明确各类部件、事件的管理要求。

7. 制定或修订城市管理薄弱区域管理类标准。重点围绕区域生态环境综合整治后的城镇住宅小区、公共绿地及生态林、乡村居住社区、各类园区等，编制相关管理标准，明确相关管理要求，巩固治理成果。

8. 制定或修订城市重要区域管理类标准。重点围绕商贸、文化、旅游、健身等区域和主要道路、景观区域，编制管理标准，明确区域道路、绿化、水务、建构筑物、景观、环卫、环保、秩序、安全、服务等管理要求。

9. 制定或修订交通管理类标准。在市政交通设施管理方面，重点围绕公路设施养护、城市道路设施养护、路桥设施使用等方面，按照市编制的相关管理标准与管理要求，保持设施完好率；在交通运行管理方面，主要围绕公共客运服务、公共交通站点管理、公共客运应急管理、城市货运服务、停车服务等方面，按照市编制的相关管理标准与管理要求，提高交通运行服务管理水平。

10. 制定或修订水务管理类标准。重点围绕水闸管理、居民小区供水服务、公共排水设施管理、防汛信息服务标准、农田灌溉设施管理、堤防海塘管理等，编制相关管理标准，明确相关管理要求，提高水务管理规范化水平。

11. 制定或修订市容景观管理类标准。重点围绕建(构)筑物、城乡道路、园林绿化、湿地和保护区保护管理、公共设施、户外广告和店招店牌、公共场所等景观管理，编制相关管理标准，明确景观管理要求，提高城市容貌管理标准化水平。

12. 制定或修订园林绿化管理标准。编制园林绿化新建、改建、扩建，以及公园绿地、行道树、立体绿化等养护剪方面的管理标准，明确行业管理要求。

13. 制定或修订房屋群租管理类标准。编制群租前端管理、信息采集、案件处置、长效管理等方面的管理标准。

14. 制定或修订实有人口管理标准。编制实有人口信息采集、信息更新等方面的管理标准。

15. 制定或修订违法经营管理类标准。梳理本区违法经营突出问题，按照行政审批事项改革以及事中、事后监管要求，修订相关前端预防、案件处置和日常监管等方面的管理标准。

16. 制定或修订违法排污管理类标准。修订违法排污相关工作规范、工作流程和考核管理办法。

第三节　城市管理标准化建设情况分析[①]

上海城市管理各领域标准化建设具有较好的工作基础，为精细化管理奠定了基础。上海作为超大型城市不同于一般城市，推进城市精细化管理的形势更复杂、变量更多、难度更大，在其标准化建设推进过程中还存在着不少有待改进之处。

一、设施类管理标准缺陷

1. 公共安全设施管理

《上海市公共安全技术防范工程管理实施细则》《上海市公共场所人群聚集安全管理办法》《上海市大型群众性活动安全管理办法》细化了承办者、场所管理者的职责，细化了政府有关部门的职责；《上海市建筑消防设施管理规定实施

---

① 本节所做的情况分析，是2018年上海市城市治理重点专项课题"精细化导向的城市管理标准化研究"成果的一部分，资料来源于实地调查、工作访谈、政府文件、官方网站以及相关调研报告等，所指出的问题是基于2018年的情况。经过三年的精细化治理，多数问题已有改观。

细则》重点对建筑消防设施日程管理、共用建筑消防设施管理、消防控制室及其值班人员职责以及建筑消防设施维护、保养、检测单位职责及要求等方面做了详细规定。《上海市人民政府关于进一步加强公共安全风险管理和隐患排查工作的意见》，将加强公共安全风险管理和隐患排查贯穿于城市规划、建设、运行、发展等各个环节。但是也存在一些问题，比如，安检在高峰时段形同虚设，在站实时人流数量监控与风险预警还不够到位；食品药品安全的全生命周期的监管衔接还未形成系统办法；重大活动和突发事件的应急处置、危险品运输及储存等方面的源头预警与过程监控也需要重点加强。

2. 城市道路公共服务设施管理

城市公共服务设施，其中道路、广场、公园等公共空间的小型公共服务设施也被称为"城市家具"（Street Furniture），概指城市环境中的公共设施，按其使用服务功能大体分类为：公共休闲服务设施、交通服务设施、公共卫生服务设施、信息服务设施、美化丰富空间设施等。《上海市城市居住地区和居住区公共服务设施设置标准》对居住区的公共设施做出详细规定，但是城市家具方面还没有设计、维护管理标准。当前此类设施存在如下问题：① 分布不均，数量偏多。② 占地偏大，影响出行。③ 设施损毁，影响使用。④ 规格多样，造型繁杂。⑤ 缺乏美感，视觉污染。需要从满足使用功能需求向装饰审美和文化传承需求提升。

3. 居住区公共服务设施标准

现有《上海市城市居住区和居住区公共服务设施设置标准》包括居住地区级公共服务设施设置标准、居住小区级公共服务设施设置标准、街坊级公共服务设施设置标准、居住区幼儿园与中小学设置标准（中心城）、居住区小汽车停车率标准、居住区自行车停车率标准。

4. 慢行系统建设

上海慢行系统建设较为滞后，部分人行道年久失修，部分道路被临街商户占道经营，部分道路因路窄或停放各种车辆影响通行，无障碍设施建设不足、缺乏维护，同时还普遍存在"通达性不足、舒适性不够、功能性不强"的问题。此外，路权问题、设施的连续性和人性化问题、交通安全问题等是困扰自行车出现的障碍。

二、绿化、环境类管理标准缺陷

1. 城市维护作业和管理定额标准方面

环卫保洁作业定额标准，2011年3月，上海市建设和交通委正式发布了上海市"道路清扫保洁"和"公共厕所管理保洁"两个项目的作业养护定额。上海市原市容环境卫生管理局发布的《上海世博会园区环境卫生标准》和上海市质量技术监督局发布的《道路和公共广场及附属公共设施保洁质量和服务要求》《公共厕所保洁质量和服务要求》这两个地方性标准。目前，"生活垃圾（粪便）清运"和"市管水域保洁"作业养护两个定额编制也已经完成。但同时还暴露出环卫一线职工收入严重偏低、收入缺乏正常增长以及环卫作业经费投入相对不足等一些问题。

园林绿化、绿地管理执行《上海市园林绿化（公园、街道绿地和行道树）园艺养管标准》《上海市园林绿化养护综合配套定额》。目前上海市绿化和市容管理局承担的《上海市园林绿化工程养护维修预算定额第一册环卫作业》正在编制之中。

2. 水务管理方面

上海市水务局陆续出台了147项水务管理标准，但在后期实际管理过程中依然存在着"有标准不执行，有标准不知谁执行，有标准但分工不明无法执行"等情况，使得部分管理标准制定发布后就搁浅了，没有发挥应有的管理效能。

三、城市管理相关法规缺陷

上海城市管理相关法规建设仍有待完善，如失信或轻微违法行为缺乏有效治理手段，在执法过程中存在缺少法律依据而执法混乱的问题，对于法规系统还需要进一步理顺，例如对于适用多项法规的同一违法行为，部分法规相互冲突，执法人员无所适从。同时，部分领域法律法规太繁杂，上海城管执法共有9个方面约450项执法权，这使得具体执法的法律依据过于分散庞杂，在法律适用上难度颇高，往往出现适用法律文件量过大、处罚依据过多、处罚依据之间甚至会出现一定冲突矛盾等情况。此外，部分领域执法力度不够，在整治违法建筑方面，从巡查发现到处置都有明确规定，但是像巨鹿路888号历史建筑被拆除的案例却始终未能避免。

第四节　城市管理标准化建设改进建议

一、总体思路

1. 做好顶层设计，规划引领精细化管理的标准化建设。精细化管理基础在于文化，根本在于制度，关键在领导，成败在考核，持续在培训。标准化建设纳入城市发展战略规划，以全球卓越城市定位城市精细化管理标准建设，成立有上海市主要领导牵头，由城市管理部门主导，标准管理部门、质量管理部门、发展改革部门、法制部门、立法机构等相关部门参加的城市精细化管理标准建设规划领导机构，建立统筹协调城市管理标准化建设的工作机制。

2. 坚持有所为有所不为，城市管理标准建设全面推进、重点突破、分步实施。在当前技术适宜的条件下，选择城市管理中的社会公众关注和领导重视的焦点问题和涉及民生服务的痛点问题，作为标准化管理领域的突破口。结合前述的三类精细化管理需求，在三个领域选择部分事项，明确标准化工作的重点，破解城市管理难题，提高市民满意度和获得感。

3. 构建国际领先、国内示范的城市精细化管理标准体系。以"全球城市制高点，国际潮流引领者，国家标准主导者"为上海城市标准化战略，以国际化城市"上海标准"为城市管理标准化建设总目标，在宏观架构上提出完整的标准设计框架，在具体领域，根据市情和需要，按照标准发布主体、约束效力、实施领域，细分标准类型，做好标准之间的衔接和统一，最终形成结构紧凑、逻辑严密、繁简适度、覆盖面广、时效性长、科学性强的城市管理标准体系。

4. 注重城市管理标准体系建设并做好与法律法规体系的衔接和配合。由于法律法规体系和标准体系在制定主体、法律效力和分类依据等方面不一样，加强两个体系及制定主体之间的衔接和配合对于推进依法治市和城市管理精细化很重要。建立法律政策与标准的紧密互动机制，构建基于风险评估的标准体系（自愿性、推荐性、强制性标准）。

5. 协力研制"上海标准"，鼓励政产学研用多元主体参与标准制定。针对具有专业性强、涉及面广、协调要求高的城市管理服务，发挥社会中介组织的专业优势，相关政府部门可通过市场化方式，由更具专业优势的社会中介组织承担标准研制、标准体系构建、效益评价等具体事项，政府部门则加强对工作实施和公共经费使用的监督。成立城市精细化管理智库，研究编制精细化标准，利用国际国内会议、学术平台、媒体推广传播"上海标准"。

6. 制定"标准名市"战略，加强城市管理标准化领域国际交流与合作。实质性参与国际智慧城市的标准化活动，积极开展与智慧城市及城市管理标准化工作相关的国际交流与合作，引进发达国家的先进经验、理念和模式，推动国内标准逐步与国际接轨，利用国际间的多边合作平台，多种交流渠道，获取标准应用方面的信息，在学习引进中创新发展。

7. 建立城市精细化管理标准体系的保障机制。从体制机制、人才资金、社会参与、法律法规、激励约束等方面为精细化标准建设提供充分的保障。

二、总体要求

上海市委市政府提出实现"让城市更有序、更安全、更干净、更有温度"的城市管理总目标和"细致、精准、高效、可控"的城市管理要求。

《中共上海市委、上海市人民政府关于加强本市城市管理精细化工作的实施意见》（以下简称"实施意见"）指出，要加快推进城市综合管理标准体系建设，全面提升城市管理标准化水平。建立健全与超大城市特点相适应的城市综合管理标准体系，对城市管理工作具体范围、职责、流程、标准和法律责任等做出全面详细的规定，为精细化管理提供标尺和依据。按照可感知、可量化、易操作、易考核等原则，聚焦短板顽症，重点围绕智慧城市、城市基础设施、水务、交通运行、城管执法、市容环卫、园林绿化、房屋管理、地下空间、市政消防水源等领域的标准化工作，通过制定一批、完善一批、提高一批技术和管理标准，进一步优化完善城市综合管理标准体系。推动标准实施，注重标准衔接，强化标准监督，提高各专业标准系统性、协调性，提升标准化服务能力和水平。

实施意见指出，要切实抓好标准的贯彻落实。严格按照标准要求，加强对近郊城乡接合部、远郊农村、背街小巷、高架桥下等薄弱地区和薄弱环节的城市管理，着力提高地下管网、人行道砖、路灯、窨井盖等设施的完好率。修订完善城市维护管理相关规定，编制城市维护作业和管理定额，建立动态调整机制，根据经济社会发展状况和物价变化情况及时调整，确保定额编制更加科学合理，为按照标准实施城市管理提供资金保障。深化养护作业市场化改革，推动水、电、气等专业服务单位以及城市养护服务作业企业提升服务作业水平。该要求指明了标准化建设的重点领域和方向，明确了部分重点领域管理标准制定的具体要求和研制方法。

具体而言，标准化建设体现如下六点要求：

1. 在标准的编制导向上，坚持问题导向和需求导向，注重突出重点、聚焦短板，紧紧围绕城市运行的安全问题、城市治理完整痼疾、市民反映强烈、民生痛点等问题，在消除问题成因、减少风险隐患、补齐管理短板、固化治理效果、提升市民满意度、幸福感、获得感、安全感等方面提出具有实效性的精细化标准。近期应加快推进城市基础设施、市容环卫、园林绿化、房屋管理、地下空间、交通运输、工地管理、村镇管理、安全应急等行业标准化工作。

2. 标准的覆盖领域上，坚持应编尽编，系统整合，以全领域覆盖为根本要求，对城市管理涉及范围、领域、事项进行全面细致的汇总梳理，列出标准编制清单目录，构建城市管理标准框架，力求把应该编制的标准尽量编入，做到不遗漏、全覆盖。

3. 在标准的内容建设上，要按照可感知、可量化、可操作、易考核等原则，完善并充实包括专业化管理目标、设施标准、技术标准、作业规范、管理流程等内容在内的完整标准体系。

4. 在标准的优化方向上，要针对目前城市管理领域标准化工作存在的"缺、低、散、虚"等问题下功夫，偏低的标准应抓紧提高(如市区排涝标准和二次供水设施标准等)，缺失的标准应尽快制订，同时应注重推进行业内部标准的统一及相关行业之间标准的衔接。

5. 在标准的研制时序上，分区域、分领域、分类别、分层次开展。按照《实施意见》的要求，各城区制定本辖区的"美丽家园"建设和管理标准、"美丽城区"建设和管理标准、城管执法领域精细化管理工作三年行动计划。

6. 在标准的体系结构上，既考虑当前的紧迫性又要兼顾创新的前瞻性，既要坚持整体提升，守住基础性底线标准，也要追求拉高标杆，注重标准的引领性和严格性。创新性标准方面可专家公众参与、信用治理、绿色生态、人文关怀等内容；标杆性标准可增加窗口地区、风景区、天际线、示范区的提标内容。

结合上海城市管理现状，遴选出城市精细化管理9大领域。借鉴施昌奎等关于北京城市精细化管理十大领域的划分[1]并按照各领域不同的本质特征，以及在城市运行和发展中的不同功能和作用，城市精细化管理需求分为三个层次，分别是：城市基础性精细化管理需求、城市发展性精细化管理需求、城市品质性精细化管理需求，如表10-1所示。

城市精细化管理标准化领域　　　　　　　　　　　表10-1

城市管理需求	主题	领域选择
城市基础性精细化需求	城市生命线	市政市容、公共安全、城市交通
城市发展性精细化需求	城市品牌	城市环境、应急管理、公共服务
城市品质性精细化需求	城市魅力	城市形象、城市生态、城市服务

基础性城市管理标准涉及城市安全、城市运行等方面，发展性城市管理标准涉及公共服务、社区治理、应急管理、城市环境等方面，品质性城市管理标准涉及城市形象、城市生态、城市服务等方面。在轻重缓急上，可优先研制基础性城市管理标准，重点研制发展性标准，精心研制品质性标准。当然也不是

---

① 施昌奎，赵长山，姚娉. 北京城市精细化管理的标准化路径探索 [J]. 城市管理与科技，2014(2): 20-23.

完全绝对划分，三大主题均有涉及重点研制标准。

三、标准化建设的重点领域

精准"补短板"，聚焦消防和安全隐患最突出，居民投诉最集中、整治难度最大的区域。固化重点区域"五违四必"环境综合整治成果，及时转化为环境治理标准。

强化公共安全标准化。以实现平安城市为目标，推进全区安全生产、消防安全标准实施和监督，支撑公共安全有序发展。

提升公共服务标准化。推进公共服务标准化建设，完善公共服务提供能力，加强医疗卫生、养老服务、就业和社保、公共文化服务等公共服务领域标准化建设。

抓好政府管理标准化。加强政府服务、司法行政等领域的标准化建设，树立依法行政管理和服务意识，提升行政服务中心、社区事务受理中心和司法行政综合法律服务中心（窗口）、12348公共法律服务平台的服务标准化水平，推动司法行政服务和保障能级提升。

强化城市建设和管理标准化。积极推进城市建筑工程质量、基础设施、水务、市容环卫、园林绿化等领域的标准化工作，提升城市建设和管理标准化、信息化和精细化水平。

标准化的重点领域主要集中于城市管理的棘手问题、顽疾问题，包括PM2.5治理，交通拥堵和居民安全等方面，具体内容如表10-2所示。

城市精细化管理标准化建设领域　　　　表10-2

序号	领域	涉及类别或事项	标准化工作重点	
			基础保障类	先进引领类
1	市政市容	垃圾与水务	垃圾处理	垃圾分类、循环经济
			污水处理	节水利用、截污纳管、雨污分流
			地下管线	综合管廊、信息化管理

续表

序号	领域	涉及类别或事项	标准化工作重点	
			基础保障类	先进引领类
2	公共安全	交通、治安防范、消防与信息、公共卫生安全	交通运输安全	安防监控、平安城市
			消防安全	信息安全
			重大公共卫生防疫	疫情预警、防控、健康建筑、健康社区
3	城市交通	基础设施	轨道交通	智慧交通、导向系统、停车引导、慢行系统
4	应急管理	自然灾害、生命线系统	排洪排涝、防汛防台、抗雪防冻、基础设施应急	应急预案、智慧防控
5	城市环境	大气治理、河道治理、渣土治理	汽车尾气	油品品质、汽车新国标
			清洁能源	电动汽车、餐饮油烟
			施工扬尘	道路遗撒、施工噪音
			黑臭水体	河道景观
			渣土运输	建筑垃圾综合利用
6	城市生态	园林绿化、海绵城市	园林绿地养护	湿地保护、立体绿化
			水景观	水生态、生态廊道
7	城市服务	小区、社区、街区、城区	便民服务、公共服务	美丽家园、美丽街区、美丽城区、未来社区

资料来源：根据施昌奎等人（2014）改编。

选取部分重点领域开展标准研制：

1. 环卫领域：加强对废弃物的管理，加强对废弃物的物理和化学分析、试验、检测领域以及垃圾衍生燃料（RDF）在废弃物处理方面的标准研制；加强在外包业务中标准的研制，在合同规范、招标与进选、绩效监督、风险防范环节研制相关标准。

2. 园林绿化领域：加强对城市屋顶绿化、高架桥立体绿化、广场养护等方面标准的研制；加强在外包业务中标准的研制，在合同规范、招标与进选、绩效监督、风险防范环节研制相关标准。

3. 景观照明管理领域：加强对城市照明的管理，加强对照明设施的节能环保、光污染限量、照明设施的养护、照明设施的维修服务、照明产品的标准化管理；户外广告的设置、管养维护、安全防护、城市容貌评价方面的标准研制。

4. 城管执法领域：加强在执法人员服装标识规范、案件档案管理、城市管理案件移送、督察及程序等方面标准的研制。

5. 智慧城管领域：加强对数字化城管业务流程的规范，在数字化城市管理案件立案、信息采集等方面的标准研制。

四、分层推进标准化建设

（一）明确必不可少的标准

城市生命线系统关系到城市的常规运行，基础类城市管理标准属于必不可少，市政设施运行管理标准、环卫作业标准、垃圾综合治理标准、公共安全设施管理标准、城管执法标准是标准的必选项目。

（二）优先考虑亟须整改的标准

与市民日常生活密切相关，市民投诉集中的城市管理事部件，属于亟须整改的标准。比如，市政设施（城市家具设计、配置、建设；城市无障碍通道；路牌、指示牌；公厕指路牌、高铁站进出口标志标识），无障碍设施管理需要进一步规范；固废治理（垃圾分类、渣土车治理、建筑垃圾倾倒、大件垃圾处理、垃圾焚烧等）；城管执法（队伍建设、执法规范、执法流程等）。

此外，对于社区服务问题，主要有社区公共服务、社区便民服务两个方面：一是制定老旧小区基础设施更新技术规范。"美丽家园"建设，按照"一小区一方案"要求，进一步提升标准、细化内容，不断解决住宅小区中涉及民生的设施设备改造和增设等突出问题。做好地下空间、地下管线整治和改造更新工作。探索符合条件的旧小区加装电梯工作。实施"一平方米卫生间"改造，为有条件的小区进行卫生间"合改独"改造。二是制定社区公共服务设施维护管理规范。推动"美丽家园"建设与居家养老、现代物流、房屋租售以及社区医疗、警务等相关资源的融合，打造平安、舒适、便捷、有序的社区生活空间。

（三）加快制定亟须建立的标准

既重要又迫切的城市管理领域：河道水环境综合治理（防汛防台排涝、黑臭水体、供水安全）、城市生活垃圾综合治理、交通综合治理、城市公共安全综合治理（消防设施管理、地下管网、轨交安检、地下空间消防、高层建筑防灾、重大活动应急疏散）、城乡接合部环境综合整治。

特别是公共安全设施管理领域，需要聚焦建设、消防、危险化学品、特种设备、道路交通和人员密集场所、食品安全等重点领域、重要场所和重难点问题，完善公共安全设施管理标准。从综合防灾的理念出发，横向上构建城市公共安全的防护设施、救助设施和重建设施体系的时间序列，纵向上构建避难空间、防救灾通道、隔离系统、指挥系统等城市公共安全空间体系。

（四）逐步完善现有不足的标准

补充完善市容秩序（静态交通、互联网单车管理、城市天际线、户外广告）、老旧小区综合治理、高架桥周边、环卫保洁（城市清洁度、公厕管理）；修订完善《上海市地下管线管理办法》《上海市住宅物业管理规定》《上海市景观照明管理办法》等。其他需要完善的还有：

1. 城市公共服务设施标准。营造易于步行的城市公共空间和外部环境，优化公共服务设施。编制《城市道路公共服务设施设置与管理规范》，分为一般要求和具体要求。一般要求包括设计要求、设置要求和管理要求三个方面的内容；具体要求中对每一种设施的尺寸、颜色、材质、设置进行规范。城市道路公共服务设施的管理包括日常保洁、设施 维护、应急维修三个方面的要求。

2. 背街小巷治理标准。开展背街小巷环境整治提升行动，固化治理成果，制定《主城区背街小巷精细化整治达标基本标准》，提出"洁、净、平、亮、序"等五个方面要求，改善背街小巷的硬件设施和环境面貌，让街巷管理工作做到"标准化、特色化、常态化"。

3. 高架桥周边环境治理标准。缺乏对周边环境和空间的精细化管理，需要制定高架桥周边环境管理规范，从景观设计、桥下空间利用、桥体绿化等方面制定详细的技术指南。

4. 居住区公共服务设施管理标准。提升公共服务设施的配置标准；集中与分散相结合；细分对象，区别对待；多渠道筹集资金，增加投入；引导居民参与设施日常维护管理。

5. 便民服务设施及社区商业设施管理标准。一个能够涵盖社区居民需求热点，体现社区经济发展基本原则和方向的社区服务体系，应包括以下两大方面：面向全体社区居民的带有便民利民性质的社区服务体系、面向特殊群体的，带有社会福利性质的社区服务体系。制定《社区商业业态指导目录》确定的服务项目和内容，在商务部《社区商业全国示范社区评价规范》的基础上制定社区商业示范区的新规范。

6. 慢行交通设计标准。《上海市慢行交通发展规划》提出"建成舒适宜人的空间环境和高品质的慢行交通系统"发展目标，已有《道路人行道设计和施工质量验收规范》《城市道路养护维修作业安全技术规程》等有关标准、规范。路政部门对道路人行道设施进行提升改造，通过开展道路(包括井盖)、人行道铺面、人行道无障碍设施三类专项整治，努力解决本市道路路面破损、井盖高低不平、人行道无序占用、无障碍设施设置不合理等城市管理问题。道路人行道提升改造还将充分结合本市近期开展的架空线入地、城市道路多杆合一、进口博览会相关道路整治以及海绵城市、美丽街区创建工作。《上海市道路交通管理条例》与1997年制定的第一版条例相比，新创设了85%的内容。首次以立法形式倡导慢行优先，并规定了具体措施。后续还需要在连续性、舒适性、便利性方面加以提升。

五、有序推进城市管理标准体系细化

城市管理标准体系细化工作需有序推进，市委市政府牵头成立上海市标准化建设推进委员会，组织开展城市精细化管理标准体系编制工作，统一协调涉及城市综合管理的标准化建设工作，由市质监局组织实施，有关委办局协同其他相关单位具体负责编制，完成后由市质监局统一发布并监督实施。

标准化领域的选择主要考虑两个因素：一是社会关注度高、市民反映强烈与领导重视的焦点问题，二是在当前技术水平下应该且能够开展标准化工作的领域。综合考虑以上两点，确定的标准化领域包括：市政市容、公共安全、城市交通、城市环境、应急管理、城市生态七大领域。

（1）市政市容主要包括环境卫生、能源供给、市政设施、城管执法四大类别。

（2）公共安全主要包括治安、交通、消防、食品药品安全、生产安全、公共信息、安全防范、刑事侦查、装备人员八大类别。

（3）城市交通主要包括综合管理、基础设施、交通运输服务三大类别。

（4）城市环境主要包括大气污染物、水污染物、固体废弃物及其他污染物四大类别。其中，大气污染物中PM2.5的形势严峻，是城市环境领域子标准体系的关键。

（5）应急管理主要包括自然灾害、事故灾害、突出公共卫生事件、突发社会安全事件四大类别。

（6）城市生态主要包括园林绿化和水生态两大部分。

前述表10-2所列领域的"先进引领"类可由试点区域或工作基础扎实的区域率先示范，形成成熟的做法或模式，提炼成标准，上升为市级标准。以下几点可供标准研制单位进行探索：

（1）城市维护作业和管理定额标准：

坚持高标准、高质量和高服务的"三高"标准，上海市原市容环境卫生管理局发布的《上海世博会园区环境卫生标准》和上海市质量技术监督局发布的《道路和公共广场及附属公共设施保洁质量和服务要求》《公共厕所保洁质量和服务要求》这两个地方性标准，完善环卫保洁作业定额标准；园林绿化养护定额标准的制定要考虑到充分利用信息化技术，引进先进的养护机械；园林绿化养护管理系统不仅实现了对园林绿化养护中绿地信息、养护主体动态、养护机械设备、抗灾应急配备等方面数据的全面掌握，还充分采用网络数字化管理模式，进一步优化提高监管服务效率。河道维修养护方面有《上海市河道维修养护技术规程》（2014）、《上海市水利工程预算定额》（2000）、《上海市绿地养护概算定额》(2010)、《河道维修养护技术规程》。

（2）加强小区海绵城市理念研究和应用，优化雨水"渗、滞、蓄、净、用、排"设施布局，加快解决小区积水和雨污水混集问题。制定海绵项目实施技术导则、海绵设施运行维护管理技术指南、雨水收集技术导则。

（3）历史文脉保护管理方面，对古建筑、古村古镇进行摸排，建立历史建筑档案，全面掌握优秀历史建筑情况，编制"一幢一册"保护指南。

（4）小区自治方面，实施社区微治理，培育微组织、建立微机制、开展"美丽楼组微自治"，建设楼组自治文化，增强居民社区归属感。引导各小区制定文明公约，条件成熟后形成"小区自治规范"。

（5）建立城市管理领域个人诚信系统，探索将不文明和违法居住行为与个人诚信挂钩，制定并实施失信人联合惩戒办法。

（6）增加体现城市管理文明发展趋势的内容。主要有社会化方面的城市管理志愿服务、小区居民行为文明评议，绿色化方面的立体绿化、雨水收集、清洁能源使用等。

（7）随着小类标准的丰富完善，逐步专家小类的总体管理标准。

第十一章

杭州城市精细化管理主要做法与典型案例

第一节　新时代需要杭州城市精细化管理开创新局面①

一、开创新局面，是争当新时代城市治理创新排头兵的要求

习近平总书记曾经寄语浙江要"走在前列 干在实处 勇立潮头"，希望建设"美丽中国的杭州样本"。五年来，杭州围绕破解"四治难题"，在城乡环境治理方面开展了诸如五水共治、五废共治、五气共治、三改一拆、三边四化、三化四分等一系列活动，全面改善环境品质，创新举措成为全国示范，河长制、特色小镇、未来社区、城市大脑、"交通Ｖ1.0平台""六个实名制"等等，效果显著，享誉全国，部分措施甚至上升为国家治理策略；在城市治理体制机制方面，杭州推行"四问四权"，重大民生事项广泛征求民意，构建社会复合主体治理模式，实行执法和管理服务重心下移，推动"一中心四平台"落地，形成系统的治理经验和治理模式；在城市基层治理方面，探索"一核多元、协商共治"的社区治理模式，涌现出"老娘舅""老舅妈""武林大妈""西湖护景使者""西湖女子巡逻队"等具有杭州特色的基层治理创新典范，以及"城管驿站""城市眼、云共治"等管理服务模式。特别是G20峰会期间积累了大量城市治理成功经验，正在通过各种形式固化为长效机制。进入新时代，杭州将继续在城市治理方面创新体制机制，创造手段载体，通过法治、慧治、精治、共治，提高精细化服务和管理水平，推进城市治理能力和治理体系的现代化。

二、开创新局面，是适应新时代杭州城市发展新形势的要求

进入"后峰会、前亚运"时代，杭州城市国际化进程加快了步伐，城市管

①　杨雪锋. 新时代需要城市治理开创新局面[J]. 杭州（周刊），2018(1)：36-37.

理未来将面临新期待和新挑战。浙江提出"四大"建设战略（分别是大湾区、大花园、大通道、大都市区），在推进"诗画浙江"大花园建设中，如何擦亮"钱塘江诗路"耀眼明珠，打造现代版"富春山居图"，杭州具有至关重要的地位和作用。杭州城市的国际化，要求快速提升城市水环境、大气环境、市容环境、交通环境、设施建设、标识标牌、安全运行等方面管理水平，需要城市管理领域以更宽广的国际视野和更严格的国际标准，在管理体制、管理能力、管理规范等方面与国际发达城市接轨。杭州的"拥江发展"战略对杭州城市功能提出很高要求，特别是要在提升钱塘江生态景观、塑造钱塘江文化品牌、打造钱塘江滨水城市景观等方面彰显特色，把钱塘江沿线建设成为独特韵味别样精彩的世界级滨水区域，把钱塘江流域建设成为践行"两山"理论的生态文明建设示范区。"四大"建设战略、国际化战略和"拥江发展"战略的引领对杭州城市治理在开放发展和空间优化方面提出更高要求，需要丰富治理内容，创新治理体系。城市国际化不仅要接轨国际管理、国际标准，还要对标国外先进城市，学习国际国内先进经验。拥江发展战略的实施扩大了城市精细化管理的范围，在能力建设、资源投入等方面提出新的要求。

三、开创新局面，是顺应新时代人民美好生活新期待的要求

新时代城市发展的主要任务和主要矛盾发生了根本性变化。经过改革开放40年发展，杭州不论是经济总量还是人均收入都进入全国主要城市前列，人民的幸福感逐年提升，连续多年被评为"最具幸福感城市"。社会在发展，人民对美化生活的向往也在不断升级。这种美好生活是人们对发展过程、结果和状态的美好体验和感受，也就是我们所说的获得感、幸福感、安全感。它既有物质性，也有精神性；既有主观性，也有现实性；既有相对稳定性，也有动态变化性，而且日益呈现多样化、多层次、多方面的特点。新时代城市发展的主要任务是坚持以人民为中心，为市民提供更优质公共服务，更充分的发展机会、更宜居的生活环境，为市民参与城市建设和城市管理创造条件，让城市生活更美好。城市工作的主要矛盾也转化为人民对更优美人居环境、更优质公共服务和

更高端生活品质的需要与城市发展不平衡、城市管理不精细和城市服务不便捷之间的矛盾。对照于此，我们的城市发展还存在不少短板、瓶颈和弱项，城市管理的痛点、人民群众的痒点、社会关注的热点、政府工作的难点、深化改革的焦点、体制运行的堵点，都需要我们不断推进城市工作创新，把痛点痒点、热点难点、焦点堵点当作治理创新的突破点，把一切对美好生活的追求转化为我们改进城市工作的兴奋点。不驰于空想、不骛于虚声，一步一个脚印，把城市管理精细化推向更高水平。

第二节　杭州市城市管理局关于城市精细化管理主要做法

　　杭州作为江南水乡的代表性城市，素以精致闻名。植根于历史、基于现实、引领未来发展，该市将城市精神定义为"精致、和谐、大气、开放"，其中"精致"放在首位。进入21世纪以来，杭州提出打造生活品质之城，更加注重城市精细化管理。G20峰会的成功举办，进一步提升了杭州的国际知名度和美誉度，进而提出建设"独特韵味、别样精彩"世界名城总目标。三年前，为精心筹备G20峰会，杭州在城市环境提升、基础设施完善、公共服务优化等方面精心设计，精密安排，城市形象惊艳世界，在精细化管理方面也积累很多经验，城市管理精细化理念逐渐深入人心，成为广大市民认同并积极参与、政府相关部门身体力行的共同意识。随着亚运会成功申办，城市管理的任务更加艰巨，精细化要求更高。

　　杭州市围绕城市管理标准化做了大量创新性工作。通过贯彻"标准化＋创新驱动""标准化＋政府管理""标准化＋公务服务"等理念实现杭州城市管理工作"多面开花"。同时落实城市管理指数研究和市民评价调查，每年发布城市管理指数，定量测评城市管理水平等工作。杭州市城管委制定队伍正规化、执法规范化、执法信息化建设及制度规范。此外，杭州市研制智慧城管标准上升为部颁标准，在公厕管理、公共自行车、机动车让行等领域建立了城市服务标准化体系。

近年来，杭州市城市管理局将精细化管理文化和精细化管理理念贯穿城市管理全过程，构建现代城市治理体系，实现城市管理标准科学化、城市管理制度系统化、城市管理手段智慧化，城市管理服务人本化，城市管理设施精品化，努力打造城市管理精细化品牌。主要做法可概括为如下四个方面：

一、培育精细化管理文化、树立精细化管理理念

（一）凝聚共识，树立精细化管理理念

全市城管系统深入学习习近平总书记关于城市精细化管理的相关论述，掀起精细化管理学习、讨论的热潮，进一步掌握精细化管理的方法、特点，要结合党委会、办公会、处务会等形式，进一步凝聚共识，营造氛围，使精细化管理理念内化于心、外化于形。精细化管理领导小组每月至少召开一次例会，统筹推进精细化管理工作。

（二）党建引领，打造精细化管理作风

将精细化管理与行业党建相结合，将精细化管理作为行业党建的重要内容，把精细化管理理念渗透到行业管理的方方面面，特别是基层一线工作人员，将精细化养护、精准化操作作为各养护作业施工单位党建和行风建设的重点，将文明作业、文明施工、安全管理作为精细化管理的重要内容，发挥工匠精神，打造养护管理的精品工程。

（三）营造氛围，打造精细化管理文化

开展委系统和各行业CIS（形象识别系统）设计，充分展示城市精细化管理的理念和贴心为民形象，体现城管理正能量，改善城市管理舆论环境。各行业CIS设计与城管委CIS设计，要做到和谐统一，既有共性也有个性。通过行为识别和视觉识别，凝聚城管正能量，传达城市管理让生活更美好理念，树立城管铁军排头兵形象。

二、明确工作思路，实施精细化管理行动

1. 加强顶层设计，起草了《中共杭州市委杭州市人民政府关于推进城市管理工作全面精细化的实施意见》，从总体要求、重点任务以及保障措施等方面对全市城市精细化管理工作进行总体部署。

2. 补齐管理短板，制定了《精细化管理三年行动计划（2018—2020）》。针对管理短板，按专题编制精细化管理三年行动计划。2018年重点完成《垃圾分类三年行动计划》（已印发）、《公厕革命三年行动计划》（已上报市政府）、《城市道路增亮三年行动计划》、《城市道路有机更新三年行动计划》、《美丽河道创建三年行动计划》、《二次供水改造三年行动计划》等的编写工作。

3. 打造美丽杭州，全面开展"五水共治""五废共治""五气共治"环境治理行动。为落实习总书记的"两山理论"打造美丽中国的杭州样本，杭州市开展了"三五"行动，制定了"五水共治"三年行动计划、"五废共治"三年行动计划、"五气共治"三年行动计划等，成立了专门的协调工作机构，系统推进环境提升工程，"三五"行动纳入对各区和相关部门的绩效考核，取得了较好的成效。

三、梳理规范标准制度，编制行业管理词典

（一）编制管理树状图和管理流程图

根据市城管局三定方案以及各单位管理职责设定市容环卫、市政管理、河道管理、公用事业、固废处置、亮灯管理、智慧城管、信访投诉、执法管理九大板块，由各直属单位分别牵头，委机关处室配合，编制管理树状图和管理流程图。将管理内容进行逐级细分，形成最小的管理单元。如将公用事业分类为供水管理、瓶装液化气管理、管道燃气管理、节水管理、公共自行业布点管理等；将每个管理单元，根据管理的环节和流程，完善管理制度。如将瓶装燃气管理划分为规划、建设、许可、监管等各个环节。各直属单位制定管理流程，对现状管理活动和流程进行全面评估，实施流程优化和流程

再造。

（二）梳理标准、规范、制度、设施数据情况

对现有的标准、规范、制度、数据进行梳理，并将标准规范制度"归位"，纳入到相应的"管理树状图"和"管理流程图"中。做好城市管理标准的立改废释，在梳理过程中，对相关标准、制度、规范、数据缺失的，进行新编补充；需要调整、优化、提高或废止的，做好修订或废止工作。

（三）编制精细化管理"词典"（数据库）

建立了城市管理规章制度文件数据库，梳理了法规篇、标准篇、规划篇、权力篇、设施篇、监管篇、考核篇、服务篇、工程篇、安全篇等10个篇章，方便文件查询查阅，分行业编写了精细化管理手册共26部，方便不熟悉业务的人员可以迅速了解相关管理要求。

四、制订"标准化＋"计划，推进城市管理精细化水平

（一）实施"标准化＋服务"战略，提升服务水平

城市管理作为城市软实力，体现的是城市的服务水平，其本质是为市民提供满意的城市公用产品和优良环境的服务，要大力加强服务类标准建设，查漏补缺，基本实现服务类标准全覆盖。

（二）实施"标准化+创新"战略，固化经验成果

鼓励各直属单位、各区城管局开展"标准化+创新"战略，将各地创新经验固化，形成一大批可复制的管理样板，如江干区的"城管驿站标准""美丽河道标准"，拱墅区"美丽街容标准""生态廊道建设标准"等，形成多点开花、示范引领的局面。

（三）实施"标准化+智慧"战略，提升管理效率

以标准化助推"精细化、信息化"深度融合，注重标准化在信息化建设中引领和指导作用，构建全市城市管理信息系统建设标准化体系，确保智慧城管系统的互联互通、融合共享。实现市区两级信息系统无缝对接，实现"一中心四平台"与各行业子系统的顺利衔接。

五、开展管理"品牌"建设，打造精细化管理样板

（一）开展精细化管理品牌申报

城市管理内容繁杂，要形成杭州精细化管理品牌，最终要依托各行业精细化管理品牌建设。2017年以精细化管理"一行业一品牌"建设为抓手，以点带面，示范带动，积累经验。由各直属单位自行申报2个行业（项目），开展精细化管理品牌创建，鼓励各直属单位和城区联合开展精细化管理品牌建设。

（二）开展精细化管理品牌创建活动评价

邀请相关专家对各直属单位精细化管理品牌建设情况进行评价。各直属单位根据品牌创建活开展情况，择优确定1个行业（项目），参加市局精细化管理品牌创建评选，评价结果纳入对各单位年度工作目标考核。精细化品牌创建设活动进一步延伸到各城区，并将各城区精细化活动开展情况纳入城管目标考核。

第三节　以标准化促精细化，打造城市管理的江干样本

近年来，杭州市江干区城市管理局深刻地认识到开展标准化管理工作的重要意义，高度重视城市管理标准化建设，以"一流政府做标准"的抱负和追求卓越管理的目标，致力于城市管理标准创新实践，不断完善各类制度规范。2019年年初，建立全局标准化工作的组织领导体系和工作推进体系，成立由局主要领导任组长，分管领导任副组长的领导小组，每季度召开一次推进标准化工作专题会议，研究解决工作中存在的问题。机关各科室、局属单位要将标准化工作列入议事日程，按照"更高、更全、更细、更准"的要求，全线发力、全域提升，全面落实"推深做实、名副其实"的工作方法，不断输出江干经验和江干样本。

一、案例背景

（一）现实背景

1. 开展城市管理标准体系建设是贯彻落实中央关于城市管理精细化的要求。《中共中央　国务院关于深入推进城市执法体制改革改进城市管理工作的指导意见》（中发〔2015〕37号）提出城市管理标准化工作目标，到2020年，城市管理法律法规和标准体系基本完善，现代城市治理体系初步形成。习近平总书记也多次对城市精细化管理做出指示，要求"城市管理要像绣花一样精细"，要"用科学态度、先进理念、专业知识去规划、建设、管理城市"，要"全面贯彻依法治国方针，促进城市治理体系和治理能力现代化"。精细化、专业化、法治化都离不开标准化，城市管理标准是精细管理的依据，是专业水平的体现，是法治建设的内容。

2. 开展城市管理标准体系建设是适应长三角一体化高质量发展的要求。长三角城市群是中国最具发展潜力的地区，将成为比肩纽约、东京的世界级城市群，作为长三角金南翼的杭州，正致力于建设独特韵味别样精彩的世界名城，江干区作为世界名城的中心区，将建设高质量发展先行区，城市管理标准也必将对标国际国内先进城市。

3. 开展城市管理标准体系建设是支撑杭州拥江发展战略的具体实践行动。在主城区，江干区拥有最长的钱塘江岸线，也是杭州重要的交通枢纽，是拥江发展战略的主阵地、主战场。江干区有责任、有条件、有担当为拥江发展提供优质的生态环境、市容环境和人居环境，有必要制定一整套高质量的城市管理标准体系，树立"规范公权、服务民权"的规范化意识和"用标准管事"的科学理念，为打造世界名城首善之区和城市管理示范区提供长效管理的制度保障。

4. 开展城市管理标准体系建设是巩固创新成果、推动城市管理向城市治理转变的重要途径。"一流政府做标准"。一流的城市管理需要一流的城市管理标准。江干区城管局以新时代城市治理思想为指导，贯彻落实习近平总书记关于公共服务标准化的重要讲话精神以及城市精细化管理总要求，按照"两引一坚持"（党建引领、创新引擎，坚持城市管理标准化）思路不断开拓创新，积累了大量的管理经验和实践模式，需要通过系统梳理，固化经验，形成内容全面的城市管理标准体系。

5. 开展城市管理标准体系建设是突破成长性组织新瓶颈、实现新跨越的重要法宝。作为成长性组织，在新的台阶上会遭遇新的瓶颈。对标先进城市，查摆当前标准化管理存在的"缺、低、散、虚、粗、旧"等问题，在"回头看""向前看"的基础上，做好"向下看"；提标提质，把"更高、更全、更细、更实、更新"的工作要求和"推深做实"的工作态度落实在标准规范建设上，为突破新瓶颈、再上新台阶提供有力的法宝。

（二）指导思想

以"实现城市管理综合考核成绩全市第一方阵前列"作为奋斗方向，继续坚持党建引领、创新引擎、坚持标准化"两引一坚持"的工作思路，落实"推深做实、名副其实"的工作方法，坚持改革创新，迎难破题，积极开展城市管理标准化建设，有计划、有步骤地构建适应新时代城市管理发展的标准规范体系，推动标准化研究、标准制定和标准实施，促进城市管理标准与城市管理实践紧密结合，不断擦亮江干城市管理金名片，打造中国城市管理江干样本，为继续领跑杭州、建设新时代世界名城首善之区提供了有力的保障。

二、城市管理标准体系建设的主要内容

在总结借鉴以往工作经验的基础上，开展标准化体系研究，建立覆盖各项工作、各个环节的制度体系，明确岗位职责、工作目标、管理流程和评价标准，让城市管理的每一个问题都有标准要求、责任规定和考核评估办法，推动城市管理由经验型向科学化、系统化、规范化转变。按照抓重点、破难点、化痛点、增亮点的思路，全面启动标准化管理，推进标准化建设以下工作：

（一）夯实基础，集成常规性管理标准体系

1. 梳理现有各类标准。对现有城市管理标准文件资料，进行分类归档，按照"应归尽归"原则，尽可能一网打尽，已经成熟的标准力求内容全面、格式

规范。

2. 标准化建设首先要体现在党建工作上。开展党建标准化试点，将标准化理念和方法引入党建工作，推动党建工作"规范化、制度化、长效化"，以党建促队伍建设、能力提升和业务发展。

3. 按照全线启动、查漏补缺的要求，每个部门、每个领域都要有标准，市政、环卫、秩序、亮化等条线，在参与国家标准、省级标准、市级标准的制（修）订上实现零突破，做到"人人有职责、事事有标准"。

4. 坚持与日常监管工作相结合，在行业监管领域，秉持"带着标准去检查"的工作理念，把标准化理念贯穿于各项业务工作之中，通过一系列管理标准的制定，为城市精细化管理提供标尺和依据。

（二）凝练特色，争创示范性业务标准体系

1. 围绕"美丽河湖""城管驿站""桶长制""建筑垃圾统收统运"等创新项目，把抓重点、破难点与增亮点结合起来，打造创新典范，形成管理标准和评价体系。力争完成《美丽河道评价标准》《城管驿站建设与管理规范》《城市公共厕所建设与管理服务规范》《城镇生活垃圾分类管理工作指南》《市政设施雨污分流改造技术规程》等15项地方性标准的制定和实施。

2. 提炼重大创新成果，在打造经验模式的基础上，细化标准化成果，围绕特定模式，形成系列操作性强、可推广的标准。比如，河湖标准化试点，构建河道管理的标准体系，通过《城市河道净水设施养护管理规范》《城市生态河道设施配置规范》《城市河道标志系统设置规范》《城市河道养护管理规范》《城市河道生态设施养护技术规程》《城市河道景观工程设计规范》等一系列标准的制定，形成统一、规范、科学的管理体系。

3. 以精细化品牌创建为契机，按照中国城市管理样板区要求，编制钱江新城"五化匠心"精细化管理示范区标准体系，展现江干区城市管理高端化、特色化、品牌化的形象。

（三）消除痛点，理顺程序性管理标准体系

1. 以国务院行政执法三项制度为依据，细化城市管理和行政执法工作流程和实施标准，深入推进综合执法规范化建设，进一步提高依法行政水平和服务群众能力。根据"队伍正规化、执法规范化"建设工作要求和执法规范化建设相关制度文件精神，在现场执法、办理案件、执法办案场所建设和管理、涉案财物和电子证据管理、执法办案信息系统应用管理、重要执法制度执行、执法主体能力建设、执法监督救济和责任追究等方面明确规范标准，完善考核评议实施方案。

2. 按照提高效率、服务民权的要求，建立健全各项行政审批标准，所有审批事项按照"审批分类管理、审批统一流程、审批规范服务"要求，打造审批流程标准化，以标准化形式保障服务质量，提高服务效能，提升群众满意度。

3. 按照系统治理、提高管理效能的要求，构建建管衔接机制，实现全过程（事前介入、事中参与、事后接管）、全方位（职责边界、运行流程、操作规程、档案管理、数据共享、时间节点等方面）融合，细化建管衔接各环节标准。

（四）补齐短板，建立规范性内部管理体系

1. 按照防范风险、规范行为、权力阳光的要求，建立健全内控管理体系，梳理各类经济活动的业务流程，明确业务环节，通过制定制度、实施措施和执行程序，对经济活动的风险进行防范和管控，为机关工作廉洁高效提供保障。

2. 深化细化机关单位标准化管理工作，把标准化管理贯穿于单位内部工作目标考核和日常管理的各个环节之中，培养全体干部职工共同的行为规范和办事流程，大力推动内部管理工作再上新台阶。

（五）注重实效，细化操作性标准执行体系

1. 强化标准实施结果的运用。树立"用数据说话、用标准管事"的理念，全域全系统规范执行标准，严格落实城市管理中管理、执法、服务责任，将城市管理标准落实到各类招标文件上，落实到各项考核办法上，落实到各项具体管理行为上，深度融合到江干城市管理的每一项工作、每一个环节，使管理做到精益求精、细致入微，不留死角。

2. 在日常监管工作中，探索"抓细、抓长、抓常"的新举措、新方法、新招式，养护单位通过发动全体员工智慧，开展业务大比武，编制系列实操手册和作业口诀，最终形成经得起实践经验的养护作业工作法，甚至是"城市管理宝典"。

3. 丰富标准化成果宣传和实施的载体和形式。编制卡通版标准化成果，通过电视屏幕、LED显示屏、办公室电脑显示屏页面、手机APP等各类传媒工具结合工作环境和实际需要宣传标准成果；编制简写版标准，通过口袋书、手机等便携式方式推广。

4. 组织开展标准化管理知识竞赛、有奖竞猜等趣味活动，让标准化知识易记易学易做，让标准化管理理念入耳入脑入心。

三、城市管理标准体系的构成

（一）编制《杭州市江干区城市管理标准汇编》和《杭州市江干区城市管理标准实用手册》

各科室（中心）根据自身工作职责和工作要求，按照"应收则收"原则，收集了各类标准规范230余条，其中，各条线正在贯彻执行的国家、省市等行业标准123条，自编了内部工作标准规范，包括精细化管理标准54条、各项工作考核制度24条，局机关内部管理规范30条。整个标准体系涉及四个层面（国家省市行业标准、江干区精细化管理标准、工作考核制度、内部管理规范）、涵盖五个方面（市政设施、市容环卫、河道水域、景观亮灯、综合管理），构成不同层级、不同行业、纵横交织、无缝衔接的标准体系，形成"3×5+1"城市管理标准体系框架，"3"即国家省市行业标准、江干区精细化管理标准、城管局工作考核制度，"5"即市政设施、市容环卫、河道水域、景观亮灯、综合管理五个条线，"1"即局内部管理规范。

在此基础上，为提高管理标准的实用性和操作性，从上述标准中抽取了部分能够直接运用于一线作业人员和监管人员的作业标准、监管标准，并对其中部分内容烦琐的标准进行提炼，汇编成册。

经过精心梳理和认真编撰，最终形成两大成果：一是《杭州市江干区城市管理标准汇编》，二是《杭州市江干区城市管理标准实用手册》。为今后工作中使用标准时便于查找，下一步准备利用信息化手段，编辑一部"城市管理标准电子词典"，供相关人员查阅。

（二）城市管理标准体系的逻辑架构

标准体系由城市管理行业性管理标准和机关内部管理制度两部分组成，即前述"3×5＋1体系"的3（上级政府的行业标准、区标准化管理标准、考核标准）和1（内部管理制度）。其中3是主业，是主体，1是保障，是辅助。在3个层面的标准体系中，区精细化标准是在国家及省市标准规定下，结合本区区情，细化内容、提高要求，制定能够体现江干样本的高标准；考核标准是用于对上级标准和区标准执行情况的检查、评价，便于比较、判断，得出量化的结果或结论，为后续的问题整改、人员奖惩、合同执行、招投标等提供依据。3个层面的标准均覆盖市政设施、市容环卫、河道水域、景观亮灯、综合管理等5个方面，实现上下无缝隙对接、范围全行业覆盖。内部管理制度主要在办公、内控、合同、党建、考勤等涉及日常运转等方面建立保障工作秩序、严肃工作纪律、规范行政行为的制度。

四、案例评析

杭州市江干区城管局以打造一流城市管理样板区为目标，全方位推进城市管理标准体系建设，通过实践创新积累标准化建设经验，进而通过标准化建设凝结创新成果，不断把城市管理推向新的高度。总体来说，该案例具有以下五个特点：

1. 坚持问题导向，针对性强。针对治水难，开发编制一系列高水平的河道治理养护规范，并上升为市级标准。《美丽河道评价标准》更是上升为省标。针对一线环卫个人工作条件差，创新推出"城管驿站"，并进一步开发新功能，扩展为基层党建综合体，并在全市推广。

2. 突出系统设计，系统性强。"3×5＋1"体系，既有上位政策标准，又有本区具体实施执行的精细化标准和考核标准，还有保障性的内部管理标准。不同层级、不同行业、不同类别，有机结合，系统集成。

3. 坚持重点突破，目标性强。垃圾分类是当前城市管理的重点关注，不失时机地创新推出"桶长制"操作规范和验收标准，为破局垃圾分类行动困境提供新模式。

4. 坚持创新引领，示范性强。近两年来，江干区城管局大胆探索，创新管理，先后编制16个新标准并积极申报省市标准，其中6个已经上升为市标省标，示范效应显著，不仅带动本单位内部管理的全面改善，也对全市兄弟单位产生广泛影响。

5. 坚持推深做实，应用性强。本标准体系不仅在细化、深化上下功夫，而且还注重把复杂、艰深、专业性很强的标准规范转化成各种形式的实用版标准，如工作法、实操手册和作业口诀等，把一线管理人员和作业人员经常需要翻阅、查找的标准规范单独汇编成册。

第四节　西湖女子巡逻队：让西湖有颜值更有温度

一、案例背景

杭州历史文化悠久，是浙江省的经济、政治、文化和金融中心，也是中国的七大古都之一和电子商务中心之一。古有"上有天堂，下有苏杭"之说。提起杭州的文化名片，有西湖及其周边的自然和人文景观、独特的良渚文化、丝绸文化、茶文化等。在"全国文明城市""杭州蓝""五水共治""美丽杭州人"等创建活动中，杭州逐渐成为"宜居、宜业、宜游"的城市。除此之外，杭州的天蓝水净、绿水青山已是家喻户晓。正是上述诸多因素，杭州才能够获得2016年G20峰会的举办权。这对于杭州而言既是机遇，又是挑战。在杭州面临机遇和挑战的同时，杭州的城市管理工作尤其是西湖景区的城市管理工作也面临着机遇与挑战。西湖景区作为杭州在G20峰会期间面向世界的窗口，如何以国际化的标准展现世界遗产地的城市管理水平，对于实现杭州城市的国际化进程也具有重要的意义。杭州正在努力建设"世界名城"，而西湖就是杭州的"金名片"，西湖景区的品牌需要一支高素质的管理服务队伍精心维护。

为更好服务保障G20，西湖风景名胜区城市管理行政执法局立足西湖景区，放眼国际先进城市，在充分酝酿准备下专门成立了西湖女子巡逻队，目的在于补足当前城管刚性执法的部分短板，以柔性的服务、劝导、管理作为城市管理刚性执法的补充。同时，城管队伍形象不佳、年龄普遍偏大、文化素质不高、管理能力欠缺、服务意识不强，相对于杭州城市国际化发展需求，还存在不少短板，需要综合素质较高的新鲜血液来补足，城管的社会负面形象需要正面和正确的塑造和舆论引导。城管执法辅助队伍需要新生力量。

杭州提出了"精致 和谐 大气 开放"的城市精神，西湖景区承担 G20峰会大部分会议和接待任务，峰会期间将向世界展示杭州城市的精神风貌，展示西湖景区文明管理的良好形象。同时，西湖作为世界文化遗产、国家5A级旅游景区，景区管理服务水平需要得到大幅度提升。更需要打造与之气质相符的服务队伍，体现西湖世界遗产的人文之美。

西湖女子巡逻队于2016年3月正式招募成立，共有队员24名，其中城管执法队员3名，编外队员21名。队员全部为女性，平均年龄25岁，平均身高168厘米，90%的人员具有本科及以上学历（图11-1）。招募和面试后，所有队员通过两个月的封闭式培训，熟练掌握西湖历史文化相关知识、西湖旅游资讯、医疗急救知识、西湖景区城市管理常用法律法规、常用外语、媒体采访接待、职业礼仪和职业妆容等各方面的知识和技能，全员考取了初级急救证。西湖女子巡逻队于2016年4月30日正式亮相西子湖畔，主要工作职责分为四块：维护西湖景区面上管理秩序；对不文明行为进行劝导；为游客提供咨询服务和帮助；配合处置突发事件。队伍组建三年来，管理日益完善，工作成绩斐然，获得社会各界认可（图11-2）。

图11-1　西湖女子巡逻队在西湖断桥执勤

图11-2　部分女子巡逻队队员受邀与外国游客合影

二、主要做法

（一）夯实基础，发挥"党建＋"引领作用

肩负西湖景区文明管理、贴心服务的责任和传递西湖美好形象的使命，让西湖女子巡逻队一开始就树立这种思想意识。G20峰会的惊艳亮相、国家领导人的肯定，更加强化了这支队伍的使命意识，三年来开展持续不断的"党建＋"活动，让这种意识牢固树立。

西湖女子巡逻队是景区"党建＋"引领模式的先导队伍。队伍成立一个月后就成立了西湖女子巡逻队党支部，三年来，坚定不移把党员先进性教育贯彻落实到西湖巡逻工作的全过程，以严字当头，注重抓人促事，深化队伍建设，出色完成各项服务保障任务。女子巡逻队党支部以思想建设为先导，每月定期组织政治思想业务培训，努力创建学习型党组织。组织开展了以坚定理想信念为核心、以为民服务为宗旨的"两学一做"学习教育，每位队员都撰写学习心得。

（二）创新手段，践行"721"工作方法

西湖女子巡逻队是践行"721"工作法的成功案例。成立以来始终以"服务"为核心，西湖女子巡逻队在"杭州的窗口"内所进行的实践正是住建部倡导的"721"城市管理工作法的最佳体现，"721"工作法是指"70%的问题用服务手段解决、20%的问题用管理手段解决、10%的问题用执法手段解决，变被动管理为主动服务、末端执法为源头治理"。西湖景区执法局致力于打造创新服务型队伍，要求西湖女子巡逻队所有队员平时在巡逻中细心观察，不断总结游客所需所想，做到游客需要什么，西湖女子巡逻队就提供什么。队员们随身携带的除了医药箱内的基础药品和急救用品，今年起还携带AED（胸外除颤仪）随时应对心脏骤停等紧急情况。并且每个队员身上都带了不少服务用品，有景区地图、充电宝、垃圾袋、针线包、驱蚊水、哄孩子的小玩具、糖果、湿巾纸、尿不湿甚至女性卫生用品等等，一切以服务为先。三年来，在巡逻中共劝导不文明行为17200余次，为游客提供咨询服务21300余次，提供医疗服务1800余次。此外，救助落水、轻生游客，将重伤游客送医，妥善处理上访闹事等突发事件16起。节假日坚守岗位全年无休，最繁忙时队员一天工作长达13个小时。被媒体和游客称为"西湖边的哆啦A梦"和"西湖第十一景"。"贴心服务＋柔性管理"工作法亦被中共杭州市委组织部评为2017年度全市行业系统党建"好的工作法"。

（三）强化素质，塑造新时代西湖形象

西湖女子巡逻队是以四个最高标准打造品牌队伍的成功实践。队伍特别邀请中国人民解放军三军仪仗队教官翟成杰为女子巡逻队员进行队列训练；邀请中国新闻社浙江分社作为战略合作伙伴，全程参与招募选拔、封闭培训；邀请浙江理工大学服装设计学院老师亲自操刀设计春秋装、夏装、冬装三套制服，并取得服装专利；聘请迪奥首席彩妆师、戛纳电影节前亚洲首席化妆师、影星舒淇御用化妆师、大韩航空形象顾问韩籍化妆师金承源作为形象顾问设计职业形象和妆容。

为保持队伍自身活力和队员工作积极性，不断提升队伍综合素质，建立健全考核制度，成立督察考核组，做到做事有标准，优劣有奖惩；同时，以西湖文化为主攻，加强团队文化建设；每周进行三练，锻炼强劲的身体素质和坚韧意志，始终保持队伍的良好风貌。经西湖风景名胜区管理委员会同意，西湖女子巡逻队考核奖参照西湖风景名胜区星级讲解员考核标准实行。每季度一次考核，共分为五个等级，从高到低分别为：五星级、四星级、三星级、二星级、一星级。按考核星级发放考核奖。每季度考核包含不同内容，如西湖文化知识笔试、西湖景点典故讲解、西湖主题演讲、西湖水环境课题研究、队列考核、急救知识考核、垃圾分类考核、常用法律法规知识等。

（四）创造载体，开展多向度社会治理

西湖女子巡逻队是城市管理结合社会参与的有效载体。这支队伍紧跟杭州文明的步伐，主动探寻，搭建双向、多向互动平台。积极担负社会责任，树立城管队伍的文明形象。积极开展与高校合作，通过学生实习实训、志愿者活动、骨干精英进校园等活动，吸引大学生参与城市管理。特别是与浙江财经大学城市管理系合作取得显著成效。以西湖为载体，开展"大手拉小手"主题系列活动，用巡逻体验的方式为中小学生讲解西湖知识，倡导旅游文明。2018年暑假，还推出了"西湖小萌管"系列主题活动，将"五水共治"、规范养犬、垃圾分类、文明出游等与杭州城市管理密切相关的主题融入体验，引导中小学生了解城市管理工作、认可城市管理者，实践城市管理相关理念，并将所学传递给家人，起到"以小带大"的作用，活动开展至今辐射人数已超万人。如今的西湖女子巡逻队已成为杭州市各大小学的"第二课堂"，并与部分小学建立了"校政共建"教育实践基地，还受邀参加学校的开学典礼和休业式。队员们用自身的"偶像"影响力，传播文明力量、普及城市管理知识、西湖文化知识，树立城管正面形象。

（五）完善机制，提供全方位制度保障

西湖女子巡逻队的工作机制和队伍制度也在实践中不断完善。巡逻工作按时段分为三种机制。普通工作日上、下午各一支分队沿西湖核心景区湖滨—白堤巡逻一趟；双休日上下午各两支分队沿西湖核心景区湖滨—白堤巡逻一趟；法定节假日四支分队沿西湖四个区域——白堤景区、灵隐景区、湖滨景区、苏堤景区（南线景区）各巡逻一天。特殊节假日五一、十一、元旦还会在白堤断桥进行双队列行进及任务分配仪式。

三、基本经验

（一）以人为本，倡导人性化管理服务

一改以往城管的刚硬形象，西湖女子巡逻队用柔性服务不断升级服务内容和举措，以更适应游客的需求。以柔性管理让市民游客对城管工作改观，感受到城管的"人情味"，对城管执法工作更容易理解、接受和配合。管理人员与游客之间相互体谅、相互理解，西湖女子巡逻队特有的柔性管理方式起到了独特的效果。队伍用"贴心服务+柔性管理"的工作法化解管理者与被管理者之间的对立关系，创造执法部门与群众之间的缓冲带，改变市民游客以往对城市管理者的刻板印象，塑造城管正面形象。更为风景名胜区的城市管理问题提出了一种创新的服务管理方式。

（二）准确定位，回应新时代社会需求

西湖女子巡逻队对自身有着明确的目标和定位："做文明旅游的倡导者，做西湖文化的传播者，做城管形象的塑造者，做城市国际化的参与者"，这四个"做"就是西湖女子巡逻队未来的努力方向。"做文明旅游的传播者"是立足本职工作，以文明为核心，搭建管理者和普通游客双向文明的桥梁，倡导市民游客文明旅游，倒逼执法人员文明管理。"做西湖文化的传播者"是队伍不断提升文化内涵和综合素质，将西湖文化内化于心，在巡逻工作中向八方来客传播世界遗产地西湖的历史文化，弘扬世界遗产地西湖的地域精神。"做城管形象的塑造者"是从自身队伍形象和队伍文化做起，弘扬城管正能量。"做城市国际化的参与者"是指在杭州城市的国际化进程中，积极参与，努力提升，以G20峰会的平台为起点，向更高的服务管理水平迈进，从而成为促进杭州城市国际化的一员。

（三）多元协同，注重参与式社会治理

西湖女子巡逻队在立足本职的基础上，积极参与社会治理创新。身为城市管理工作者，也能同时扮演好城市管理宣传者角色，进社区、进学校，积极开展社会教育活动，将城市管理的相关课题延伸到中小学的课堂中去，在走进校园的同时也让孩子们走进城管，引导中小学生发挥主人翁精神，参与城市管理，并将所学传递给家人，发挥"小手牵大手"的社会作用。女子巡逻队还通过校政合作、支部共建、社区共建等途径，打造城市文明管理、协同治理的合作网络，在共治共建共享的社会治理创新过程中进行实践探索（图11-3）。

图11-3　西湖女子巡逻队与志愿者在龙井村开展活动

景区执法局还注重加强与景区交警、景区治安等相关部门交流协作，创造条件促进女子巡逻队、交警机动队和景安巡逻队三支队伍开展交流学习、通力合作，共同维护好西湖景区面上秩序，确保景区美丽平安（图11-4）。

图11-4　西湖女子巡逻队与西湖景区公安分局景安巡逻队开展公务协作

四、主要成效

该队伍用"贴心服务+柔性管理"的工作法化解管理者与被管理者之间的对立关系，创造执法部门与群众之间的缓冲带，让市民游客对以往的城管形象有所改观。景区内不文明行为的劝导成功率由原来的70%提升至为100%，游客对西湖女子巡逻队服务管理的满意率也达到100%，管理水平的提升倒逼各类问题直线下降。

（一）媒体的评价提升了西湖景区、城管行业乃至杭州城市的美誉度

媒体对西湖女子巡逻队的评价也提升了西湖景区、城管行业乃至杭州城市的美誉度。西湖女子巡逻队被国内外媒体广泛正面报道，成立两年来接待媒体采访了200余次，相关报道和转载共计600余篇次。香港《南华早报》评论"这些女性将成为改善城管形象的新生力量"。人民网为西湖女子巡逻队点赞，"她们让西湖有颜值还有温度"。新华社报道称得益于女队员们的"高执法效率"，西湖景区变得更为美丽，而这正与当初打造"服务型""贴心型"队伍的目标不谋而合。中国新闻社则认为西湖女子巡逻队的身份远不止于文明旅游的倡导者和城管形象的塑造者，她们更致力于成为西湖文化的传播者和杭州城市国际化

建设的参与者。

西湖女子巡逻队被国内外媒体广泛正面报道，成立两年来接待媒体采访了200余次，相关报道和转载共计600余篇次。被誉为景区文明执法的"形象代言"和当代西湖独特的人文风景线。

（二）队伍获得了行业、社会和政府的广泛认可

西湖女子巡逻队获得了行业、社会和政府的广泛认可。队伍成立两年来先后被评为浙江省巾帼文明岗、杭州市第五届最美杭州人、2016年度最美西湖人、西湖风景名胜区党员示范岗、西湖风景名胜区青年文明号。"贴心服务+柔性管理"工作法亦被中共杭州市委组织部评为2017年度全市行业系统党建"好的工作法"。队长赵丹也先后获得浙江省G20杭州峰会工作先进个人，浙江省风景名胜区"浙江最美风景人"、"十佳一线标兵"，"杭州市最美公务员"，2017年度杭州市十佳"最美城管人"。党支部书记潘茂瑾被评为浙江省G20杭州峰会工作先进个人。

G20峰会期间得国务院新闻办公室高度评价，"在世界面前代表了中国的国家形象"。女子巡逻队先后受到了时任浙江省委常委、杭州市委书记赵一德，国家住建部城市管理监督局副局长王显车等领导的慰问和接见。

队伍成立两年来先后被评为浙江省巾帼文明岗、杭州市第五届最美杭州人、2016年度最美西湖人、西湖风景名胜区党员示范岗。"贴心服务+柔性管理"工作法亦被中共杭州市委组织部评为2017年度全市行业系统党建"好的工作法"。还接受了省市各级领导的亲切慰问和接见。

（三）打造可复制的成功范本，被国内多地城管部门学习借鉴

西湖女子巡逻队打造了一个可复制的成功范本，被国内多地城管部门学习借鉴。"西湖女子巡逻队"作为杭州城市管理的创新品牌，对于全国各地的城市管理工作起到了示范引领作用。目前全国已有30余地城管部门取经团来到西湖景区学习西湖女子巡逻队的创新工作，据不完全统计，江苏宿迁、浙江兰溪、天津滨海、广东顺峰山、浙江舟山嵊泗、浙江嘉兴南湖、浙江金华金东区、浙江丽水庆元县等多地都在考察学习西湖女子巡逻队之后成立了女子巡逻队。

五、案例评析

（一）西湖女子巡逻队很好地坚持了以人为本的城市治理价值观

《中共中央 国务院关于深入推进城市执法体制改革改进城市管理工作的指导意见》（中发〔2015〕37号）指出，要确立以人民为中心的城市发展价值观，也就是人本价值观在城市管理中的体现，全面落实为民、利民、便民、靠民。西湖女子巡逻队坚持以人民为中心作为城市管理工作的基本理念和根本遵循，把人本理念贯穿于整个城市管理的全过程：一是尊重人。在维护景区环境卫生、街容秩序、景区设施等方面充分考虑同时作为执行对象和服务对象的市民和游客的实际需求，"想其所想，急其所急，解其所惑"，使其得到充分的尊重；二是服务人。景区城市管理有其特殊性，特别是外地游客随机的、突发的情况比较多，归根结底服务于整个城市的发展，服务于整个城市的人们；三是发展人。市民作为决定城市发展和进步的主体，又是城市管理的客体，游客作为外地来杭观光旅游的主体，也是景区管理和服务的对象，在接受女子巡逻队的宣传教育和贴心服务的同时，感受到景区的人文关怀和文明风尚，在欣赏西湖美丽风光的同时也提升自身的文明出游素养，精神得到陶冶。

（二）西湖女子巡逻队求实求新，践行了"721工作法"

住建部在全国城管系统开展"强基础、转作风、树形象"专项行动，引导属地变被动执法为主动服务，引入"721工作法"，争取让70％的问题用服务手段解决，20％的问题用管理手段解决，10％的问题用执法手段解决，强调服务为先、管理优化、执法规范。女子巡逻队认真履行职责，践行"721工作法"，理念上坚持服务是首要，是主要，坚持用柔性服务的手段化解难题，用管理的方法解决问题。

（三）西湖女子巡逻队展现出城市精细化管理的"绣花功夫"

西湖景区执法局冯刚局长对女子巡逻队提出了一个要求，就是"像工匠一样做，像网红一样秀"。队员们通过专业训练，掌握了人工呼吸、卫生包扎等常用急救方法，在劝导游客、提供旅游咨询等方面都有一整套服务规范，用"绣花"的细心、耐心和卓越心做好景区管理和服务。女子巡逻队提出自己的励志口号"越努力越幸运",在工作中发挥工匠精神,在形象上展示最美的一面,这些做法是"721工作法"的具体化,不仅有利于提升城市服务管理精细化、规范化,更彰显出人性化的城市管理温度,在提升城市管理的广度和深度的同时,更实现了"为城管人"向"为人管城"转变,提高城市综合治理水平,市民满意度也得到大幅提升,增强对城市的认同感和归属感,特别是精心细腻的咨询和帮扶让每个游客都感受到城市的温度。

(四)这支朝气蓬勃的队伍在磨砺中不断成长,树立了良好形象

西湖女子巡逻队亮相后不断增长的网络曝光率使队伍全国瞩目,网络上出现了部分质疑及负面评论,"作秀""花瓶"之说甚嚣尘上,对队伍士气有了一定的打击,使得当时队伍前进的道路变得更加曲折。但通过两年来队伍不断摸索工作方法,树立正面形象,传播正能量,用脚踏实地的工作赢得各方赞誉,以实际行动赢得良好口碑,还收到了市民送来的锦旗、感谢信等等。

西湖女子巡逻队不满三岁,是一支非常年轻的队伍,在管理和运行上还有待进一步完善。作为一支城管执法辅助队伍,如何保持队伍稳定性和队伍活力之间的平衡是当前存在的实际问题。

第五节　破解治水难题 再现秀美拱墅

一、案例背景

习近平总书记在浙江提出的"八八战略"吹响了浙江省推进生态省和绿色浙江建设,部署"千村示范、万村整治"工程,开启环境污染整治行动,引领浙江走进生态文明。党的十八大将生态文明建设纳入中国特色社会主义事业"五位一体"总体布局,提出了修复水生态,还生命以家园。在此背景下,拱墅

区结合八八战略和党的十八大关于生态文明建设的要求，在2013年全面启动了生态宜居区建设工作，确立了建设"天蓝、地绿、水清、景美"秀美新拱墅，打造美丽杭州示范区的总目标。

拱墅区位于杭州市主城区北部，区域面积87km²，下辖10个街道，96个社区，40个经合社，总人口65万，区内62条河道，总长107km，水域面积307万m²。其中，京杭大运河自南向北穿越拱墅全境。就水系而言，拱墅是杭州水系的末端，俗称"锅底"，境内70%的地表径流通过运河出境。沿运河集聚了浙江麻纺厂、杭州钢铁厂、杭州玻璃厂、杭丝联、杭二毛等一批有名有望的工业企业，鼎盛时期工业产值占杭州主城区的60%。高产能带来了高排放，对有限的环境容量带来了很大的压力，全区62条河道全部在五类水体标准以下，更有44条河道为黑臭河道。提升拱墅的水环境，刻不容缓（图11-5）。

图11-5　城市治水景观

二、主要举措

（一）首创污水"零直排"新模式，明确目标并逐步升级

为落实杭州市五水共治要求，制定并启动了《2013—2015截污清水三年行

动计划》。按照"河道排水口晴天是否排放污水"的标准，提出到2015年底全区实现晴天"零直排"的工作目标。

在完成"五水共治"阶段性任务基础上，按照杭州市"剿灭劣五类"任务要求拱，升级污水零直排模式。2018年全省污水"零直排"区创建现场会在拱墅区召开，全省推行污水"零直排"区创建。拱墅区在原1.0版本的基础上进一步提高要求，将污水"零直排"创建模式升级到2.0版本。

2018年，制定《拱墅区雨污分流"零直排"巩固三年行动计划》和《拱墅区创建"美丽河道、亲水拱墅"三年专项行动计划》，明确全区未来三年"零直排"巩固和"美丽河道"创建工作目标和主要任务，3年内将分批有序实施雨污分流工程项目143个，改造雨污分流单元17个，创建美丽河道62条。1—6月，全区水质稳定保持在Ⅴ类以上，其中Ⅱ类4条，Ⅲ类17条，Ⅳ类19条，运河水质Ⅲ类，上塘河省控半山桥断面Ⅳ类。

（二）探索"拆、接、治、堵"截污四法和"四节点三验收"方法

黑臭河道摘帽暨截污纳管工程中以问题为导向，总结了"截污四法"，即：做好"拆、接、治、堵"四篇文章。

"拆"：对存在违法建筑的沿河区域，实行"三改一拆"，从源头消除排污，拆除河边违法建筑，减少居住人口，极大缓解了严重超负荷的人口负担。

"接"：对未整体改造且污水难以收集的区域，沿河、沿路铺设管道，采用倒虹管、临时中转、自控截流装置等方法实行末端截流，接驳或抽取至临近市政管网。

"治"：对大市政不配套区域的农居点生活污水，采用地埋式一体化污水处理设施进行污水生态化治理。

"堵"：对一时无法确认源头的河道排污口，实行封堵，邀请媒体参与，倒查污水来源。

提出"四节点三验收"方法："完成对接、方案确定、施工阶段、完工上报"，三验收："公建单位自检验收、责任单位复查验收、工作组联合验收"（图11-6）。

图11-6　城市小微水体治理

（三）建立"6541"工作机制

2016年是杭州市G20峰会召开之年，拱墅区在保障好峰会水环境的同时，积极响应省委省政府的号召，自2016年10月起，拱墅区全面启动消除劣Ⅴ类水工作。区委区政府于2016年底成立了拱墅区2017年剿劣领导小组，两办联合印发了《拱墅区2017年消除劣Ⅴ类水质河道专项行动计划》和"一河一方案"，明确了剿劣目标、工作任务、责任分工和工作要求，制定了"6541"的工作机制。

六大片区协同治理：针对地理位置相近、治理方式相似的河道，全区采用六个片区（祥符西北片区、塘河片区、康桥片区、上塘片区、上塘东片区、红旗河片区）治理的方式，环通片区内水体流动，主要通过截污纳管、河道清淤、引配水及生态治理等工程措施盘活水体，提升片区水质。六大片区共安排工程项目142个，计划总投资约1.3亿元（不含城中村拆迁资金）。每个片区安排两名治水人员专门蹲点项目部负责，全年跟踪项目推进及长效管理情况，确保定点定人，保证剿劣实效。

开展五大专项行动：由区住建局牵头实施建筑工地专项整治。督促建筑工地定期清洗沉淀池、过水槽等排水处理硬件设施。积极开展建筑工地排水规范化管理专项行动，督查在建工地排水管理工作。由区市场监管局牵头实施三无小餐饮企业专项整治。共排摸劣V类水周边无证照餐饮单位300家，取缔134家。由区环保分局及市港航局内河管理处牵头实施沿河堆场、砂场、煤场、码头专项整治。由区拆违办牵头实施沿河违章建筑专项整治，区级巡查队伍和街道巡查队伍进一步加强对涉水违建的巡查管控，及时制止并拆除多处违章搭建。由区发改局牵头实施"四无"企业专项整治，共整治"四无"企业（作坊）200余家，低小散企业（作坊）8家。

开展"四清"专项治理：由区城管局、各街道牵头，对拱墅区范围包括运河在内的所有河道实施清管（雨水管）、清口（排出口）、清岸（河两岸）、清障（河道阻水物，包括无证船只）。根据《拱墅区剿灭劣V类水"四清"专项行动工作方案》，行动目前处于巩固长效阶段，在巡查整改的同时，做好问题"回头看"。共清疏小区道路管网317处，道路清管116条，整改排出口267处，整改河岸问题810个，处理无主船、僵尸船55艘。

一片城中村改造：通过结合城中村拆迁改造，截断沿河两岸生活污水入河，彻底解决由生活污水引起的对河道水质的负面影响。提纲一年时间的努力，上塘河半山桥省控断面成功消劣。拱墅区作为全市第一个完成剿劣工作的主城区接受了省、市治水办的剿劣验收。

（四）建设信息化平台，推进智慧治水

1. 打造智慧治水1.0版。在巩固全区62条河道水域断面分点布控成果的基础上，率先在全市建设"拱墅区河道及地下雨污水管网智慧平台"，并结合水质在线监测、河道排放口视频监控、雨污管网、山洪灾害水雨情系统数据信息，开发应用排水管网GIS管理系统、河道信息管理系统、河道网格化巡查管理系统、河道水质在线监控等系统，对全区雨污水管线230余公里、泵站34座、水闸12座、水质监测站点112个、视频监控点165个、雨水井11002只、污水井4347只进行摸排，数据入库。同步对接市级"智慧城管"平台，实现视频资源、部件测绘及平台数据共享；对接交通、交警、规划等职能部门，实现监控资源与GIS基础数据共享，着力为第一时间发现并处置汛期险情及路面积水等问题提供技术支撑；对接气象、水利等专业部门，实现气象灾害预警信息、水位情况及实时监控数据共享，着力提升城区排涝体系和防灾减害水平。智慧平台有效整合上塘河、下塘河、沿山港等重点河道超声波水位仪和区内16条河道上的40个动态排水口监控点水文数据，并与市河道、市林水局共享河道水位实时数据，实现对水位、雨量、水质、视频监控等全方位的信息采集，及时掌握域内河道水文情况。

2. 升级智慧平台2.0版。在地下管网智慧平台的基础上，探索平台管理的新方向，实现对全区河道10座闸站的远程智能管控和55个排放口24小时智能监控，在现有基础上建设拱墅区水利工程闸站群集中监控系统，闸站群监控中心数据实现与防汛指挥中心的互联共享，为工程优化调度，以及合理引水、排水和排涝、改善水环境调度提供科学依据。通过河道管网智慧化平台建设，实现了对河道、水质、泵站、水闸、排放口、视频监控、雨水管线、污水管线、污水井、雨水井、管线流向、管线充满度、气象雷达、卫星云图、实时水情、实时雨情、台风路径、底洼积水点等实现地理空间展示，促进了地下管网可视化，隐性问题显性化，形成了一张覆盖拱墅区地下管网以及河道的"活地图"。

（五）建立小微水体标准化管理长效机制

拱墅区紧紧围绕河长制工作，利用辖区内水系丰沛，小微水体星罗棋布的地理特点，因地制宜不断探索治理方式，提炼"拱墅经验"，打造"生态样板"，推出《城市非河道小微水体管理与养护规范》，并上升为杭州市地方标准规范。该规范发布后将填补了全市、全省乃至全国城市非河道小微水体管理标准规范上的空白。该规范规定了城市非河道小微水体的分类、达标要求、管理要求、日常巡查、水质抽样检测、养护要求、维保单位管理、制度建设等方面内容，适用于城市非河道小微水体的日常管理与养护。将小微水体按重要程度从高到低一次分为A、B、C三类，分级分层予以规范管理。

（六）建立健全治水监督考核制度

制定按月考核扣分制，采取一月一通报、一月一提醒、一月一督查、一月一考核"四个一"措施，形成快速发现问题、反映问题、处理问题、反馈问题良性闭环工作。创新项目推进机制，建立和完善项目月度"红黄绿"三色预警机制，严格按照时刻表，确保项目正常推进；建立和完善"三二一"协调机制，强化部门间协调，确保难点问题及时解决；建立和完善"一二三"督办机制，力破三慢，转变工作作风。

形成以"河长制"为抓手的"六位一体"监督机制，形成发现、处置、执法工作闭环处置机制。建立排水许可证备案制度。建立辖区内特别是河道沿线公建、企业单位排水许可证备案制度落实"零直排"长效监管。

三、主要成效

（一）大大改善了辖区整体水质

围绕目标，2013—2015年，拱墅区累计实施河道综保工程51条（段）95.46km，清淤115万m²，生态治理25条河道，拆除沿河违章建筑2万余平方米，实施截污纳管项目1132个，公建单位改造590家，消灭晴天排污口769个，新增日截污量7.27万t。辖区全面消除44条黑臭河道，10个街道均通过污水零直排验收，同步建立覆盖全区河道128个水质监测点。到2018年初，全区共整治河道约36条（段），完成综保工程42.96km，完成沿河绿化85.92万m²，提升闸站设施27座，完成清淤43条（段）、清淤量约55万m³，完成生态治理河道约44条（段），创建市级生态示范河道2条（后横港河、康桥新开河）；创建省级河道建设优秀示范工程2条。全部消除拱墅区全域劣V类水，实现了"一河穿城过，碧水青山满城绿"的美丽拱墅新画卷，提升了拱墅区的环境指数。唯一一条连通西湖和运河两大世界文化遗产的城市内河古新河经过治理换来水清岸绿，释放出"不出城郭而获山水之怡，身居闹市而有林泉之致"的"亲水"生态福利。

（二）形成科学治理城市黑臭水体的模式

创建污水"零直排"区模式并逐步在全市、全省推广。2015年7月杭州市"污水零直排区"建设现场推进会及"清三河"互查布置会在拱墅区召开，拱墅区"零直排"区创建模式，在全市推开。探索"6541"治水工作机制在全市推广。2018年5月，全省污水零直排区建设现场会召开，会上充分肯定了拱墅区首创的污水零直排模式，并在浙江省全省推开污水零直排区创建。

（三）积累丰富治水经验，形成一批科研成果

治水手段的信息化运用，催生了智慧治水平台建设和系统开发。总结城市水环境精细化管理经验，研制《城市非河道小微水体管理与养护规范》，并上升为杭州市地方标准规范。

四、基本经验

"零直排"工作是一项长期的、动态的工作，要巩固"零直排"成果，除了工作要在摸索中不断创新外，更重要的是在群众中形成一种自我约束、互相监督的氛围，从不让排污水到绝不排污水转变，让全社会共同维护"五水共治"工作成果，形成全民护水的良好氛围。

（一）项目化方式落实污水"零直排"要求

以百里河道清水工程、截污清水三年行动计划为抓手，坚持以问题为导向，用项目化方式做好"拆、接、治、堵"四篇文章。累计实施工程项目1132个，消灭晴天排污口769个，新增日截污量7.27万t，10个街道均通过"零直排"验收。下一步还将实施河道文化长廊开发、河道整治清淤工程、生态廊道建设、泵站改造提升等项目，打造生态廊道。

（二）智慧化手段打造秀美生态河道

注重智慧化手段运用，积极探索生态治理技术，探索"小流域循环整治"，提高水体流动性和自净能力。摸清家底，依托大数据、云计算等技术，将地下管网监控、河道水体监管与气象预警归并整合，在全省率先建立地下管网及河道管理智慧平台，涵盖管网监测、防汛减灾、水资源管理等板块，实现全区水系管理自动化、可视化、智慧化。

（三）科学化决策指导治水工作顺利展开

加强顶层设计、注重提前谋划。在广泛征集相关部门及属地街道意见的基础上，结合具体实践，由治水办牵头制定消除劣V类河道专项行动计划、消除劣V类河道一河一方案及资金计划表，针对每条河道、每个考核断面或片区的实际情况，研究数据，分析原因，从工程项目到长效管理，精确制定治理措施。

经区委、区政府主要领导、区治水办等相关部门多次会商讨论，最终确定年度消除劣 V 类工作具体方案和资金保障情况。

（四）标准化建设推进水环境长效管理

总结污水零直排区创建管理工作经验，形成管理规范标准化。以地方标准形式规定了城市非河道小微水体的分类标准、达标要求、管理要求、日常巡查、水质抽样检测、养护要求、维保单位管理、制度建设等方面内容，确保长效管理。

（五）社会化协同实现水环境共治共享

开展清水拉网专项行动，做到全民监管。按照"无盲点、无漏洞、无缝隙、全覆盖"要求，坚持开展每日的清水拉网专项行动，由各级河长带领民间河长、两代表一委员、热心市民、企业代表、志愿者，对全区河道开展日常巡查，对违规排污、违规捕鱼、污染河道等行为做到及时发现，及时处理，防止复发。做好"五水共治"宣传进家庭、进学校、进企业，让节水护水意识深入人心，吸引更多的市民群众参与进"五水共治"工作中来。通过开展各类参观、旅游活动，让市民体验治水成果，从而发动更多的人成为"市民监督员"，共同监督河道污染行为，守护河道清洁。古新河民间"护河者联盟"的护河故事被做成微电影，一举拿下了好莱坞第十三届中美电影节"最佳微电影"的国际奖项。

五、案例评析

（一）充分认识到治水工作的系统性、复杂性、长期性

城市黑臭水体治理是一项长期的系统性工程，表面上是水的问题，但实际上是人水矛盾，一个涉及水岸关系、雨污关系、水固关系、政社关系、治管关系等复杂因素的综合问题，需要系统思考、统筹推进。拱墅区对辖区河道及小微水体治理充分认识到这项工作的系统性、复杂性、长期性，并进行科学规划，系统治理。

在系统性上：从对象看，系统治理是要统筹水岸林草以及商社企居治理；

从主体看，系统治理是要统筹发挥各方合力；从环节看，系统治理是要统筹水的全过程治理；从方法看，系统治理是要综合运用多种治理手段；从内容看，统筹水环境、水生态、水安全、水景观。拱墅区在改善水环境的同时，提升水岸景观品质，打造沿河生态走廊，做到"还水与民"。

在复杂性上：准确把握水与自然生态、经济社会之间的紧密联系。不仅要系统考虑水资源的流动性、循环性、系统性等自然属性，而且要系统把握水资源的社会属性等，将水问题置放在经济社会发展全局中予以理解、予以解决。拱墅区注意把握水资源的流域特性，将生态治理升级到片区整治，在全市率先推出城市河道片区治理模式，由单条河道治理，提升为片区河道治理。

在长期性上：拱墅区以"八八战略"为引领，以功成不必在我、功成必定有我的历史担当，保持历史耐心，发扬钉钉子精神，一张蓝图绘到底，一任接着一任干，到2020年坚持以一流状态建设一流城区，促进污水零直排区建设再升级。

（二）科学治水，逐步升级零直排目标

以"美丽河道"创建和"零直排"巩固两个三年行动计划各项工作推进为突破口，将零直排区建设再升级，打造拱墅"零直排"2.0版本。为实现这一目标，充分运用政策、法律、制度、标准等手段，因地制宜，综合施策，提高治水绩效。分析研究河道水质变化的原因、特点，掌握治水规律，采取科学方法和信息化手段，破解截污纳管"最后100米"困局、河道排水口晴天排水监测难、初期雨水污染河道、地下管网排查难等问题。

（三）全民参与，全力实现共建共享

依托一河一长，发挥区级、街道级、社区级以及民间河长的作用组建由区直机关单位及各街道、各级文明单位、辖区企业、高校等专业志愿者队伍。推进"五水共治"进住户、进学校、进企业、进商场、进工地，发动全民参与，构建治水合力，提高"五水共治"参与度。

治水，一直在路上。"零直排"区创建要求各级政府主导，百姓全面参与，但最困难的是要让群众形成一种自我约束，从不让排污水到绝不排污这样一种理念的转变（图11-7）。

图11-7　杭州大运河夜景

城市精细化管理是新时代城市管理的时代命题，也是一项常抓常新的工作。城市精细化管理作为一项具有高度实践性的话题，对一名从事城市管理研究的高校学者来说，我深感力有不逮。受住建部城市管理监督局首任局长王早生先生的热情鼓励，中国建筑工业出版社资助，我诚惶诚恐地接受了《城市精细化管理理论与实践》一书的写作任务，后来该选题入选"十三五国家重点图书"出版项目，增加了我做好研究的精神动力。好在我这些年先后承担多项国家社科基金、教育部社科规划项目等相关课题，完成了"杭州市城市管理十三五规划编制"、上海市政府"精细化导向的城市管理标准化研究"、"成都天府新区建设公园城市的本底与路径"等多项地方政府关于城市发展和城市管理咨询项目，先后为杭州、南京、重庆、深圳、广州、成都、宁波、南昌等地城市管理系统干部培训班讲授"城市精细化管理专题"课程近20场次，期间与干部学员交流互动，启发很多，在理论和实践方面均有一定的积累，也为完成本书的撰写平添了信心。经过一年半的艰苦思索和不辍笔耕，书稿终于脱稿。

本书的部分内容取自以下课题成果：杭州市城管委委托项目"杭州市城市管理指数研究"、上海市政府城市治理重点专项课题"精细化导向的城市管理标准化研究"、杭州西湖景区执法局委托项目"城管执法队伍正规化建设研究"、杭州市江干区城管局委托项目"江干区城市管理标准体系研究"等。在上述课题研究过程中，得到了杭州市城管局局长李磊、原杭州市城管委副主任、现任市人防办副主任宋肖锋，杭州市城管委规划处原处长、现任副巡视员朱建明，杭州市城管局规划处现任处长何兴斓，上海交通大学中国城市治理研究院常务副院长吴建南教授、西湖景区执法局原局长冯刚、江干区城管局局长金炜竑、拱墅区城管局原局长、现任康桥街道党工委书记钱志卫、拱墅区城管局局长管建弟、江干区城管局规划科科长陈峰等人的大力支持，在此表示诚挚谢意。同时也感谢杭州市城管局、江干区城管局、西湖景区执法局、拱墅区城管局提供丰富的案例资料。第九章城市管理指数研究是一项课题的研究成果，潘护林副教授、王世忠副教授、倪建伟教授参与了该课题研究，成果也有三位教师的贡献。浙江财经大学城市管理专业研究生王淼峰、本科生杨菁等同学参与了本书的编辑排版和校对工作，感谢同学们的鼎力合作。本书是浙江省新型重点专业智库"政府监管与公共政策研究院"研究成果，感谢提供资助。

城市管理精细化一直在路上，理论的思考也不应歇息。本书尽管已经穷尽本人在城市精细化管理方面的研究能力，但是仍存在诸多缺憾，文责自负。不足之处，敬请读者批评指正。

杨雪锋

2020年3月10日于钱塘江畔